【四川大学生思想政治教育研究中心文集】

DAXUESHENG
SIXIANG ZHENGZHI JIAOYU YANJIU

大学生思想政治教育研究

（第二辑）

主　编／王安平
副主编／王成光　谷生然

四川大学出版社

项目策划：谢正强
责任编辑：谢正强
责任校对：王 静
封面设计：墨创文化
责任印制：王 炜

图书在版编目（CIP）数据

大学生思想政治教育研究．第二辑 / 王安平主编．
— 成都 : 四川大学出版社，2019.8
ISBN 978-7-5690-3034-1

Ⅰ．①大… Ⅱ．①王… Ⅲ．①大学生－思想政治教育
－中国－文集 Ⅳ．①G641-53

中国版本图书馆CIP数据核字（2019）第176395号

书名　大学生思想政治教育研究（第二辑）

主　　编	王安平
副 主 编	王成光　谷生然
出　　版	四川大学出版社
地　　址	成都市一环路南一段24号（610065）
发　　行	四川大学出版社
书　　号	ISBN 978-7-5690-3034-1
印前制作	四川胜翔数码印务设计有限公司
印　　刷	四川盛图彩色印刷有限公司
成品尺寸	170mm×240mm
印　　张	15.25
字　　数	290千字
版　　次	2019年8月第1版
印　　次	2019年8月第1次印刷
定　　价	58.00元

◆ 读者邮购本书，请与本社发行科联系。
电话：(028)85408408/(028)85401670/
(028)86408023　邮政编码：610065
◆ 本社图书如有印装质量问题，请寄回出版社调换。
◆ 网址：http://press.scu.edu.cn

四川大学出版社
微信公众号

前 言

习近平总书记在学校思想政治理论课教师座谈会、全国高校思想政治工作会和全国教育大会上的讲话精神以及习近平总书记关于教育工作的系列重要论述，为整个教育发展提供了根本遵循，特别是高校落实立德树人根本任务的纲领性文献，是新时代加强大学生思想政治教育的根本指针。

为了更好地弘扬和贯彻党的教育方针，坚持马克思主义指导地位，深入贯彻落实习近平新时代中国特色社会主义思想，西华师范大学和四川大学生思想政治教育研究中心决定创办辑刊——《大学生思想政治教育研究》，每年一辑。

《大学生思想政治教育研究》主要汇集的是四川省大学生思想政治教育论坛参会代表的优秀论文和特约稿件。"中心"每年通过发布课题指南公告和召开四川省大学生思想政治教育论坛，广泛汇聚高校知名学者、思想政治工作者和教育工作者的研究成果，经专家评审后，编辑出版《大学生思想政治教育研究》。

经过精心筹备，2018 年四川大学生思想政治教育研究中心编辑出版了《大学生思想政治教育研究》（第一辑），受到上级主管部门、省内外兄弟单位和科研院（所）的一致欢迎和好评。2019 年出版《大学生思想政治教育研究》（第二辑），共设置 5 大版块，包括"特稿""习近平新时代中国特色社会主义思想融入高校思想政治教育研究""高校党建与思想政治教育理论创新研究""高校思想政治理论课教学研究""职业道德教育与大学生思想政治工作研究"。不同版块文章全方位、多层次、多视角展示了新时代大学生思想政治教育领域的最新理论动向和研究成果。

本书秉承我"中心"建设省内先进的人文社会科学研究基地的目标，聚焦大学生思想政治教育热点和难点问题，不忘初心、牢记使命，倾力开发在全省乃至全国具有重大影响的科研精品力作，倾心打造全省乃至全国大学生思想政治教育研究的前沿阵地，努力为治蜀兴川再上台阶提供强大理论基础和思想保障。我们坚信，《大学生思想政治教育研究》的道路将越走越宽，天地将越来越广！

四川大学生思想政治教育研究中心

2019 年 3 月

目　录

特　稿

习近平新时代中国特色社会主义思想融入高校思想政治教育研究

高校党建与思想政治教育理论创新研究

高校思想政治理论课教学研究

职业道德教育与大学生思想政治工作研究

特　　稿

新时代立德树人价值定位、时代内涵与实践要旨*

白显良　崔建西①

（西南大学马克思主义理论研究中心，重庆，400715）

摘　要：教育是国之大计、党之大计，教育兴则国家兴，教育强则国家强。推进新时代中国特色社会主义事业发展，必须优先发展教育事业，做好立德树人工作，培养堪当民族复兴大任的时代新人。在新时代立德树人，要深刻把握立德树人作为教育根本任务、高校立身之本、高校思想政治工作中心环节的认识定位，透彻理解“立德”与“树人”之间的辩证逻辑与时代要求，把握明大德、守公德、严私德，培养时代新人的学理意蕴与实践要求，着力从教育理念更新、教育体系构建、师资队伍建设、体制机制创新等方面抓好落实。

关键词：新时代；立德树人；时代新人

党的十八大以来，习近平总书记高度重视教育工作，就教育改革发展做出一系列重要讲话、指示和批示，提出了一系列新理念、新思想、新观点，多次论及立德树人问题。习近平总书记关于立德树人的重要论述，系统阐明了新时代“培养什么样的人、如何培养人以及为谁培养人”这个根本问题，为做好新时代立德树人工作，推进教育事业发展提供了实践指南。推进新时代立德树人工作，最根本的就是要深入学习习近平教育思想，以习近平总书记关于立德树人的重要论述为根本遵循开展实践探索，回答好新时代立德树人“如何看”

＊　基金项目：教育部哲学社会科学研究重大委托项目“高校思想政治工作因事而化因时而进因势而新研究”（项目批准号：17JZDW06）和重庆市社会科学规划市委委托重点项目“加强党员干部政德建设研究”（项目批准号：2018ZDWT13）的阶段性成果。

①　作者简介：白显良（1976－），男，西南大学马克思主义学院教授、博士生导师，教育部青年长江学者。主要研究方向：马克思主义中国化思想政治教育。崔建西（1991－），男，西南大学马克思主义学院博士研究生。主要研究方向：思想政治教育理论与实践。

“怎么办”这两个层面的根本问题。

一、深刻把握新时代立德树人的认识定位与辩证逻辑

思想是行动的先导。推进新时代的立德树人工作，首先需要对立德树人本身有科学的认识，能从战略高度审视立德树人的重大意义，明确立德树人的价值定位与时代内涵，把握立德树人蕴涵的辩证逻辑与育人智慧。对于立德树人，党的十八大以来，习近平总书记多次论及，归结起来主要有三个论断：

一是提出立德树人是教育的根本任务。这是从教育的一般意义上讲，这一论断实际上沿用了党的十八大报告的提法。党的十八大报告提出：“要坚持教育优先发展，全面贯彻党的教育方针，坚持教育为社会主义现代化建设服务、为人民服务，把立德树人作为教育的根本任务，培养德智体美全面发展的社会主义建设者和接班人。”[①] 这是第一次把立德树人写入党的代表大会的报告。党的十八大以后，习近平总书记多次阐述立德树人这一教育的根本任务，比如2016年教师节他视察八一小学时，强调指出基础教育在国民教育体系中处于基础性、先导性地位，必须把握好定位，全面贯彻落实党的教育方针，担负好立德树人的使命。2017年，他在作党的十九大报告时再一次强调：“建设教育强国是中华民族伟大复兴的基础工程，必须把教育事业放在优先位置，加快教育现代化，办好人民满意的教育。要全面贯彻党的教育方针，落实立德树人根本任务，发展素质教育，推进教育公平，培养德智体美全面发展的社会主义建设者和接班人。”[②] 在2018年举行的全国教育工作会议上，习近平总书记对党的十八大以来我国教育事业发展进行了深刻总结，总结出“九个坚持”，其中第二个坚持就是“坚持把立德树人作为根本任务”，位列“坚持党对教育事业的全面领导”之后，足见立德树人之于教育的重要地位。提出立德树人是教育的根本任务，在一定意义上是强调教育的初心和使命。提出坚持把立德树人作为根本任务，是强调要不忘初心、牢记使命。办教育，归根结底是要立德树人、培养人才。

二是提出立德树人是高校的立身之本。这一论断是习近平总书记立足中国高等教育改革发展需要提出来的。众所周知，尽管经济社会发展赋予高校不少使命和功能，但高校的根本还在于培养人才。培养不出一流人才，我国高校怎

---

① 胡锦涛文选，第3卷［M］. 北京：人民出版社，2016：641.

② 决胜全面建成小康社会 夺取新时代中国特色社会主义伟大胜利（单行本）［M］. 北京：人民出版社，2017：45.

么办也办不成世界一流大学。要把我国高校办出世界一流水平，必须牢牢抓住全面提高人才培养能力这个核心。正是立足于此，习近平总书记强调："高校立身之本在于立德树人。只有培养出一流人才的高校，才能够成为世界一流大学。"① 高等教育、高校工作必须始终围绕聚人才、育人才、出人才来开展。

三是提出立德树人是高校思想政治工作的中心环节。这是具体就高校思想政治工作来讲的，这一论断判明了立德树人之于高校思想政治工作的实践方位。习近平总书记在全国高校思想政治工作会议上的讲话中指出："高校思想政治工作关系高校培养什么样的人、如何培养人以及为谁培养人这个根本问题。要坚持把立德树人作为中心环节，把思想政治工作贯穿教育教学全过程，实现全程育人、全方位育人，努力开创我国高等教育事业发展新局面。"② 整体观之，这三个论断内在之间构成既彼此区分又紧密联系的逻辑整体，三者对于立德树人的定位尽管不同，但讲的都是发展教育的事情，彼此之间构成从一般教育到高等教育，再到高等教育中的思想政治工作这样一个从一般到具体的逻辑。在新时代推进立德树人，要把这三个论断作为彼此区分又紧密联系的有机整体来对待，既要做好宏观层面的导航定向、顶层设计工作，也要做好微观层面的具体落实、实践践行工作。

推进新时代立德树人工作，在判明立德树人的认识定位之外，还需从认识上把握立德与树人之间的紧密逻辑与辩证智慧。关于这一点，习近平总书记2018年5月2日在同北京大学师生座谈时予以了深刻阐明，他在引用古人关于"才者，德之资也；德者，才之帅也"经典论断的基础上指出："人才培养一定是育人和育才相统一的过程，而育人是本。人无德不立，育人的根本在于立德。这是人才培养的辩证法。办学就要尊重这个规律，否则就办不好学。要把立德树人的成效作为检验学校一切工作的根本标准，真正做到以文化人、以德育人，不断提高学生思想水平、政治觉悟、道德品质、文化素养，做到明大德、守公德、严私德。要把立德树人内化到大学建设和管理各领域、各方面、各环节，做到以树人为核心，以立德为根本。"③ 透过总书记这一段精辟的论述，我们要认识到：其一，"立德"对于人才培养具有先导性、基础性，人无德不立，在人才培养中德立不起来，人也一定培养不出来，立德是人才培养的

---

① 习近平在全国高校思想政治工作会议上强调：把思想政治工作贯穿教育教学全过程 开创我国高等教育事业发展新局面［N］. 人民日报，2016－12－9.

② 习近平在全国高校思想政治工作会议上强调：把思想政治工作贯穿教育教学全过程 开创我国高等教育事业发展新局面［N］. 人民日报，2016－12－9.

③ 习近平. 在北京大学师生座谈会上的讲话［N］. 光明日报，2018－5－3.

根本所在。其二，“树人”是人才培养的最终目的和归宿，是教育工作的核心所在。教育中所有的培养工作归根结底是为了树人，立德也是为了树人。其三，立德树人蕴涵着人才培养的辩证法。教育要培养人才，离不开育人与育才两个方面，是二者的辩证统一，缺一不可，且不可偏废。只有把立德与树人、育人与育才的工作同时做好，人才培养才能达到预期成效。其四，立德树人是检验教育工作是非得失的根本标准。检验、判断教育发展水平的标准可以有很多条，但最根本的一条是看立德树人的成效，看立德树人取得了什么样的效果。只有做好了立德树人工作，教育工作才算做好了。

二、科学理解新时代立德树人的时代内涵与目标要求

立德树人，无论是作为教育的根本任务，还是高校的立身之本，或者是高校思想政治工作的中心环节，其地位与重要性是确定不变的，但立德树人的具体内涵和时代要求则是与时俱进的。在不同的时代背景下，具体要立什么样的德、树什么样的人，则是不一样的。在革命战争年代，社会发展最需要的是革命者，教育立德树人无疑是要适应革命对于人才的需要，要立革命之德，育革命之才；在和平发展年代，社会发展最需要的是建设者，教育无疑要以培养建设者为目标追求，立德树人必须与之相适应。在新时代，推进立德树人工作，一个十分重要的前提就是要明确立德树人的时代内涵，回答清楚在新时代要立什么样的德，树什么样的人，育什么样的才等一系列问题。

新时代“立德”最根本的是“明大德、守公德、严私德”。国无德不兴，人无德不立。中国自古以来就是一个重视德治教化的国度，有着开展德治教化的悠久历史和优良传统。中国古人追求立德、立功、立言的三不朽境界，也是把立德放在第一位的。审视自古以来的历史发展，不难发现“道德之于个人、之于社会，都具有基础性意义，做人做事第一位的是崇德修身”[①]。正是在这样的意义上，习近平总书记十分重视立德的问题，十分重视引领广大青年、领导干部、人民大众接受道德教化，开展道德践履。2014 年 5 月 4 日，习近平总书记在和北京大学师生座谈时明确要求广大青年要修德，加强道德修养，注重道德实践。他指出：“我们的用人标准为什么是德才兼备、以德为先，因为德是首要、是方向，一个人只有明大德、守公德、严私德，其才方能用得其

① 习近平谈治国理政，第 1 卷［M］. 北京：外文出版社，2018：172－173.

所。"[①] 明确要求广大青年要明大德、守公德、严私德，做好修德的工作。他勉励北大学子，"修德，既要立意高远，又要立足平实。要立志报效祖国、服务人民，这是大德，养大德者方可成大业。同时，还得从做好小事、管好小节开始起步，'见善则迁，有过则改'，踏踏实实修好公德、私德，学会劳动、学会勤俭，学会感恩、学会助人，学会谦让、学会宽容，学会自省、学会自律"[②]。2018 年 3 月 10 日，习近平总书记在参加十三届全国人大一次会议重庆代表团审议时提出领导干部要讲政德，以德修身、以德立威、以德服众，强调政德是整个社会道德建设的风向标，要求领导干部也要明大德、守公德、严私德。"明大德，就是要铸牢理想信念、锤炼坚强党性，在大是大非面前旗帜鲜明，在风浪考验面前无所畏惧，在各种诱惑面前立场坚定，这是领导干部首先要修好的'大德'。守公德，就是要强化宗旨意识，全心全意为人民服务，恪守立党为公、执政为民理念，自觉践行人民对美好生活的向往就是我们的奋斗目标的承诺，做到心底无私天地宽。严私德，就是要严格约束自己的操守和行为。所有党员、干部都要戒贪止欲、克己奉公，切实把人民赋予的权力用来造福于人民。"[③] 这是对党员干部讲的，从中我们也可以见出，"明大德、守公德、严私德"是习近平总书记对青年大学生和党员干部提出的共同的要求，只不过其内涵和具体要求有所不同而已。不过，从另一种意义上讲，这种要求也是一致的，都是社会主义核心价值观的体现和具体化。习近平总书记就曾讲过："核心价值观，其实就是一种德，既是个人的德，也是一种大德，就是国家的德、社会的德。"[④] 在新时代推进立德树人工作，立德就是要"明大德、守公德、严私德"，做好培育和践行社会主义核心价值观的工作，"用社会主义核心价值观凝魂聚力，更好构筑中国精神、中国价值、中国力量，为中国特色社会主义事业提供源源不断的精神动力和道德滋养"[⑤]。

新时代"树人"归根结底要培养担当民族复兴大任的时代新人。培养什么人，是教育的首要问题。我国是中国共产党领导的社会主义国家，这就决定了我们的教育必须把培养社会主义建设者和接班人作为根本任务，培养一代又一代拥护中国共产党领导和我国社会主义制度、立志为中国特色社会主义奋斗终

---

① 习近平谈治国理政，第 1 卷 [M]. 北京：外文出版社，2018：173.

② 习近平谈治国理政，第 1 卷 [M]. 北京：外文出版社，2018：173.

③ 习近平李克强栗战书赵乐际分别参加全国人大会议一些代表团审议 [N]. 光明日报，2018－3－11.

④ 习近平谈治国理政，第 1 卷 [M]. 北京：外文出版社，2018：168.

⑤ 习近平总书记系列重要讲话读本 [M]. 北京：学习出版社、人民出版社，2016：190.

生的有用人才。对于这样的人才培养目标，党的十九大报告立足当前中国特色社会主义发展的阶段性特征，提出要“培养担当民族复兴大任的时代新人”，并对时代新人的培养做出了战略部署。2018 年 8 月，习近平总书记在全国宣传思想工作会议上阐释新时代宣传思想工作的使命任务时，又提出做好新形势下宣传思想工作，必须自觉承担起举旗帜、聚民心、育新人、兴文化、展形象的使命任务。他强调指出，育新人，就是要坚持立德树人、以文化人，建设社会主义精神文明、培育和践行社会主义核心价值观，提高人民思想觉悟、道德水准、文明素养，培养能够担当民族复兴大任的时代新人。总书记关于培养时代新人的系列重要论述，深刻回答了党在新时代“培养什么样的人、如何培养人、为谁培养人”等根本问题，为新时代的教育发展、人才培养工作指明了方向。之所以要提出培养担当民族复习大任的时代新人，那是因为经过长期努力，中国特色社会主义进入了新时代，党的十九大规划了新时代中国特色社会主义的发展蓝图，提出了新的奋斗目标，拟定了新的发展战略，提出了新的实践方略，标志着中国特色社会主义事业发展迈上了新征程。所有这一切的实现，归根结底靠人才、靠教育。所以，新时代教育“树人”的工作就是要培养担当民族复兴大任的时代新人。习近平总书记在党的十九大报告中指出，“青年一代有理想、有本领、有担当，国家就有前途，民族就有希望”①。时代新人最基本的素质要求就是要有坚定的理想信念，有过硬的本领才干，有强烈的担当精神。“志不立，天下无可成之事。”能够担当民族复兴大任的时代新人，必须有坚定的理想、执着的信念。既要不断增强中国特色社会主义道路自信、理论自信、制度自信、文化自信，牢固确立中国特色社会主义的共同理想；也要不断深化对马克思主义的学习，在真学真懂真用马克思主义的基础上确立起共产主义的远大理想。时代新人要自觉做共产主义远大理想和中国特色社会主义共同理想的坚定信仰者、忠实实践者。没有过硬的本领才干，徒有满腔热血，空有理想抱负，终究不能实现任何理想追求。每一项事业，每一个成绩，不论大小，都是靠脚踏实地、一点一滴干出来的，都需要真才实学、本领才干去成就。时代新人肩负着实现中华民族伟大复兴的时代使命和历史重任，没有过硬的本领才华，没有强烈的责任意识和担当精神，无疑是难以胜任的。

① 决胜全面建成小康社会 夺取新时代中国特色社会主义伟大胜利（单行本）[M]. 北京：人民出版社，2017：70.

三、切实践履新时代立德树人的实践要旨与实施路径

推进新时代立德树人工作，培养担当民族复兴大任的时代新人，不能停留于喊口号、呼标语，而是要立足中国特色社会主义事业发展需要，准确把握教育事业发展面临的新形势新任务，以更高远的历史站位、更宽广的国际视野、更深邃的战略眼光审视立德树人工作，并通过扎扎实实的实践创新予以推进和实现，尤其要做好以下几个方面的重点工作：

一要不断推进对立德树人问题的认识深化。立德树人，发展教育，功在当代、利在千秋。深化对立德树人的认识，一要把立德树人上升到国之大计、党之大计的高度予以对待。要深刻认识到，立德树人对于实现民族振兴、社会进步，对于提高人民综合素质、促进人的全面发展、增强中华民族创新创造活力、实现中华民族伟大复兴具有决定性意义。二要把坚持立德树人作为基本经验来对待。无论是回顾党的十八大以来教育事业的发展，还是回顾改革开放以来中国特色社会主义事业的发展，坚持立德树人，培养事业发展需要的优秀人才都是确保事业发展成就的重要经验，来之不易，弥足珍贵，需倍加珍惜。三要坚持问题导向，明确立德树人的重点任务。习近平总书记在全国教育工作会议上就立德树人提出了“六个下功夫”：要在坚定理想信念上下功夫，要在厚植爱国主义情怀上下功夫，要在加强品德修养上下功夫，要在增长知识见识上下功夫，要在培养奋斗精神上下功夫，要在增强综合素质上下功夫①。这“六个下功夫”涉及理想信念、家国情怀、品德修养、知识本领、精神风范、综合素质等，具有鲜明的现实针对性，反映了新时代立德树人的现实需要和重点任务，明确了新时代立德树人该从何处着力，从哪里下手，在哪里去下功夫。四要把握立德树人的内在规律。立德树人是一项实践，也是一门艺术，蕴涵着其内在特有的规律性，缺乏对立德树人实践规律的把握，就不可能高效地开展立德树人的育人实践，更不可能把立德树人升华到艺术的境界。

二要着力加强立德树人的教育体系和人才培养体系构建。立德树人是系统工程，推进立德树人工作，要努力构建“德智体美劳全面培养”的教育体系，形成更高水平的人才培养体系。这里的教育体系、培养体系可以从这样几个方面来理解和把握：一是从育人内容来讲，要构建德智体美劳全面培养的教育体

① 坚持中国特色社会主义教育发展道路 培养德智体美劳全面发展的社会主义建设者和接班人[N]. 光明日报，2018-9-11.

系。加强德育，要在加强品德修养上下功夫，教育引导学生培育和践行社会主义核心价值观，踏踏实实修养品德，成为有大爱大德大情怀的人；加强智育，要在增长知识见识上下功夫，教育引导学生珍惜学习时光，心无旁骛求知问学，增长见识，丰富学识，沿着求真理、悟道理、明事理的方向前进；加强体育，要树立健康第一的教育理念，开齐开足体育课，帮助学生在体育锻炼中享受乐趣、增强体质、健全人格、锤炼意志；加强美育，要全面加强和改进学校美育，坚持以美育人、以文化人，提高学生审美和人文素养；加强劳育，要在学生中弘扬劳动精神，教育引导学生崇尚劳动、尊重劳动，懂得劳动最光荣、劳动最崇高、劳动最伟大、劳动最美丽的道理，长大后能够辛勤劳动、诚实劳动、创造性劳动。二是从育人途径来讲，要构建“全员、全过程、全方位”的教育体系。要把立德树人融入思想道德教育、文化知识教育、社会实践教育各环节，贯穿基础教育、职业教育、高等教育各领域，学科体系、教学体系、教材体系、管理体系要围绕这个目标来设计，教师要围绕这个目标来教，学生要围绕这个目标来学。全员都应该参与育人实践，要把立德树人贯穿一个人接受教育的始终，渗透到教育教学的各个方面。三是从育人范围来讲，要构建“家庭教育、学校教育、社会教育”协同合力的教育体系。家庭是一个人接受教育的第一课堂，父母是第一任老师，家庭教育对于一个人的成长发展发挥着潜移默化的深刻影响。学校教育要把立德树人放在重中之重的位置，要努力去实现与家庭教育、社会教育的协同。社会教育的影响不能低估，社会教育切不可对家庭教育、学校教育构成冲击。

三要切实强化立德树人的育人队伍建设。立德树人，教育者要先受教育，自己要明道信道，方才谈得上传道。教育者师德不彰，是谈不上立德树人的。教育者要以德立身、以德立学、以德施教。对于什么样的老师是好老师，习近平总书记曾经提出过四条标准：要有理想信念、要有道德情操、要有扎实学识、要有仁爱之心。[①] 如何才能成为这样的好老师，至关重要的一点是要加强师德师风建设，一方面加强教育引导，另一方面加强约束监管。具体来讲，一是要引导教师坚持教书与育人相统一、言传与身教相结合。教师的职业是传道授业解惑有机统一，是教书育人有机统一。教师做的是传播知识、传播思想、传播真理的工作，是塑造灵魂、塑造生命、塑造人的工作。教师不能只做传授书本知识的教书匠，还要成为塑造学生品格、品行、品位的“大先生”，既要当好“句读之师”“经师”，也要当好“人师”，不能仅仅靠言传来教化学

① 中共教育部党组．努力造就一支党和人民满意的教师队伍［N］．人民日报，2014-09-19．

生，还要以身作则、率先垂范，对学生开展身教，以高尚的人格魅力赢得学生敬仰，以模范的言行举止为学生树立榜样。二是要加强对教师师德师风的考核评价和监督。要坚持把师德师风作为评价教师队伍素质的第一标准，突出全员全方位全过程师德养成，推动教师成为先进思想文化的传播者、党执政的坚定支持者、学生健康成长的指导者和引路人。要建立和完善师德考核与激励机制，要在人才引进、职称评审、项目申报、评优评奖、导师遴选、提拔使用等方面建立师德师风一票否决制的相关规章与操作细节。要对有违师德师风情况的实行零容忍，发现一起查处一起，严肃查处，绝不姑息。

四要不断深化立德树人的体制机制改革。立德树人要成为教育者的一种自觉，成为一种教育常态，需要在体制机制层面开展建设。推进立德树人的体制机制改革创新，重要的是要做好“破”和“立”两个方面的工作。所谓“破”，就是要破除一些影响立德树人的体制机制障碍。比如，在育人评价问题上就尤其要扭转不科学的教育评价导向，坚决克服唯分数、唯升学、唯文凭、唯论文、唯帽子的顽瘴痼疾，从根本上解决教育评价指挥棒问题。教育评价如何导向，教育工作就会向哪个方向发展。如果教育评价体现了立德树人的价值取向，无疑将引领育人工作向这个方向发展。相反如果偏离了立德树人的价值取向，育人实践就会背离立德树人，渐行渐远。长期以来，基础教育唯分数、唯升学的评价取向，严重影响了素质教育的开展及育人实效的达成；高等教育存在唯文凭、唯论文、唯帽子，过度强调教师海外经历、国外期刊论文发表数量等实践做法，在相当大程度上不利于激发教师立德树人的积极性，严重制约着高等教育质量和水平的提升，严重影响到高等教育的人才培养。又比如，过去教育评估上存在的简单化、一刀切做法，一定程度导致了教育发展的同质化现象，严重影响到不同类型不同层次院校在人才培养方面上专业性、优势、特色的彰显，也在相当程度上影响到教育立德树人工作的开展，制约了教育培养适应满足社会需要的人才的能力和水平，这些都应该想办法予以破除和改革。所谓“立”就是要深化教育体制改革，健全立德树人落实机制。比如，可通过深化办学体制和教育管理改革，着眼于“教好”“学好”“管好”深化教育改革，充分激发教育事业发展生机活力，提高教育质量和水平，引导教育回归立德树人的初心使命上来。可通过提升教育服务经济社会发展能力，调整优化高校区域布局、学科结构、专业设置，建立健全学科专业动态调整机制，加快一流大学和一流学科建设，推进产学研协同创新，积极投身实施创新驱动发展战略，推进创新型、复合型、应用型人才培养。再比如，可深化对学生学业评价考核改革，对中学生适度“减负”，对大学生适当“增负”，合理设置学业挑战度，充分激发学生学习动力和热情，引导学生回归认真学习的常识；同时也可深化教师评价考核标准改革，坚持把立德树人情况作为教师专业职务评聘、绩效考核的重要依据等，通过多管齐下的措施切实提升其立德树人的质量和水平。

改革开放40年我国主流意识形态演进的内在逻辑与基本经验

唐晓勇　魏　晶①

（西南财经大学马克思主义学院，四川成都，611130）

摘　要：中国特色社会主义进入新时代，全球范围内各种社会思潮迭次登场，意识形态领域斗争更加复杂多变，给我国进一步推进改革开放和主流意识形态建设带来新的挑战。深刻总结改革开放40年我国主流意识形态演进发展的特点、内在发展逻辑及基本经验，大力推进中国特色社会主义哲学社会科学繁荣发展，对牢牢坚持马克思主义指导地位，增强中国化马克思主义在我国意识形态领域的领导权、主导权和话语权具有重大而深远的意义。

关键词：改革开放40年；主流意识形态；发展逻辑；基本经验

改革开放40年是我国综合国力快速提升、日益接近中华民族伟大复兴发展目标的40年，也是以马克思主义为根本指导的中国特色社会主义主流意识形态不断实现创新发展的40年。在我国改革开放40年发展进程中，意识形态领域先后出现若干社会思潮，如历史虚无主义、自由主义、新左派思潮、文化复古主义和社会保守思潮等，不同程度地影响着我国社会主流意识形态的发展进程。中国特色社会主义进入新时代，"建设具有强大凝聚力和引领力的社会主义意识形态，是全党特别是宣传思想战线必须担负起的一个战略任务"②。深入总结改革开放40年我国主流意识形态发展的特点、内在逻辑及基本经验，对坚持发展中国特色社会主义，推进中国化马克思主义理论的创新发展具有十

---

① 作者简介：唐晓勇（1965－），男，西南财经大学马克思主义学院院长、教授、博士生导师。研究方向：思想政治教育方法论。魏晶（1996－），西南财经大学马克思主义学院2018级硕士研究生。研究方向：马克思主义基本原理。

② 习近平在全国宣传思想工作会议上强调：举旗帜聚民心育新人兴文化展形象　更好完成新形势下宣传思想工作使命任务［N］. 人民日报，2018－08－23（1）.

分重大的意义。

一、改革开放40年我国主流意识形态演进的主要特点

1978年底，中国共产党顺应历史发展潮流，带领全国各族人民在中华大地上掀开了改革开放伟大历史帷幕，开启了实现中华民族伟大复兴的新长征。40年来，党始终坚持把马克思主义基本原理与中国国情相结合，不断探索人类社会发展规律、社会主义建设规律和党的执政规律，坚持理论与实践相结合、政治性与人民性相结合、继承与创新相结合、开放性与斗争性相结合，不断推进中国特色社会主义事业向前发展，推动以马克思主义为核心指导地位的主流意识形态不断创新发展、不断开辟理论新境界。

（一）理论与实践统一

改革开放40年，我国经济社会发展取得举世瞩目伟大成就，成为世界第二大经济体，作为观念上层建筑的社会主义意识形态也随着改革开放的全面深度推进发生着深刻变化。1978年5月，“光明日报”刊发《实践是检验真理的唯一标准》一文，深刻阐发了马克思主义关于认识与实践的辩证关系，引发全党、全国上下关于真理标准问题大讨论，打破了“两个凡是”极“左”思想的束缚，从指导思想上实现了拨乱反正，开启了中国特色社会主义改革开放新时代。

伟大的时代呼唤伟大的理论，新的实践也必然孕育新的理论，同时，决定中国历史发展命运的改革开放也离不开科学理论的指导。改革开放大幕开启以来，时代风云变迁，实践不断深化，党的理论也与时俱进，积极回应时代发展新诉求。40年的改革开放，我党在实践中先后形成了邓小平理论、“三个代表”重要思想、科学发展观和习近平新时代中国特色社会主义思想。中国特色社会主义理论体系在我国意识形态建设中发挥着根本的指导作用。

习近平总书记指出：“没有思想大解放，就不会有改革大突破。”[①] 中国共产党在探索中国特色社会主义道路，丰富完善中国特色社会主义理论体系的同时，对我国意识形态领域的建设也进行着理论与实践的探究。改革开放的伟大实践探索与我国主流意识形态的演进发展相互作用、相互促进。一方面，实践是理论之母，为意识形态建设提供坚实的实践基础；另一方面，意识形态建设

① 习近平：在庆祝海南建省办经济特区30周年大会上的讲话［N］. 人民日报，2018－04－14.

为实践发展提供思想引领和理论指南。40 年来，我国社会主义意识形态始终坚持扎根中国大地，从中国国情和实际出发，以马克思主义为根本指导，主动回应时代发展主题，着力理论创新，为解决改革开放实践中层出不穷的问题提供了科学指引。不坚持理论与实践的统一，中国特色社会主义意识形态的演进发展就成了无源之水、无本之木。

（二）政治性与人民性统一

马克思在《共产党宣言》中指出："思想的历史，岂不是证明，精神生产是随着物质生产的改造改造的吗？任何一个时代的统治思想都不过是统治阶级的思想。"[①] 政治性与人民性的统一，是无产阶级政党必须坚持的基本原则，是无产阶级政党鲜明阶级立场和人民立场相统一的内在要求，坚持以人民为中心，全心全意为人民谋福利，是中国共产党自成立之日起始终不渝的政治使命，也贯穿于改革开放 40 年我国主流意识形态演进发展始终。习近平总书记指出："党性和人民性从来都是一致的、统一的。"[②] 从新民主主义革命到社会主义改造，再到社会主义建设，中国共产党始终是中国无产阶级的先锋队，践行着为人民服务的宗旨，坚持发展为了人民，发展依靠人民，发展成果与人民共享。

中国共产党的党性即是政治性，根本来说也就是人民性，坚持人民性就是坚持党性，两者有机统一。在改革开放的历史进程中，党性和人民性的统一集中体现为中国特色社会主义意识形态建设的鲜明政治立场和价值取向，政治性寓于人民性之中，人民性依托着政治性，两者相互联系、相互依存、互不分离。意识形态工作一方面只有坚持政治性原则，才能有正确的方向，不偏离主航道，不犯颠覆性错误；另一方面意识形态工作只有坚持人民性原则，才能有源源不断的活力源泉。历史唯物主义强调，人民群众是物质财富和精神财富的创造者，是人类历史的创造者。意识形态建设只有坚持人民性，得到人民的支持，才有坚实的社会基础。

中国特色社会主义意识形态建设始终坚持把巩固执政党政权、提升执政能力作为实现人民最大利益的根本政治保障，"我们干事业不能忘本忘祖、忘记初心。我们共产党人的本，就是对马克思主义的信仰，对中国特色社会主义和

---

① 马克思恩格斯. 马克思恩格斯文集，第 2 卷 [M] 北京：人民出版社，2009：51.
② 习近平. 习近平谈治国理政，第 2 卷 [M]. 北京：外文出版社，2017：154.

共产主义的信念，对党和人民的忠诚”[①]。秉持人民利益是党的一切工作的出发点和价值归宿，把维护好、发展好、实现好人民根本利益与巩固提升党的长期执政能力有机统一起来，是贯穿改革开放 40 年我国意识形态工作的重要原则。事实证明，只有这样，才能将党的政治主张与人民群众的利益诉求有机结合，使人民群众成为载舟之水，维护国家稳定健康发展。

（三）继承性与创新性统一

改革开放 40 年来，我国主流意识形态建设先后面临诸多问题的挑战，为有效应对新情况、新问题，我国主流意识形态建设始终坚持马克思列宁主义和毛泽东思想根本指导地位，在继承中创新，在创新中发展，既在历史长河中汲取精华养料，又在时代洪流中与时俱进、推陈出新，实现了中国特色社会主义理论一次又一次认识飞跃。

中华文明上下五千年，蕴含丰富的文化资源，影响着一代又一代中华儿女的思想和行为方式。习近平总书记指出：“中华文化源远流长，积淀着中华民族最深层的精神追求，代表着中华民族独特的精神标识，为中华民族生生不息、发展壮大提供了丰厚滋养。”[②] 在我国改革开放历史进程中，中国共产党始终坚持把中国化马克思主义与传统优秀文化相结合，牢牢把握话语权，坚持正确的理论指导方向，积极继承弘扬中华优秀传统文化，取其精华，去其糟粕，用优秀传统文化书写新的历史篇章，为巩固发展我国社会主流意识形态增添丰富的文化滋养。

与此同时，中国共产党人大力弘扬中国革命文化，深入挖掘革命文化的时代内涵、思想价值、道德规范，创造性地总结提炼出既一脉相承又与时俱进的具有强烈时代特质的“长征精神”“航天精神”“三线建设精神”“抗震救灾精神”等价值观，根据时代要求不断创新，推动着我国主流意识形态沿着正确方向前进。

坚持马克思主义基本原理、积极弘扬优秀传统文化、中国革命文化，总结提炼时代精神，才能实现理论的创造性转化和发展。任何思想理论只有根据现实生活要求不断出新，吸收新鲜血液，才能有前进的活力；如若固步自封、泥古拘方，就会违背时代发展要求，失去话语主动权和领导权，对我国主流意识形态发展有百害而无一利。改革开放 40 年的历程充分证明了我国主流意识形

① 习近平．习近平谈治国理政，第 2 卷［M］．北京：外文出版社，2017：326.

② 习近平．习近平谈治国理政［M］．北京：外文出版社，2014：164.

态在继承与创新的统一中不断发展这一鲜明特点。

（四）开放性与斗争性统一

改革开放40年是我国主流意识形态不断与时俱进的过程，不仅体现了继承与创新的统一，也体现了坚持与开放的统一、开放性与斗争性的统一。如果主流意识形态理论不积极解放思想，不对优秀传统文化和外来进步文化采取兼容并包的科学态度，不积极面向实践、回应实践发展提出的各种挑战，不与各种错误思潮进行坚决斗争，马克思主义中国化理论就会将自身封闭起来，失去发展的活力与动力。改革开放之初，邓小平同志反复强调，必须坚持实事求是思想路线，坚持四项基本原则，坚持改革开放，在斗争中坚持和发展马克思主义、毛泽东思想。

江泽民指出："意识形态领域，社会主义思想不去占领，资本主义思想就必然去占领。这是一个真理。"① 在40年改革开放伟大进程中，中国共产党始终立足于坚持马克思主义、毛泽东思想和中国特色社会主义理论根本指导地位，与西方世界利用其科技经济上的优势对我国进行的文化渗透、价值颠覆进行毫不留情的坚决斗争，牢牢坚持开放性与斗争性相统一，在斗争中不断发展马克思主义，巩固发展马克思主义中国化理论在意识形态领域主导地位，为坚持中国特色社会主义"四个自信"奠定了强大的意识形态基础。

二、我国改革开放40年主流意识形态演进的内在逻辑

我国改革开放40年社会主流意识形态的演进有其内在发展逻辑，一方面，这一内在发展逻辑紧扣时代发展主题，及时跟进反映和指引中国特色社会主义的伟大实践探索，另一方面，这一发展逻辑始终坚持理论联系实际原则，弘扬与时俱进的优秀理论品质，不断实现理论的自我创新和自我超越，彰显了政治逻辑、理论逻辑、发展逻辑、实践逻辑四者的有机统一。

（一）政治逻辑：把巩固发展党的执政地位作为主流意识形态创新发展的根本政治要求贯穿始终

1939年12月，毛泽东在深刻分析近代中国社会的性质、特点和中国革命

① 江泽民．江泽民论有中国特色社会主义（专题摘编）［M］．北京：中央文献出版社，2002：407.

基本问题的基础上指出：“领导中国民主主义革命和中国社会主义革命这样两个伟大的革命到达彻底的完成，除了中国共产党之外，是没有任何一个别的政党（不论是资产阶级的政党或小资产阶级的政党）能够担负的。”① 实践证明，只有中国共产党才能救中国，只有中国共产党才是领导我们实现伟大梦想的核心力量。中国共产党是坚持马克思列宁主义与中国实际相结合、具有丰富执政经验、强烈理论自觉的成熟的马克思主义执政党，不断推进我国主流意识形态建设，必须不断巩固党的执政地位，加强和改善党的领导。

马克思指出：“哲学把无产阶级当作自己的物质武器，同样地，无产阶级也把哲学当作自己的精神武器。”② 中国共产党是无产阶级先锋队，是中国特色社会主义理论的“物质武器”，反过来，党也必然把马克思主义和中国特色社会主义理论作为自己的“精神武器”。40 年来，马克思主义中国化理论在与形形色色的错误思潮斗争中，不断巩固党的意识形态主阵地，确保改革开放沿着正确的政治方向前进。

改革开放 40 年我国主流意识形态的演进牢牢坚持党的领导，紧紧围绕坚持和发展中国特色社会主义来展开。一方面，在党的坚强领导下，党中央审时度势，提出改革开放不同时期的实践主题和思想建设任务，为意识形态建设指引着正确发展方向和基本原则；另一方面，主流意识形态始终牢记宗旨，为巩固发展党的长期执政地位服务，为筑牢全国人民团结奋斗的共同思想基础服务，为改革开放摇旗呐喊、鸣锣开道。改革开放的实践证明，中国共产党的领导是中国特色社会主义最本质的特征，自觉维护党中央权威和集中统一领导是我国主流意识形态建设的根本立场和基本遵循。

（二）理论逻辑：把坚持和创新的统一作为主流意识形态与时俱进、永葆生命力的科学原则贯穿始终

社会生活的变迁影响并决定着民族国家以及执政党的思想观念、理论体系、政治法律等意识形态，同时，社会意识形态具有相对独立性，有其深刻的内在发展逻辑，是传承与创新的统一。传承与创新的统一扎根于现实的变化和实践的发展。一定社会的意识形态必然反映社会发展要求，积极回应来自各方的挑战，在认识和改造世界的进程中不断完善自身，这是一切理论发展的必然逻辑。“我们的理论是发展着的理论，而不是必须背得烂熟并机械地加以重复

① 毛泽东．毛泽东选集，第 2 卷［M］．北京：人民出版社，1991：652.

② 马克思恩格斯．马克思恩格斯选集，第 1 卷［M］北京：人民出版社，1995：15.

的教条。"① 改革开放历史进程和中国特色社会主义伟大实践的不断推进，决定着中国特色社会主义理论必须面对新问题、回应新要求、做出新回答，在坚持马克思主义基本立场观点的基础上不断做出顺应时代发展新要求的理论回答。

"我们时代的理论思维，都是一种历史的产物，它在不同的时代具有完全不同的形式，同时具有完全不同的内容。"② 但我们不能忘记，"人们自己创造自己的历史，但是他们并不是随心所欲地创造，并不是在他们自己选定的条件下创造，而是在直接碰到的、既定的、从过去继承下来的条件下创造"③。社会意识具有历史继承性和自身发展的规律性。对于任何理论，没有坚持就没有创新，中国特色社会主义理论体系是马克思主义、毛泽东思想的继承和发展，其内在演进的理论逻辑必然是在坚持中发展，在继承中创新，而不是改旗易帜、推倒重来。马克思主义是真理，必须始终坚持，正如列宁所说："沿着马克思的理论的道路前进，我们将愈来愈接近客观真理（但不会穷尽它）；而沿着任何其他的道路前进，除了混乱和谬误之外，我们什么也得不到。"④ 同时，我们还必须认识到，没有创新就没有坚持，只有创新才能更好地坚持和发展理论。

从邓小平理论到习近平新时代中国特色社会主义思想所实现的一系列理论创新，是对马克思列宁主义、毛泽东思想的继承和发展，充分体现了改革开放40年来我国主流意识形态"变"与"不变"相统一的辩证法，彰显了"在坚持中创新，在发展中坚持"的理论逻辑，是我国主流意识形态与时俱进、永葆生命力的内在逻辑。

（三）发展逻辑：把坚持和发展中国特色社会主义作为主流意识形态建设的根本主题贯穿始终

习近平总书记指出："改革是决定当代中国命运的关键一招"，"中国特色社会主义是改革开放以来党的全部理论和实践的主题"⑤。40年来，我国主流意识形态建设紧紧围绕坚持和发展中国特色社会主义这一主题主线展开。改革开放之初，中国从发展低谷奋起直追，始终坚持以经济建设为中心，坚持发展

① 马克思恩格斯. 马克思恩格斯文集，第10卷［M］北京：人民出版社，2009：562.

② 马克思恩格斯. 马克思恩格斯文集，第4卷［M］北京：人民出版社，2009：436.

③ 马克思恩格斯. 马克思恩格斯选集，第1卷［M］北京：人民出版社，1995：585.

④ 列宁. 列宁选集，第2卷［M］北京：人民出版社，1995：143.

⑤ 中国共产党第十九次全国代表大会报告［R］. 北京：人民出版社，2017：9，23.

才是硬道理。这是国家繁荣、民族复兴、人民幸福的必由之路，是深刻总结新中国建立以来探索社会主义发展道路正反两方面经验教训而得出的正确结论，也是贯穿 40 年来中国特色社会主义伟大实践得出的历史结论。

40 年来，中国共产党围绕“发展”这一根本主题，坚持在改革中探索成功发展道路，凭着一股敢“冒”、敢“闯”的精神推动着中国社会全面发展，坚持把中国特色社会主义经济、政治、文化、社会、生态等方面体制机制改革作为发展动力，逐步构建起新时代“五位一体”总体发展格局，在全面改革开放进程中拓展和丰富中国特色社会主义道路，使这条康庄大道越走越宽广。

中国特色社会主义理论体系的创新发展紧紧围绕“建设中国特色社会主义”这一发展主题展开。从不同发展阶段的特征及根本任务出发，从方向和路径两个维度，不断深化回应了“什么是社会主义？如何建设社会主义”“建设一个什么样的党？如何建设党”“实现什么样的发展？如何实现发展”“坚持和发展什么样的中国特色社会主义？如何坚持和发展中国特色社会主义”等不同时期事关“举旗定向”的发展方向和发展路径问题，彰显了主流意识形态持续引领和推动社会全面进步的强大精神力量。

中国社会的全面发展，使人民群众对美好生活的殷切期盼越来越接近现实，对国家民族繁荣富强信心倍增，获得感、幸福感、奋斗感在中国社会全面发展中展现得淋漓尽致，中华儿女心往一处想、劲往一处使，团结一致建设繁荣富强美丽中国，中国特色社会主义主流意识形态也在这一主题的展开中愈加彰显出强大生命力。

（四）实践逻辑：把改革开放伟大实践作为主流意识形态与时俱进的根本动力贯穿始终

一代文豪歌德曾说：“理论是灰色的，生命之树常青。”马克思指出：“哲学家们只是用不同的方式解释世界，而问题在于改变世界。”[①] 实践是理论的深刻基础，实践不仅是理论生命力的源泉，也是实现理论价值的根本路向。习近平指出：“我是崇尚行动的。实践高于认识的地方正在于它是行动。从这个意义上说，我们不担心说错什么，只是担心‘意识贫困’，没有更加大胆的改革开放的新意；也不担心做错什么，只是担心‘思路贫困’，没有更有力度的改革开放的举措。”[②] 实践是认识之母，改革开放 40 年，我国主流意识形态

① 马克思恩格斯．马克思恩格斯选集，第 1 卷［M］北京：人民出版社，1995：19.

② 习近平．摆脱贫困，［M］福州：福建人民出版社，1992：160.

的创新与发展，无不植根于实践发展的驱动，无不植根于伟大的实践创造和经验总结。思想和理论只有紧扣时代主题，紧扣实践发展，才能与时俱进，永葆强大的发展活力。

伟大的时代承载伟大的实践，伟大的实践催生伟大的理论，伟大的理论创新不断引领改革开放实践的深入推进。在我国改革开放进程中，不同发展阶段的主要任务和面临的形势不同，各种课题接踵而至，理论在不断回应各个时期的问题之中得到发展。中国共产党人始终坚持把马克思主义基本原理与中国改革开放具体实际紧密结合起来，在实践中不断总结新经验，深化对中国特色社会主义建设规律的认识。贯穿 40 年改革开放层出不穷的新问题、新矛盾，是我国主流意识形态不断创新发展的现实土壤和强大实践动力，同时，马克思主义中国化理论的不断创新，也为解决复杂多变的矛盾问题提供了科学的理论指南。理论与实践的紧密互动，共同推进我国改革开放 40 年来一路高歌猛进，取得举世瞩目伟大成就。

三、改革开放 40 年我国主流意识形态演进的基本经验

习近平总书记在庆祝我国改革开放 40 年大会上，全面深刻总结了我国改革开放取得伟大成就的基本经验，其中，坚持党的全面领导、坚持马克思主义根本指导、坚持人民主体地位、坚持辩证唯物主义和历史唯物主义科学世界观方法论等基本经验对 40 年来我国主流意识形态健康发展至关重要，构成了改革开放 40 年来我国社会主义主流意识形态不断巩固发展的基本经验，是进一步推进我国社会主义意识形态创新发展的重要遵循。

（一）马克思主义的根本指导是坚持意识形态话语权、主导权的理论基础

坚持马克思主义在我国意识形态领域的核心指导地位，是改革开放 40 年确保全党和全国人民思想上高度统一、社会主义主流意识形态沿着正确方向发展的科学理论基础。实践证明，不坚持和发展中国特色社会主义，就不可能取得改革开放 40 年辉煌成就；没有中国特色社会主义理论的指引，就不可能开创中国特色社会主义发展道路；没有马克思主义的根本指导，中国特色社会主义理论体系就不可能形成和发展，党在意识形态领域的领导权、主导权就会丧失。

思想是行动的先导，科学的理论是任何伟大事业取得成功的前提条件，也

是抵御批判各种错误和反动思潮的锐利思想武器。随着改革开放进入攻坚期、深水区，我国主流意识形态面临的新形势越来越严峻，形形色色的社会思潮四处蔓延，少数人肆意炒作热点社会问题，夸大问题严重性，指向破坏、降低党和国家公信力，这些错误思潮严重危害我国意识形态领域安全及社会的和谐稳定。列宁指出："马克思主义意识形态这一无产阶级的思想体系吸收和改造了两千多年来人类思想和文化发展史中一切有价值的东西，具有世界历史性的意义。"[①] 马克思主义作为科学的理论体系，始终是党和国家的事业健康发展的根本指导思想，在任何时候任何情况下都必须加强而不能被削弱。

改革开放40年我国社会主义主流意识形态发展的经验证明，坚定维护和发展我国主流意识形态，确保我国改革开放伟大实践沿着正确方向前进，必须要始终警惕形形色色的各种反马克思主义思潮，只有牢牢坚持马克思主义基本立场、观点和方法，坚持和创新中国化马克思主义理论，用科学理论武装头脑，才能牢牢把握意识形态领域领导权、话语权和主导权。

（二）中国共产党的领导是掌握意识形态工作领导权的根本政治保障

坚持中国共产党的领导，不断加强和改善党的领导，坚定"四个自信"，确保党的全部理论创新始终服务于坚持和发展中国特色社会主义，是社会主义主流意识形态能发挥强大社会功能的政治保证。中国共产党是我国唯一的执政党，始终代表着中华民族和中国人民的根本利益，引领并领导社会主义意识形态建设，通过主流意识形态建设及治国理政方略，表达党和人民的意志，为主流意识形态建设提供方向引领、制度保障和领导保证。

政权和意识形态同属于社会上层建筑，中国共产党的执政地位和领导权的巩固与自身的意识形态相互依存、相互作用，意识形态是执政党的思想武装，执政党的执政地位和领导权是意识形态得以健康发展的政治依靠和力量保障。改革开放以来，中国共产党不断加强自身建设，引领并推动中国特色社会主义意识形态创新发展，为党带领人民创造一个又一个人间奇迹提供了强大精神支撑和思想武装。特别是党的十八大以来，"党以巨大的政治勇气和强烈的责任担当，提出一系列新理念新思想新战略，出台一系列重大方针政策，推出一系列重大举措，推进一系列重大工作，解决了许多长期想解决而没有解决的难

① 列宁．列宁选集，第4卷［M］北京：人民出版社，1995：362.

题，办成了许多过去想办而没有办成的大事，推动党和国家事业发生历史性变革”①。改革开放40年来，中国特色社会主义理论之所以能不断创新，固然离不开改革开放伟大实践的推动，也离不开中国共产党的坚强领导。中国共产党是带领全国各族人民团结奋斗的坚强核心，也是我国主流意识形态健康发展、对经济社会发展迸发出强大精神指引的根本政治保证。中国特色社会主义进入新时代，我国意识形态领域依然面临着来自各方面社会思潮的挑战，贸易保护主义、民粹主义、单边主义、极端主义、新自由主义等社会思潮暗流涌动，与我国主流意识形态明争暗斗。在此情况下，我们必须始终坚持全面从严治党，不断提升党的执政能力，不断加强和改进党对意识形态工作的领导，推动以中国特色社会主义理论为核心指导的主流意识形态建设健康发展，为实现“两个一百年”奋斗目标和中华民族伟大复兴“中国梦”提供源源不断的强大精神指引。

（三）服务人民、依靠人民是我国主流意识形态建设的根本价值立场

习近平总书记在建党95周年讲话中指出：“人民立场是中国共产党的根本政治立场，是马克思主义政党区别于其他政党的显著标志。……尊重人民主体地位，保证人民当家作主，是我们党的一贯主张。”② 坚持人民群众的主体地位，坚持以人民为中心是做好我国主流意识形态工作的本质要求。改革开放40年我国主流意识形态演进发展的过程，既是中国共产党领导人民开创社会主义现代化建设新征程、不断总结广大人民群众创造性实践智慧，并上升为主流意识形态理论结晶和治国方略的过程，也是党把主流意识形态作为精神指引，领导人民群众全面推进改革开放、努力实现“三步走”发展目标，并实现一系列伟大创造的奋斗过程。毫无疑问，40年来我国主流意识形态不断发展及一系列理论创新成果，正是在扎根中国，坚持服务人民、依靠人民这一根本价值立场的前提下取得的。

必须看到，人民群众的切身利益是人民群众最关切的问题，维护好、发展好人民群众的根本利益既是中国特色社会主义主流意识形态建设的根本价值取向，也是中国特色社会主义理论得以形成、发展的现实基础。要发挥人民群众的积极性、主动性和创造性，发挥主流意识形态的强大引导功能，就必须要大

① 中国共产党第十九次全国代表大会报告［R］. 北京：人民出版社，2017：9.

② 习近平在庆祝中国共产党成立95周年大会上的讲话［N］. 光明日报，2016-07-02（2）.

力解决人民群众最为关切的发展问题，赢得群众的真心拥护与强力支持。马克思指出：“批判的武器当然不能代替武器的批判，物质力量只能用物质力量来摧毁，但是理论一经掌握群众，也会变成物质力量。理论只要说服人，就能掌握群众；而理论只要彻底，就能说服人。所谓彻底，就是抓住事物的根本，但人的根本就是人本身。”① 人民群众是历史发展的主体，不充分调动和发挥人民群众的积极性、主动性和创造性，社会主义主流意识形态建设就会失去依靠力量和实践基础。中国特色社会主义进入新时代，我国社会的主要矛盾已经发生“关系全局”的变化，人民群众的根本关切已经从40年前“解决温饱”的需求转化为对“美好生活”的向往。社会主义主流意识形态必须深刻反映人民群众的根本利益诉求，服务于人民群众对“美好生活”的向往，才能激发人民群众对主流意识形态、主流价值观的高度认同，从而充分迸发出在全面建成小康社会、实现民族伟大复兴中的创造伟力。

（四）理论联系实际是主流意识形态永葆自身发展活力的科学原则

理论联系实际是马克思主义的优良学风，也是推进理论创新发展的基本原则。不同时代有不同的时代主题，坚持问题导向，把理论植根于鲜活的现实、扎根于深刻的社会实践，是任何思想理论做到与时俱进，实现正确地“解释世界”和能动地“改造世界”的科学前提，脱离实际的教条主义和否定理论作用的经验主义只能把意识形态的演进发展引入歧路。历史证明，坚持理论联系实际，强化问题意识，坚持问题导向，与时俱进，增强党的意识形态理论创新的现实针对性、实践性和人民性，是中国特色社会主义主流意识形态在40年改革开放伟大进程中与时俱进、引领中国特色社会主义实践不断向前发展的重要科学原则。

改革开放40年来，中国共产党每一代领导集体都毫不动摇地坚持理论联系实际原则，紧紧围绕“坚持和发展中国特色社会主义”这一基本主题，从不同阶段面临的国内发展主要矛盾和国际形势的特点出发，带领全国各族人民将马克思主义基本原理与中国改革开放各阶段的实际情况有机结合，解决了前进道路上一个又一个发展课题，实现了从“站起来”到“富起来”“强起来”的历史飞跃，也实现了中国化马克思主义理论的一次又一次认识飞跃。改革开放之初，面对“什么是社会主义、如何建设社会主义”这一时代之问，邓小平理

---

① 马克思恩格斯. 马克思恩格斯选集，第1卷［M］北京：人民出版社，1995：9.

论给出了创造性回答；在世纪之交，面对“建设一个什么样的党、如何建设党”这一时代之问，“三个代表”重要思想给出了正确回应；在21世纪初，面对“实现什么样的发展、如何实现又好又快的发展”这一时代之问，科学发展观给出了科学回答；中国特色社会主义进入新时代，面对“坚持和发展什么样的中国特色社会主义、如何坚持和发展中国特色社会主义”这一时代之问，习近平新时代中国特色社会主义思想给出了划时代的崭新回答，为开启中华民族伟大复兴新征程指引了前进的方向。40年来，中国特色社会主义理论体系不断创新，根源于改革开放伟大实践的强大推动，也归结于中国共产党人始终坚持实事求是的正确立场和把马克思主义基本原理与中国国情相结合的理论联系实际的科学原则。毛泽东指出：“中国共产党人只有在他们善于应用马克思列宁主义的立场、观点和方法，善于应用列宁、斯大林关于中国革命的学说，进一步地从中国的历史实际和革命实际的认真研究中，在各方面做出合乎中国需要的理论性创造，才叫做理论和实际相联系。”① 不坚持理论联系实际，中国特色社会主义理论不可能实现自我超越和发展。历史证明，坚持理论联系实际的原则，是中国特色社会主义主流意识形态永葆发展活力的宝贵经验和科学遵循。

（五）打造一支理想信念坚定的理论工作队伍是意识形态建设的人才保障

中国共产党历来高度重视马克思主义理论工作队伍建设。毛泽东指出：“我们现在有许多做理论工作的干部，但还没有组成理论队伍，尤其是还没有强大的理论队伍。而没有这支队伍，对我们全党的事业，对我国的社会主义工业化、社会主义改造、现代化国防、原子能的研究，是不行的，是不能解决问题的。”② 改革开放以来，党十分重视理论研究和教育宣传队伍建设，把建设一支扎根中国、政治素质过硬、马克思主义理论功底扎实、具有实干和创新精神的队伍作为坚持中国特色社会主义“四个自信”、团结带领广大群众筑牢中国特色社会主义共同思想基础的重要组织保证。

改革开放40年来，中国共产党培养和造就了一批又一批共产主义理想信念坚定、扎根中国大地、勇于开拓创新的理论工作者和教育工作者队伍，他们投身改革开放伟大实践，深入基层，在理论研究、中国特色社会主义理论宣传

---

① 毛泽东．毛泽东选集，第1卷［M］．北京：人民出版社，1991：820.

② 毛泽东．毛泽东文集，第6卷［M］．北京：人民出版社，1999：395－396.

和教育中做出积极努力，这一大批“具有深厚马克思主义理论素养、学贯中西的思想家和理论家，一批理论功底扎实、勇于开拓创新的学科带头人，一批年富力强、锐意进取的中青年学术骨干”①，为主流意识形态的理论研究、思想传播和思想政治教育工作铆足了劲，巩固发展我国主流意识形态主导权话语权，努力让全世界听到、了解并尊重中国的话语体系，赢得全世界范围内的广泛支持，他们深入研究、积极传播马克思主义中国化最新理论成果，用科学的理论武装群众，用精神的力量鼓舞群众，为推动理论向实践的转化，助力中国特色社会主义事业发展做出了积极贡献，他们是中国化马克思主义理论创新发展、教育和传播的主力军和骨干力量。没有这支理论工作队伍，我国主流意识形态的演进发展就失去了坚强有力的人才队伍保障。

中国特色社会主义进入新时代，我国改革开放开启了社会主义现代化建设新征程，中国正日益走进世界舞台中央，中国特色社会主义伟大事业需要更多有责任、有知识、有信仰、有纪律的理论工作者，以国家繁荣、民族复兴、人民幸福为价值追求，把个人前途命运与祖国的荣辱兴衰紧紧地联系在一起，成为新时代中国声音、中国话语的中流砥柱，成为推动我国主流意识形态建设的人才组织基础。

（六）辩证唯物主义和历史唯物主义是主流意识形态建设的科学世界观和方法论指南

辩证唯物主义和历史唯物主义是马克思主义最根本的世界观和方法论，是全无产阶级和广大人民群众认识和改造世界的锐利思想武器。列宁指出：“马克思把完备的哲学唯物主义这个认识工具给了人类，特别是给了工人阶级。”②改革开放以来，中国共产党人坚持辩证唯物主义和历史唯物主义基本立场，用这一科学的世界观和方法论指导中国特色社会主义伟大实践，推动马克思主义中国化进程，形成了中国特色社会主义理论体系，这一科学理论体系成为指引中国特色社会主义事业不断发展和中华民族伟大复兴的锐利思想武器和强大精神武装。

习近平总书记在庆祝改革开放 40 周年大会上指出，坚持辩证唯物主义与历史唯物主义世界观和方法论是我国改革开放取得伟大成功的重要历史经验。我国改革开放历经风风雨雨 40 载，没有犯颠覆性、原则性错误，从指导思想

① 习近平．在哲学社会科学工作座谈会上的讲话［N］．人民日报，2016－05－19（02）．

② 列宁．列宁选集，第 2 卷［M］北京：人民出版社，1995：311．

上讲，得益于坚持马克思主义的科学世界观和方法论。从改革开放40年来我国意识形态建设来看，中国共产党坚持辩证唯物主义和历史唯物主义，把马克思主义基本原理与中国实际结合，在继承马克思列宁主义、毛泽东思想和总结新的伟大实践经验基础上，创建了中国特色社会主义理论，实现了中国化马克思主义的伟大理论创新。40年来，中国共产党坚持辩证唯物主义和历史唯物主义世界观和方法论，有力回应意识形态领域各种非马克思主义思潮的冲击，积极应对改革开放实践中出现的各种问题和矛盾，在理论上不断做出马克思主义的新回答，有力促进了我国主流意识形态的健康稳定发展。

进入新时代，针对中国特色社会主义事业发展确立的新目标、新战略、新要求，我国主流意识形态建设肩负新的历史使命，也面临新的矛盾和各种挑战。主流意识形态要牢牢把握意识形态领域领导权、主导权，必须始终坚持辩证唯物主义和历史唯物主义世界观和方法论，用习近平新时代中国特色社会主义思想武装头脑，及时回应各种社会矛盾和社会思潮的挑战，扎实推进中国化马克思主义理论创新发展。习近平总书记指出，面对发展中出现的各种矛盾，“我们要学会运用辩证法，善于‘弹钢琴’，处理好局部和全局、当前和长远、重点和非重点的关系”[①]。毫无疑问，坚持辩证唯物主义和历史唯物主义既是改革开放40年我国主流意识形态演进发展的重要历史经验，是解决中国特色社会主义事业前进道路上一切问题的根本指导思想，也是我国主流意识形态与时俱进、不断创新发展的最为根本的方法论遵循。

结　语

全面总结、深刻认识改革开放40年我国主流意识形态演进发展的特点、规律，把握推进主流意识形态健康发展的基本经验，对推进新时代我国哲学社会科学繁荣发展，巩固发展马克思主义和中国特色社会主义理论在意识形态领域的领导权和话语权，为实现“两个一百年”目标和中华民族伟大复兴“中国梦”提供强大思想武装，具有十分重要的意义。中国特色社会主义进入新时代，必须把习近平总书记关于意识形态工作的重要论述作为社会主义意识形态建设的根本指导思想，牢牢掌握党对意识形态工作的领导权，巩固发展马克思主义和中国特色社会主义理论在意识形态领域的指导地位，繁荣发展新时代我国哲学社会科学，为中国特色社会主义事业发展提供源源不断的精神食粮和价

① 习近平. 习近平谈治国理政，第2卷［M］. 北京：外文出版社，2017：206.

值引领。

首先，必须正确把握社会主义意识形态建设的价值导向。唯物史观认为，社会存在决定社会意识，社会意识对社会存在有巨大反作用。中国特色社会主义主流意识形态具有正确引导、批判建构、社会整合、提升绩效和政治合法化的强大社会功能，充分发挥其功能可以为实现中华民族伟大复兴的中国梦提供思想保证、精神力量、道德滋养。为此，必须始终坚持马克思主义和中国特色社会主义理论在意识形态领域的核心指导地位，坚持以人民为中心，把人民对美好生活的向往、把“民族复兴中国梦”这一“最大公约数”作为根本奋斗目标，凝聚民心、汇聚力量，最大限度发挥哲学社会科学对经济社会发展的价值引领作用。

其次，必须把“两个巩固”作为哲学社会科学建设的根本任务。党的十八大以来，我国意识形态领域面临的形势十分严峻。意识形态渗透的隐形化、网络交流的虚拟化、信息传播的无序性等，导致了各种非马克思主义、甚至是反社会主义思潮的泛滥，挑战着社会主义意识形态对整个社会思想的控制力。习近平总书记强调指出，“巩固马克思主义在意识形态领域的指导地位，巩固全党全国人民团结奋斗的共同思想基础”是新时代中国特色社会主义意识形态建设的根本任务，这是直面意识形态领域存在的系列挑战、问题和考验做出的总的科学论断，是从中国特色社会主义发展战略全局出发得出的科学经验。马克思说：“如果从观念上来考察，那么一定的意识形式的解体足以使整个时代覆灭。”[①] 意识形态领域安全对于国家稳定至关重要，在意识形态领域缴械投降，就会有丧失政权的危险存在，危害国家安全、人民生活，社会主义大厦将轰然倒塌。因此，全党上下必须认真落实党的意识形态工作责任制，在哲学社会科学繁荣发展上敢抓敢管、敢于亮剑，做到守土有责、守土负责、守土尽责，牢牢把握马克思主义舆论主阵地，坚持用科学理论武装全党，弘扬社会主义先进文化，唱响主旋律，凝聚维护社会发展稳定的正能量，把握好“两个巩固”的根本任务，打好主动仗、掌握主导权、争夺话语权，牢固树立中国特色社会主义道路自信、理论自信、制度自信和文化自信。

第三，必须把创新作为推动哲学社会科学繁荣发展和主流意识形态建设的根本动力。一是针对网络化时代全球范围内各种社会思潮风云激荡，科学树立立体化、全方位、无间隙的“大宣传”理念，创新发展理念，形成意识形态建设整体合力。利用互联网扁平化、交互式、快捷性优势，推进工作方式的创新

① 马克思恩格斯. 马克思恩格斯文集，第8卷［M］北京：人民出版社，2009：170.

化、宣传理念的现代化、互动反馈的及时化，用新理念、新思维更好感知社会态势，做好主流意识形态正面宣传工作。二是立足三个“独特”，重构社会主义意识形态话语体系，大力推进话语创新。意识形态话语表达要通俗化、大众化、生活化，言简意赅、鲜活生动而又接地气，为此，要善于运用人民群众耳熟能详、喜闻乐见并擅长的语言表达方式，首先要赢得人民群众的理解、支持、认同，做到内化于心、外化于行。三是主动拓展各类宣传舆论阵地，巩固壮大各类媒体，充分利用网络化时代各种技术资源和条件，根据不同群体的认知特点和心理特点，创建新的手段、方法和载体，增强意识形态宣传教育的亲和力和实效性。

最后，必须牢固树立推进哲学社会科学大发展的科学思维方式。在新时代中国特色社会主义哲学社会科学繁荣发展和主流意识形态建设中，必须牢固树立习近平总书记提出的辩证思维、战略思维、历史思维、创新思维、底线思维等科学思维方式，把维护、巩固和发展社会主义主流意识形态的战略主动权牢牢掌握在自己手中，坚持正确道路方向、不偏不倚，不走弯路、不摔跟头，不断增强意识形态工作的科学性、预见性、主动性和创造性，推动新时代改革开放之路走得更稳、走得更远、走得更好。

历史虚无主义对高校学生的影响及其对策研究*

杨德霞　郑永廷①

（西南交通大学马克思主义学院，四川成都，611756）

摘　要：历史虚无主义对高校学生的影响主要表现为隐蔽性的渗透方式、拉锯式的影响过程、麻痹性的影响状态和离间性的影响结果。它利用高校学生追新求变的心理，篡改其历史认知；利用高校学生思维不深入的缺陷，引诱其对历史产生怀疑甚至否定；利用高校学生对一些现实问题的不满，诱导其迷信曾经有过完美的“他者”。消除该思潮对高校学生的影响，需要培养科学的思维方式，提供分析问题解决问题的理论武器；批判历史虚无主义的错误，抵制历史虚无主义的传播；开展各类社会实践，增强体验式教育。

关键词：历史虚无主义；高校学生；对策

党的十九大报告明确指出：“青年兴则国家兴，青年强则国家强。青年一代有理想、有本领、有担当，国家就有前途，民族就有希望。”而在青年群体中，高校学生是其优秀人才的主体，承担着引领风尚，做模范表率的重要使命，因此，他们的思想政治素质如何，尤其值得关注。据教育部 2016 年 4 月 7 日发布的首份《中国高等教育质量报告》，2015 年我国高校在校学生已达 3700 万人。② 2017 年的《中国本科教育质量报告》显示，截至 2016 年，全国

---

* 基金项目：国家社科基金项目“新形势下执政党意识形态领导力研究”（13BKS074）、四川大学生思想政治教育研究中心项目“‘精日’现象的特征、成因及对策研究”（CSZ18008）阶段性成果。

① 作者简介：杨德霞（1984－），女，四川汉源人，西南交通大学马克思主义学院副教授，主要从事马克思主义与当代意识形态研究。郑永廷（1944－），男，湖北仙桃人，西南交通大学兼职教授，主要从事思想政治教育研究，社会主义意识形态研究。

② 首份高等教育质量“国家报告”出炉［EB/OL］. http://news. youth. cn/jy/201604/t20160407_7830817. htm，2016－04－07.

普通本科高校招生规模 405 万，在校生规模突破 1613 万。[①] 总体而言，他们胸怀理想，积极向上。然而，不容忽视的是，社会上的一些错误思潮也对他们产生了较大的影响，历史虚无主义就是其中之一。

历史虚无主义“是一股否定中国共产党的历史，否定中国革命史，否定社会主义新中国的历史，进而否定中华民族文明史和优秀传统文化的错误思潮”[②]。它打着历史研究的幌子，以“重新认识历史”“还原历史真相”的名义出现，混淆是非，颠倒黑白，有极强的政治企图。那么，它对高校学生的影响怎样？我们又应该如何应对呢？

一、历史虚无主义对高校学生的影响特点

总体而言，历史虚无主义对高校学生的影响状况有如下几个特点。

1. 隐蔽性的渗透方式。历史虚无主义对高校学生的渗透，往往采取“学术”和“娱乐”两种方式。“大量事实表明，宣传历史虚无主义的人有研究机构和著名高校的学者，所利用的媒体也不少。”[③] 许多历史虚无主义观点，往往用“学术”的形式进行精心的包装，通过课堂、讲座、网络等渠道传播。另一方面，一些历史虚无主义论者借助“娱乐化”的图片、段子和视频，悄无声息地传播其观点。例如，“董存瑞为什么牺牲”？“因为炸药包两面都被胶粘住了”；“黄继光是因为摔倒了才堵枪眼的”。然而，由于其“娱乐”色彩较浓，本真面目也就不容易被一些政治敏锐性不强的大学生识破。

2. 拉锯式的影响过程。在高校学生中，大多数学生主动、认真接受正面的思想政治教育。然而，历史虚无主义思潮的持久冲击，使有些学生在不同程度上产生了迷茫和困惑，呈现出疑惑不解的矛盾心理。例如，他们敬佩革命者，为其大无畏的牺牲精神所鼓舞，但又觉得革命太困苦，不如改良道路好；他们认为一个民族不能没有英雄，但另一方面，又对英雄事迹的真实性产生怀疑；在看待土地改革时，认为农民的处境悲苦固然值得同情，但是，又认为土改侵犯了地主的人权及财产权利等。这种种矛盾的心态和认识说明，历史虚无主义在不断冲击思想政治教育的效果，争夺青年。

3. 麻痹性的影响状态。一些学生不同程度地受到历史虚无主义的影响，

---

① 权威发布！最新版高等教育质量“国家报告”出炉［EB/OL］. http：//edu. people. com. cn/n1/2017/1016/c367001－29588440. html.

② 田心铭. 识别历史虚无主义要透过现象看本质［J］. 红旗文稿，2015，(9)：10－13.

③ 唐红丽. 历史虚无主义必然破产［N］. 中国社会科学报，2015－9－23 (1).

但是他们在主观上并不了解这一思潮，也不清楚其内涵、手法、政治企图及其危害。据教育部人文社会科学课题“当代社会思潮对高校师生的影响及对策研究”课题组对武汉大学、中国人民大学以及上海交通大学等10余所高校多学科、多专业以及不同学习阶段的学生和部分教师的调查，自认为对历史虚无主义思潮“非常了解”和“比较了解”的学生人数为15.7%，而“不大了解”和“不了解”的人数占60.7%。然而，从调查结果来看，在关于中国近现代以来社会发展道路的选择、中国革命的必然性和历史作用、重大历史事件和重要历史人物的评价、中国共产党对中华民族解放和复兴的历史贡献等重要问题上，不同程度地认同历史虚无主义观点的比例远远超过他们的自评比例。[①] 这说明历史虚无主义思潮造成的不良影响，已经在一定程度上使高校学生陷入了“日用而不知，习焉而不察”的境地。

4. 离间性的影响结果。历史虚无主义在高校学生中的传播造成什么样的危害呢？从表面上看，它似乎只是误导了其对历史的认知，但是，从深层来看，它造成历史观、价值观的紊乱，达到涣散人心、瓦解信仰的效果，从长远来看，甚至会埋下引发国家“和平演变”的隐患。历史虚无主义摧毁了英雄们所代表的价值观，摧毁中华民族的精神支柱，使人们在日常生活中回避、逃避崇高，在民族危机面前麻木不仁；使人们对党的领导和执政合法性产生怀疑，对党的宗旨、目标产生不信任感，动摇理想信念，等等。这些恶劣影响在高校学生中平时可能只是作为一种隐性的形式存在，并未立即使其产生严重后果，但是，它使一些大学生对党和国家的感情开始出现裂缝，在关键时刻，可能就会成为国家和社会不安定因素，甚至可能导致和平演变的恶果。

二、历史虚无主义影响高校学生的原因分析

那么，历史虚无主义是如何误导学生的呢？

1. 利用高校学生追新求变的心理，篡改其历史认知。高校学生在中小学期间已经接受了相关的历史教育，并识记了相关的历史知识，为其在大学期间接受历史教育奠定了良好基础。但是，有些学生对历史教育产生了倦怠感，有的甚至先入为主地形成某种偏见，认为大学期间的历史教育只是一种“炒陈饭”式的重复性教育。在这种背景下，一些“新鲜刺激”的观点就往往引发其好奇，例如，声称用“粗浅的物理分析方法”就可以证明黄继光堵枪眼的事情

① 黄星清. 警惕网络历史虚无主义传播的新趋势［J］. 红旗文稿，2017，(1)：8-10.

根本不可能发生；邱少云在大火中忍受痛苦牺牲的事件根本“不符合生理学”的标准；慈禧太后、李鸿章等人是忍辱负重的爱国者，等等。而网络浏览所形成的“浅阅读”习惯，也为该思潮在高校学生中的传播起到推波助澜的作用。

2. 利用有些学生思维不深入的不足，引诱其对历史产生怀疑甚至否定。高校学生思想活跃、视野开阔，但是，由于生活阅历浅，尚未掌握全面、深刻的辩证思维方法，因而容易陷入以偏概全、混淆现象与本质、用今天的标准来看待昨天的问题等误区。历史虚无主义论者利用高校学生思维方式中的这一不足，误导其思想。例如，遮盖法律的阶级本质，回避地主与农民之间的剥削与被剥削、统治与被统治关系，诱导高校学生将杨白劳视为违反契约在先的坏分子，而将黄世仁视为受害者，从而否定农民革命的必要性和合理性；选择性地罗列新中国成立以后的曲折和失误，引诱有些学生得出新中国历史是一个接一个错误的印象，等等。

3. 利用高校学生对一些现实问题的不满，诱导其迷信曾经有过完美的“他者”。高校学生大多关心民族国家前途，对民族国家的未来充满美好的期待。但是，“这种追求目的的天性，必然使其思想和行为超越于现实，不满于现状，充满着理想与幻想”[①]。浓厚的理想主义色彩，使得其对落后国家实现社会主义现代化的艰巨性和长期性缺乏正确认识，对当前出现的各种社会问题缺乏充分的心理准备和思想准备，因而在面对现实与理想的差异，面对中国与外国在某些方面的差距时，容易出现心理落差，甚至悲观失望、怨天尤人等情绪。而历史虚无主义论者利用这一特点，将其焦虑引导到对新中国、对共产党历史的不满上来，引导到对所谓“繁华盛世”的民国及清朝等的怀念上来，引导到对资本主义制度的向往上去。

三、消除历史虚无主义对高校学生影响的对策思考

引导高校学生筑牢思想防线，正确认识和对待历史，抵制历史虚无主义这一错误思潮，是一个重大而紧迫的课题，需要我们认真研究、严肃对待。

1. 培养科学的思维方式，提供分析问题和解决问题的理论武器。历史虚无主义作为一种政治思潮，其理论基础是唯心主义，尤其是唯心史观。因此，要引领高校学生抵制这一错误思潮，不仅要使其弄清史实，更要培养其科学的思维方式，教给其正确认识和评价历史的思想武器。青年时期是培养和训练科

① 黄蓉生. 青年学研究［M］. 成都：四川人民出版社，2001：80.

学思维方法和思维能力的关键时期，针对历史虚无主义思潮，笔者认为对高校学生加强如下两个方面的教育尤为重要。

第一，社会发展规律的教育。要充分利用课堂教学，通过马克思主义基本原理的讲述以及相关案例的深入分析，使高校学生理解生产力与生产关系以及经济基础和上层建筑之间的矛盾运动，把握人类社会发展的规律，了解革命产生的必然性及其作用。通过讲述，使其明白革命是推动阶级社会发展特别是社会形态更替的重要动力，其发生并不是人为的制造，更非源于人性的邪恶，而是在特定历史时期解决社会主要矛盾的内在要求，从而主动抵制“告别革命”以及非议革命者的各种错误言论。

第二，评价历史人物的方法教育。要引导高校学生使用历史分析方法，从特定的历史背景出发，根据当时的历史条件，具体、全面地考察历史人物的是非功过。尤其是使其明白，判断历史人物的历史功绩，不是根据历史人物没有提供现代所要求的东西，而是要看他们比其前辈提供了什么新的东西。另一方面，要引导其把历史人物同他所属的阶级联系起来加以考察，更准确地理解其产生、作用及性质，防止其被抽象的人性论俘获。

总之，在对高校学生的历史教育中，要强化马克思主义理论的教育，使其培养科学的思维方式，树立正确的历史观。正如习近平总书记所言：“只有真正弄懂了马克思主义，才能在揭示共产党执政规律、社会主义建设规律、人类社会发展规律上不断有所发现、有所创造，才能更好识别各种唯心主义观点、更好抵御各种历史虚无主义谬论。”①

2. 批判历史虚无主义的错误，抵制历史虚无主义的传播。高校宣传部门、思政课教师和辅导员等应通过问卷调研以及对校园论坛、QQ群和微信群等网络信息的跟踪等各种方式，及时了解历史虚无主义思潮在高校学生中的蔓延状况。要综合运用传统教学模式和新媒体等手段，通过专题讲授、会议论坛以及信息推送等方式，有针对性地开展对历史虚无主义思潮的批判，引导学生正确认识和把握其形成背景、表现手法、本真面目和现实危害等，增强学生的辨别能力，提高其抵制历史虚无主义思潮的主动性和应对能力。

同时，还要关注并引导高校学生正确认识新自由主义思潮、后现代主义思潮等。虽然它们与历史研究无直接关联，但其理论主张往往与历史虚无主义思潮相互呼应。前者从经济的角度鼓吹私有化，宣扬资本主义道路，否定社会主

① 习近平：在哲学社会科学工作座谈会上的讲话［EB/OL］. http：//politics. people. com. cn/n1/2016/0518/c1024-28361421. html，2015-05-18.

义，在客观上使人们从现实向历史追溯，否定近代以来中国所选择的社会道路；后者则从哲学的角度在一定程度上为历史虚无主义提供方法论的支援，不仅否认历史事实的客观性以及历史认识的可能性，而且还把历史视为主观诠释的产物，宣扬“怎么都行”，从而解构历史。因此，需要引导学生进行科学的辨别。

此外，相关部门应该严格审查电视节目、电影和书籍等，防止其传播历史虚无主义观点；应规范网络行为，净化网络空间，整治一些宣扬历史虚无主义错误思潮的网站；要依法依规惩处一些诋毁英雄人物的历史虚无主义论者；同时，劝阻一些在高校肆意传播历史虚无主义观点的学者和教师。通过这些举措，阻击历史虚无主义思潮的肆意传播，避免其毒害人心。

3. 开展各类社会实践，加强体验式教育。长期以来，高校学生接受的教育主要是书本知识教育，感性认识匮乏，容易与历史和现实产生隔膜。因此，可充分挖掘所在学校、城市相关的历史资源，利用重大节假日和纪念日等，带领学生参观革命圣地、红色景区及博物馆等，引领其近距离地感受历史、敬畏历史，激发起爱国主义情感、英雄主义情感；可利用假期等带领学生积极参与各类社会实践，深入了解中国国情，改变偏激的思维方式，增强责任心和使命感，积极投身于实现“中国梦”的伟大征程中。

总之，在思想的阵地，无产阶级不去占领，资产阶级就会占领。广大党员、干部和思想政治工作者应秉持高度的政治敏锐性和历史使命感积极行动起来，批判和抵制历史虚无主义，消除其影响，为高校学生一生的健康成长保驾护航，为中华民族的伟大复兴贡献力量。

习近平新时代中国特色社会主义思想融入高校思想政治教育研究

“红船精神”传承与大学生思想政治教育的同一性研究*

李德海①

（西南石油大学党委、校长办公室，四川成都，610500）

摘　要：“红船精神”是中国共产党人的精神之源，是新时代实现新目标的重要精神支撑；大学生思想政治教育是立德树人工作的重要环节。“红船精神”传承和大学生思想政治教育都必须坚持马克思主义理论为指导，二者在理论来源上具有同一性；“红船精神”传承和思想政治教育工作都是阶级和时代的产物，具有一定的阶级性和时代性，这也就决定了“红船精神”传承和大学生思想政治教育工作在目的上具有同一性；“红船精神”传承本身就是德育范畴，也是思想道德建设的重要方面，“红船精神”传承和大学生思想政治教育内容具有同一性；“红船精神”属于文化的范畴，它的传承依赖于一定的文化土壤，大学生思想政治教育也需要有良好的文化环境，二者传播的路径具有同一性。

关键词：“红船精神”；大学生思想政治教育；同一性

“红船精神”与中国共产党一起诞生在浙江嘉兴的南湖红船，它是中国共产党人的精神源头。“红船精神”从诞生之日起指导和激励着中国革命先烈取得了一个又一个革命斗争的胜利。随着革命、建设、改革的持续推进，在“红船精神”的滋养下又诞生了井冈山精神、长征精神、延安精神、劳模精神、航天精神等一系列具有民族情怀、中国特色、时代特征的伟大精神。这些伟大精神的诞生都和“红船精神”的传承有着深厚的渊源，也显示出了“红船精神”

---

* 基金项目：2018年度四川大学生思想政治教育研究中心项目“以延安精神为载体构建‘五维一体’大学生理想信念教育新模式”，项目编号：CSZ18017。

① 作者简介：李德海（1975—），男，汉族，黑龙江肇东人，博士研究生，副研究员，主要从事大学生思想政治教育研究。

的深厚底蕴和强大力量。习近平总书记曾撰文对“红船精神”的内涵做了科学的阐述，他指出，“‘红船精神’体现为开天辟地，敢为人先的首创精神；坚定理想，百折不挠的奋斗精神；立党为公，忠诚为民的奉献精神”。① “红船精神”具有鲜红的革命底色，是我们红色革命文化最具代表性的精神文化，它饱含了丰富的思想政治教育元素。

党的十八大以来，党和国家就如何开展高校思想政治教育工作、全国宣传思想工作、巩固国家意识形态安全工作、繁荣全国哲学社会科学、做好文艺工作者思想引领工作等做了大量的创新性工作，取得了前所未有的新成就。为了突出高校思想政治工作的重要地位，十八大以来召开了几次专门性工作会议，习近平总书记也多次在会上阐述了新的思想和理念。就如何增强高校的思想政治教育工作，习近平总书记提出了要发挥文化的教育和引领作用，增强以文化人、以文育人的教育效果，要不断推动高校思想政治工作，要注重文化浸润、感染、熏陶②。“红船精神”本身就是红色文化的一种文化范畴。将“红船精神”中有益于大学生思想政治教育的价值元素挖掘出来，融入大学生思想政治教育工作，将“红船精神”形成的价值引导和大学生思想政治教育有机结合起来，这样可以不断增强大学生思想政治教育工作的亲和力，也可以不断提升大学生思想政治教育的针对性，能够主动遵循思想政治教育工作“三大规律”。

“立德树人”是新时代开展大学生思想政治教育的根本任务。要利用和发挥好“红船精神”的育人价值，就要科学分析“红船精神”的传承与大学生思想政治教育工作的共同之处，使二者达到相互作用、相互促进的效果。“红船精神”的传承和大学生思想政治教育工作都是以马克思主义理论为指导的道德建设活动，都是服务于中国共产党领导的中国现代化建设和人才的培养，都是发扬中华民族精神和中国时代精神的实践载体，作为德育实践活动，不管是“红船精神”的传承还是大学生思想政治教育工作都需要实践方式助力其实践转化。因此不难发现“红船精神”的传承和大学生思想政治教育工作在实践的理论、实践的目的、实践的内容和实践的方式四个方面具有天然的同一性。

一、“红船精神”的传承和大学生思想政治教育理论同源

“红船精神”是马克思主义理论与中国社会实践和中华民族结合的重要产

① 习近平. 弘扬“红船精神”走在时代前列［N］. 光明日报，2005－06－21.

② 习近平. 在全国高校思想政治工作会上的讲话［N］. 人民日报，2016－12－09.

物。"红船精神"的诞生以及后面在我国革命、建设、改革实践中的发展，都展示着鲜明的马克思主义色彩。"红船精神"是中国共产党人运用马克思主义理论创造的，是中国共产党人的精神源头，是马克思主义理论与中国具体实践相结合的重要一步。正是有了马克思主义传到中国，指导中国的革命斗争，才在斗争的硝烟中孕育了中国共产党。正是有了马克思主义理论和中国共产党的结合，才引导中国人民掀开了救亡图存的崭新面貌。毛泽东把中国共产党的诞生称之为"开天辟地的大事变"。正是有了红船上诞生的中国共产党，才使得"红船精神"犹如星星之火，点燃了中国共产党人的革命热情，形成了中国革命的燎原之势。"红船精神"和中国共产党的诞生都是马克思主义理论滋养的结果。今天，我们传承和发扬"红船精神"仍然要坚持马克思主义理论的指导，将"红船精神"与新时代中国特色社会主义的伟大实践相结合。发扬"红船精神"就要坚持和弘扬红船上第一批共产党人确立的为国家富强、为民族振兴和为人民解放的为民情怀，坚定的为民情怀既是伟大的马克思主义理论的崇高品质，也是"红船精神"的本质所在。

思想政治教育工作关系到为谁培养人、如何培养人、培养怎样的人，是巩固党的领导地位、维护国家意识形态安全、促进全社会和谐发展的重要途径。因此，大学生思想政治教育工作具有鲜明的阶级特征和时代特点，这也就决定了我国的大学生思想政治教育工作必须坚持马克思主义理论的指导，必须坚持中国共产党的领导，培养有坚定马克思主义信仰的新时代大学生。我国的高等教育是党领导下的高等教育，是有鲜明中国社会主义特色的高等教育。"马克思主义是我们立党立国的根本指导思想，也是我国大学最鲜亮的底色。"① 要办好高等教育，要搞好大学生思想政治教育工作，就要把马克思主义理论作为工作指南，把握社会主义办学方向，落实党的教育方针。马克思主义理论是我们党的指导思想，习近平总书记对于如何做好新时代高校思想政治教育工作，提得最多的就是要坚持马克思主义理论的指导地位不动摇。足见马克思主义理论是我们开展大学生思想政治教育的重要理论来源。要开展好大学生思想政治教育工作，最重要的就是要抓好对大学生的马克思主义理论的教育，通过马克思主义理论教育，使学生认识到中国共产党选择马克思主义是有着历史的必然性和科学的真理性，从而教育和引导学生理性认识中国特色社会主义的历史必然性和优越性。要开展好大学生思想政治教育工作，还要教育学生学会用马克思主义世界观来认识世界和观察世界，运用马克思主义方法论来分析世界和改

① 习近平．在北京大学师生座谈会上的讲话［N］．人民日报，2018－05－03．

造世界，教育和引导学生认清楚当今世界的发展走向和中国特色社会主义的发展趋势。

从以上的分析，我们不难看出，“红船精神”的传承和大学生思想政治教育工作都是坚持马克思主义理论为指导的，伟大的马克思主义理论是二者共同的理论源泉。新的时代，我国正在全面建成小康社会，既需要在马克思主义理论的指导下，发扬和传承“红船精神”，运用“红船精神”的伟大力量来助力我们伟大目标的实现，为实现既定的宏伟目标提供强大的精神支撑。同时，也需要坚持马克思主义理论，开展好大学生思想政治教育工作，为实现伟大复兴的中国梦培养一批又一批德才兼备的青年学生，从而提供源源不断的青春力量。

二、“红船精神”的传承和大学生思想政治教育目的同向

“红船精神”是中国共产党人的精神之母、精神之源，传承“红船精神”是中国共产党长期坚持的重要工作，不管是在革命时期还是在社会主义建设和改革时期，传承“红船精神”，不断加强中国共产党的自身建设，始终是振兴中华民族伟大复兴的重要工作。“红船精神”诞生于20世纪初。那个时期，我国内忧外患，人民群众置身于水深火热之中，以梁启超先生、孙中山先生为代表的仁人志士，为了挽救当时破败不堪的国家，先后掀起了戊戌变法、辛亥革命等运动，但是这些都没有实现救亡图存的目标。在经历了一些仁人志士的一系列救亡图存运动失败之后，伟大的中国共产党人在艰难困苦中终于找到了以马克思主义理论为指导的革命道路，在南湖红船确定了领导中国人民实现救亡图存、振兴中华的革命方向。“红船精神”诞生于中华民族最危难的关头，也就决定了“红船精神”具有深厚的爱国主义内涵和伟大的共产主义理想。

在新的时代，发扬和传承“红船精神”就是要坚持和发扬其伟大的共产主义理想，并通过一代又一代人的艰苦奋斗，将共产主义伟大理想变为现实。党的十八大以来，党和国家确立伟大复兴“中国梦”等宏伟目标。这些宏伟目标的确立，归根到底就是不忘记在南湖红船上的初心，努力实现伟大共产主义的具体实践，也是坚持和弘扬“红船精神”的重要体现。同时，传承“红船精神”最为重要的就是要回归到共产党人在红船上确立的初心和目标上。习近平总书记指出：“中国共产党人的初心和使命，就是为中国人民谋幸福，为中华

民族谋复兴。”① 不难发现，这一初心和共产党人在南湖红船上确立的初心是一致的，就是以马克思主义为指导，带领全国各族人民，通过革命斗争和深化改革，不断解放和发展生产力，最终实现伟大的共产主义理想。

党和国家一直重视大学生思想政治教育工作，把思想政治工作作为治国安邦的大事。为谁培养人？如何培养人？培养怎样的人？说得具体一点，就是通过开展大学生思想政治教育，培养能够促进社会发展、传承优秀文化、积累科学知识、实现国家续存以及保障制度运行所需要的德才兼备的人才。② 当前，国际国内形势复杂多变，我国社会意识形态安全也面临来自各方面的考验，社会主义核心价值观的培育和践行也受到功利主义思想的挑战，培养社会主义事业的建设者和接班人工作受到西方敌对势力的威胁。这些面临的挑战和考验，决定了新的时期，开展大学生思想政治教育工作主要目的是培养爱党爱国、热爱人民的爱国青年，培养有远大志向、艰苦奋斗的励志青年，培养求真务实、练真本领的求真青年，培养言行合一、力行刻苦的实干青年，教育青年学生要学会扎根人民，奉献国家，有高尚的人民情怀和爱国情怀；教育青年学习珍惜时代际遇，努力奋斗，书写符合时代需求的辉煌成就；教育青年明白伟大的社会主义是干出来的，要自觉投入到全面深化改革和建设社会主义现代化强国的伟大实践当中。从而激励青年学生置身于伟大的共产主义事业当中。青年兴则国兴，青年强则国强。青年大学生要有伟大理想和时代担当，才能成为助力国家实现伟大复兴“中国梦”的青春力量。

“红船精神”应伟大共产主义理想而生，传承“红船精神”就是要坚持伟大的共产主义理想。大学生思想政治教育工作是培养社会主义建设者和接班人的主渠道，立德树人从根本上讲是为党和国家培养有理想、有担当、有品德、有才能的人才。从这一点看，传承“红船精神”和开展大学生思想政治教育工作目的是一样的，都是为了实现伟大的共产主义理想。

三、“红船精神”的传承和大学生思想政治教育内容同宗

“红船精神”是党的性质和宗旨的集中体现，是党的革命传统和优良作风的重要体现。今天弘扬“红船精神”，就是为了使我们党长期以来形成的优良传统一代又一代传承下去。今天，我们面临的历史任务和发展环境与中国共产

① 习近平．决胜全面建成小康社会　夺取新时代中国特色社会主义伟大胜利——在中国共产党第十九次全国代表大会上的报告［N］．人民日报，2017－10－19．

② 习近平．在北京大学师生座谈会上的讲话［N］．人民日报，2018－05－03．

党建党时期相比发生了新的变化，但是“红船精神”不会过时，一直是推动我们民族不断发展的强大精神力量。在全社会弘扬“红船精神”是为了使“红船精神”传承深入人心，进而用“红船精神”引导人们自觉培育高尚的道德情操。开展大学生思想政治教育关系到“为谁培养人、如何培养人、培养怎样的人”的问题，是培育有高尚道德情操新青年的内在要求。由此，不难发现，通过“红船精神”弘扬的主旋律和所宣传的正能量与大学生思想政治教育有着共同的教育内容。传承“红船精神”就是要坚持首创精神、奋斗精神、奉献精神，自觉将这“三种精神”融入个人成长的生动实践中，融入实现伟大复兴中国梦的生动实践中。

“中国人民是具有伟大创造精神的人民”①，中国人民的创造精神正在前所未有地迸发出来。创造精神是中华民族在几千年的奋斗历程中形成的宝贵财富，正是有了伟大的创造精神，才使得中华民族创造了一个又一个举世瞩目的成就。“红船精神”所蕴含的创造精神，就是要在社会发展中，敢于大胆尝试，不因循守旧，敢于勇立时代潮头，不安于现状。开展大学生思想政治教育，培养创造精神是必然要求，教育大学生面对新形势、新机遇和新挑战，敢于创新、勇于创造，敢于用突破前人的胆识和智慧，与时俱进，不断推进中国特色社会主义事业顺利前进，为早日实现伟大复兴“中国梦”提供源源不断的创新动力。

伟大的创造精神鼓舞着中国人民和中华民族自强不息、艰苦奋斗，创造了丰富多彩的历史文化和多姿多彩的幸福生活。中国共产党的诞生，就是为了实现中华民族近代以来的复兴梦想，中国共产党诞生之日，就在南湖的红船上谋划了中华民族的奋斗方向和梦想初心。而开展大学生思想政治教育，就是要教育和引导学生学习艰苦奋斗的优良品格。习近平总书记就对广大青年学生说到“奋斗的青春最美丽”，在党的十九大报告中强调，“广大青年要坚定理想信念，志存高远，脚踏实地，勇做时代的弄潮儿，在实现中国梦的生动实践中放飞青春梦想，在为人民利益的不懈奋斗中书写人生华章”②。

开展大学生思想政治教育工作，就是要塑造和培养大学生的创新精神和创造能力，尤其是在“大众创业、万众创新”的新时代，培养大学生的创新创业能力显得更加重要，只有不断培养新时代大学生的创新精神和创造能力，才能

① 习近平．习近平在十三届全国人大一次会议闭幕会上的讲话［N］．人民日报，2018－03－21．

② 习近平．决胜全面建成小康社会　夺取新时代中国特色社会主义伟大胜利——在中国共产党第十九次全国代表大会上的报告［N］．人民日报，2017－10－19．

为国家的发展和民族的进步，提供源源不断的创新动力。只有培养了学生的创造精神，才能引导学生自觉地把个人的人生理想和国家的发展前途联系起来，才能引导大学生为实现伟大复兴中国梦努力奋斗。“红船精神”是在中国人民处于水生火热的艰苦环境和中华民族面临生死存亡的关键时刻产生的，在“红船精神”感召下的革命先烈们为了民族独立和人民解放，掀起了一场场伟大的革命斗争。这种为民族复兴、国家富强和人民幸福而奋斗的革命情怀体现出了“红船精神”的奉献精神内涵。习近平在十九大报告中指出，“推进诚信建设和志愿服务制度化，强化社会责任意识、规则意识、奉献意识”①。奉献精神，就是要坚持做到全心全意为人民服务，始终坚持把人民群众的根本利益摆在至高无上的位置。

从“红船精神”的内涵与传承“红船精神”的主要内容上讲，开展大学生思想政治教育工作与其在内容上具有一致性，都是以首创精神、奋斗精神、奉献精神为主要的内核，不断增强整个中华民族所有中华儿女的民族使命感和历史责任心。从而为整个中华民族的繁荣发展提供强大的精神力量和道德支撑。

四、“红船精神”的传承和大学生思想政治教育路径同行

“红船精神”的丰富内涵和大学生思想政治教育理论，两者都是我国社会的主流意识形态的具体内容。“红船精神”的传承本身就是道德建设的范畴，以“红船精神”来引领人、感染人、塑造人，是我们新时代做好思想政治宣传工作的重要政治任务，也是加强党员干部乃至全体公民思想道德建设的一种手段。“红船精神”传承包含许多有利于大学生思想政治教育的元素，尤其在充实大学生思想政治教育的教育内容，优化大学生思想政治教育的文化环境方面体现出了重要价值。当前，传承“红船精神”，发挥“红船精神”的引领价值和育人功能，以及推动大学生思想政治教育不断走向深入，都需要经过一定方式实现实践转化。而转化路径共同之处在于都依赖于一定的文化路径。

文化滋养心灵，文化涵育德行，文化引领风尚。② 没有本民族文化的民族很难保证本民族的生存和发展，民族文化是民族的灵魂，是一个民族的精神载体，文化也是我们开展道德教化和人才培养的伦理纲常和知识宝库。十八大以来，党和国家就繁荣社会主义先进文化，提出了要坚持“文化自信”的指导方

---

① 习近平. 决胜全面建成小康社会　夺取新时代中国特色社会主义伟大胜利——在中国共产党第十九次全国代表大会上的报告［N］. 人民日报，2017-10-19.

② 习近平. 在全国高校思想政治工作会议上的讲话［N］. 人民日报，2016-12-09.

针，要增强文化自信就要在中华优秀传统文化、红色革命文化、社会主义先进文化中寻找文化自信心和自豪感。“红船精神”本身就是红色革命文化，也是坚定文化自信的重要精神来源。以“红船精神”为代表的红色革命文化滋养出了社会主义先进文化，这是开展大学生思想政治教育工作的重要文化支撑。文化的传承还需要文化本身作为载体。在今天，对“红船精神”的传承、开发、利用，需要社会主义先进文化加以引导，为“红船精神”的时代化、大众化创造符合时代特征、适合群众需求的文化环境。①

大学生思想政治教育要增强亲和力和针对性，就要更加注重以文化人和以文育人，要注重文化在大学生思想政治教育工作中的浸润、感染和熏陶作用，保证思想政治教育工作取得实效。随着网络文化、虚拟文化、西方文化对大学生生活和学习的影响，给大学生的思想政治教育工作带来很大的挑战。要把话语权、领导权和主动权掌握在广大思想政治教育工作者手中，就要学会以文化教化来抢夺文化阵地，也要学会主动了解网络文化、虚拟文化、西方文化等文化的发展规律、生存状态，以便更好地发挥文化的重要教化作用。习近平总书记专门就加强高校的校园文化建设作了重要的论述，要求高校要努力创建文明校园，通过校园文化建设，为大学生的思想政治教育工作提供良好的育人环境。高校是思想活跃、活动丰富的地方，有优越的条件开展多姿多彩、积极向上、格调高雅的文化活动，这为保障有效开展大学生的思想政治教育工作，提供了巨大的文化支撑，能够让红色文化浸入学生生活、进入学生课堂、融入学生活动、植入学生心灵。促进大学生成长为具有“爱国、励志、求真、力行”高尚品质的新时代大学生。

“红船精神”引领校园文化建设，依托校园文化在高校传承“红船精神”，其本身就是一种文化路径的创新，就是对“红船精神”的继承。因此不难看出，“红船精神”的传承也好，大学生思想政治教育也好，都需要借助一定的文化作为载体，二者在实践的文化路上具有一致性，这也是二者同一性的重要体现。在繁荣社会主义先进文化和增强“文化自信”的今天，就要不断创新文化发展的方式，为以“红船精神”为代表的红色精神和以“社会主义核心价值观”为核心的时代价值营造出培育和实践的文化土壤。

伟大的时代创造伟大的事业，创造伟大的事业需要伟大的精神。“红船精

① 张志强. 社会主义核心价值观与高校思想政治教育创新研究［J］. 河南社会科学，2018（2）107－112.

神”从诞生的那一刻起，一直滋养着中国共产党从幼稚走向成熟、从弱小走向强大，孕育了长征精神、延安精神、西柏坡精神、抗震救灾精神、载人航天精神等一系列具有中国特色的伟大精神。“红船精神”所包含的革命元素、红色元素、道德元素、价值元素等也是我们开展大学生思想政治教育工作的重要内容。“红船精神”要在新时代发挥时代价值，需要通过思想政治教育工作这一重要渠道。“红船精神”的传承和大学生思想政治教育工作二者有着天然的同一性，充分利用“红船精神”的传承和大学生思想政治教育理论同源、“红船精神”的传承和大学生思想政治教育目的同向、“红船精神”的传承和大学生思想政治教育内容同宗、“红船精神”的传承和大学生思想政治教育路径同行的优势，开展好“红船精神”的传承和大学生思想政治教育工作，可以实现“红船精神”的传承和大学生思想政治教育工作的良性互动，可以更好地发挥“红船精神”的时代价值和更好的发挥思想政治教育的立德树人作用。

朱德故居纪念馆革命文化资源融入大学生思想政治教育的路径研究*

张　翔[①]

（西南医科大学，四川泸州，646000）

摘　要：革命文化资源是革命精神与革命遗址相结合的产物，是以精神形态、物质形态、作品形态等形式存在的，意识形态特性显著。本文阐述运用朱德故居纪念馆革命文化资源加强大学生思想政治教育的意义，挖掘朱德故居纪念馆中以历史遗存为依托的革命文化资源优势，筑牢大学生抵制西方意识形态侵蚀的思想壁垒，构建“红色生态”，进而对朱德故居纪念馆革命文化资源融入大学生思想政治教育的有效路径做了深入探讨。

关键词：红色文化资源；大学生思想政治教育；红色生态；路径

习近平同志在纪念朱德同志诞辰130周年座谈会上强调，我们纪念朱德同志，“就是要学习他追求真理、不忘初心的坚定信念”，“就是要学习他无限忠诚、光明磊落的坚强党性”，“就是要学习他实事求是、求真务实的思想方法”，“就是要学习他心系人民、艰苦朴素的公仆情怀”，“就是要学习他一生学习、一生向前的奋斗精神”。[②] 毛泽东同志称赞朱德同志是“人民的光荣”，周恩来同志称赞朱德同志的革命历史“已成为二十世纪中国革命的里程碑”。

朱德同志近70年的革命生涯，历经了新旧民主主义革命、社会主义革命建设和改革时期，在坚持马克思主义信仰、社会主义和共产主义信念中为人民解放和中国特色社会主义事业做出巨大贡献。位于四川省仪陇县马鞍镇琳琅村

* 基金项目：2018年度四川大学生思想政治教育研究中心课题（CSZ18041），课题名称《朱德故居纪念馆革命文化资源融入大学生思想政治教育的路径研究》。

① 作者简介：张翔（1989－），女，汉族，河南南阳人。硕士研究生，西南医科大学马克思主义学院教师。

② 习近平．纪念朱德同志诞辰130周年座谈会［N］．人民日报，2016－11－30.

的朱德故居纪念馆革命文化资源是革命精神与革命遗址相结合的产物，以精神形态、物质形态、作品形态等形式存在的，意识形态特性显著。革命文化的实质就是红色文化，需要回到历史语境中进行思量和阐释。2016 年习近平同志在庆祝中国共产党成立 95 周年大会上的讲话指出，5000 多年文明发展中孕育的中华优秀传统文化，在党和人民伟大斗争中孕育的革命文化和社会主义先进文化，积淀着中华民族最深层的精神追求，代表着中华民族独特的精神标识。① 因此，朱德故居纪念馆革命文化资源是对大学生进行思想政治教育的优质红色资源，应通过挖掘朱德故居纪念馆中以历史遗存为依托的革命文化资源优势，探寻与大学生思想政治教育相融合的路径，坚定大学生共产主义远大理想和中国特色社会主义信念。

一、运用朱德故居纪念馆革命文化资源加强大学生思想政治教育的意义

朱德故居纪念馆作为“全国首批廉政教育示范基地”“全国爱国主义教育示范基地”“全国中小学生爱国主义教育基地”“国家国防教育示范基地”“全国青少年教育基地”，是我国革命文化资源的重要组成部分。2014 年习近平同志在南京军区考察时强调，要把红色资源利用好、把红色传统发扬好、把红色基因传承好。② 革命文化蕴含着中国文化自信的优质基因，革命文化教育有助于推行马克思主义大众化，有助于加强大学生的思想政治教育，有助于我们铭记历史、更好前行。

（一）创新大学生思想政治教育内容

《关于进一步加强和改进大学生思想政治教育的意见》中具体阐释大学生思想政治教育的主要内容，以理想信念教育为核心，以爱国主义教育为重点，以思想道德建设为基础，努力提高思想政治教育的针对性、实效性和吸引力、感染力。③ 朱德故居纪念馆革命文化资源，集理想信念教育、“三观”教育、爱国主义教育、民族精神教育、中国革命传统教育、社会公德和家庭美德教

① 习近平. 在庆祝中国共产党 95 周年大会上的讲话［N］. 人民日报，2016－07－02.

② 习近平. 贯彻全军政治工作会议精神，扎实推进依法治军从严治军［N］. 人民日报，2014－12－16（01）.

③ 中共中央国务院关于进一步加强和改进大学生思想政治教育的意见［N］. 人民日报，2004－10－15（01）.

育、人文素质教育等内容于一体，是高品质、综合性、不可复制的综合教育资源，对其教育内涵的开发，有助于创新大学生思想政治教育内容。用革命文化资源蕴含的坚定理想信念、正确政治方向，能帮助大学生更正思想误区、树立民族自尊心和民族自信心，增强民族认同感，以合格社会主义事业建设者和接班人的主人翁角色，维护好马克思主义主流意识形态，抵制西方错误意识形态的侵袭。

（二）丰富大学生思想政治教育范式选择

托马斯·库恩最早提出范式是“某一特定时代的特定科学共同体所支持的信念”。[①] 他虽未明确定义，却给学界探讨“范式”内涵提供了思路。朱德故居纪念馆革命文化资源载体众多，包括朱德故居原貌，给予朱德启蒙思想教育的药铺垭私塾，陈列各种文物的纪念馆，集声光电科技的动态影像资料，诗词手迹、书稿，以及包括红色歌曲、红色画卷在内的次生作品等。这诸多形态红色文化资源形式内容相异，承载着大学生思想政治教育文化根基，对其研究应包括科学研究方法、统一话语体系、核心主旨等多种研究模式，为大学生思想政治教育实践活动和教育内容提供了多种范式选择，使思想政治教育体系更具系统化和科学性，为思想政治教育方法论提供方法参考。

（三）构建大学生思想政治教育优良道德生态

习近平同志在山东考察时强调“国无德不兴，人无德不立”。这里的德，是涵盖国家和个人的大德。具体到个人，“德”字有更为具体的指向，邓小平同志指出：要“教育全国人民做到有理想、有道德、有文化、有纪律”[②]。经济发展、政治民主、文化繁荣、社会和谐、生态良好是中国特色社会主义道路的标识，大学肩负实现伟大复兴中国梦的重任，对其道德修养提出更高要求。当前伴随文化交融、思想碰撞出现了道德滑坡现象，少数大学生表现出“道德敏感的降低及道德判断能力的匮乏、道德责任感的减弱及道德信任的丧失、道德信念的淡化及道德实践的不作为”[③]。这极大冲击了大学生应有的道德底线和善恶评价标准。谦敬礼让、仁者爱人的家庭美德，救危难、担道义的社会公德，自强不息、舍生取义的理想道德等中华民族优良传统道德蕴含于朱德故居

① 托马斯·库恩．科学革命的结构［M］．金吾伦，胡新和，译．北京：北京大学出版社，2003：21.

② 邓小平．邓小平文选（第3卷）［M］．北京：人民出版社，1993：110.

③ 张翔，黄元全．浅谈公民道德冷漠的成因及对策［J］．鸡西大学学报，2015（11）.

纪念馆革命文化资源中，是对大学生进行道德教育的素材来源。大学生在革命文化的洗礼和感化下，筑牢抵制西方意识形态侵蚀的思想壁垒，构建“红色生态”，与此同时，充分调动内心自觉向善的道德追求，履行主动承担社会责任的道德感，内化于心，外化于行，夯实坚持道路自信、理论自信、制度自信、文化自信的精神支撑，为构建良好社会道德生态凝聚共识。

二、朱德故居纪念馆在大学生思想政治教育中的资源优势

（一）以理想信念教育为核心的革命精神资源优势

2014 年 11 月，习近平同志在全军政治工作会议期间强调，要把我军政治工作的优良传统恢复和发扬起来，把理想信念的火种、红色传统的基因一代代传下去。① 革命理想高于天。没有具有坚定共产主义理想信念的中华民族优秀儿女，就没有中国共产党和新中国。理想信念作为一种精神状态，是人类特有的精神追求。理想信念教育是大学生思想政治教育的核心。朱德 36 岁抛弃高官厚禄，历尽艰难险阻在马克思的故乡——德国，加入中国共产党。他说：“我当时真高兴极了。从此我抛弃了旧我，开始了最有意义的革命的新生。”② 南昌起义失败后，朱德在孤立无援的境况下，依旧做出“就是剩下我一人，也要革命到底”的坚定选择。在太行山衣不御寒、食不果腹的恶劣环境下，朱德仍率领八路军奋勇杀敌。这些是朱德不忘初心、坚持马克思主义信仰和共产主义信念的生动阐释，是朱德奋勇杀敌牢记信仰、舍生取义追求理想的坚持。共产党人不畏艰难险阻、不怕流血牺牲的坚不可摧革命意志背后，是胸怀祖国、心系人民、坚信共产主义事业胜利的理想信念的强大支撑和价值追求。这是朱德故居纪念馆中蕴含的以理想信念教育为核心的革命精神资源优势。

（二）以勤俭节约、吃苦耐劳为内涵的革命传统资源优势

以“一粥一饭当思来之不易，半丝半缕恒念物力维艰”为主要内容的朱子家训，是朱德故居纪念馆红色文化资源蕴含勤俭节约、吃苦耐劳革命品质、优秀传统的缩影。朱德为借每月中旬夜晚最亮的月光学习，亲手在卧室墙上凿眼方窗，达到不浪费灯油为家中节约生活开支的目的。这种萌芽于青少年时期勤

① 习近平．全军政治工作会议在古田召开，习近平出席会议并发表重要讲话［N］．人民日报 2014-11-01（01）．

② 中共中央文献研究室编辑委员会．朱德选集［M］．北京：人民出版社，1983：134．

俭节约、吃苦耐劳的品质，是朱德终生恪守的优良品德和践行原则。当康克清请裁缝为朱德做新衣时，他严厉地说道："衣服被子干净就好，补补能穿能盖，何必买新的？为国家节约一寸布也是好的。"朱德也常教育子女"努力学习马列主义毛泽东思想，坚决反对修正主义，发奋图强、自力更生、勤俭建国、勤俭持家，勤俭办一切事业，做一个又红又专的接班人"。在朱德心中，共产党人要为国分忧、为党尽责，防微杜渐，时刻牢记勤俭自强的革命传统。战争虽已远去，可我们不能忘记来时的路。要利用朱德故居纪念馆以勤俭节约、吃苦耐劳为内涵的革命传统资源优势，教育大学生不尚奢华、不怕艰难、百折不挠，把祖国前途、民族命运同自身人生价值实现相联系，以自身对社会和国家所做贡献大小为评判自己人生价值的重要标准，为实现中华民族伟大复兴而奋斗。

（三）以勤劳自强、仁爱和睦为主要内容的家教家风资源优势

2015 年习近平同志在春节团拜会上指出："不论时代发生多大变化，不论生活格局发生多大变化，都要重视家庭建设，注重家庭、注重家教、注重家风，紧密结合培育和弘扬社会主义核心价值观，发扬光大中华民族传统家庭美德。"① 优良家教家风有助于教化且规范族人思想观念和行为方式。朱德故居处处折射出大家庭的勤劳，朱德生父会种植，生母擅纺织，养父兼做小生意和手工业，养母常务农，朱德三叔会做蔑活、煮酒和织布，一家人勤劳自强，努力生活。钟太夫人面对苦难不退缩的坚强不屈，嫉恶如仇、同情穷苦的处世原则及以身作则、严于律己的生活态度，均使年幼朱德被自强不息、和睦友爱的家庭氛围所教化，他传承了以勤劳自强、讲仁爱、求和睦等家庭美德为主要内容的家教家风。利用此独特红色文化资源优势，为大学生思想政治教育提供素材来源，推进马克思主义大众化，让大学生通过瞻仰革命故居、聆听红色经典的形式，传承红色精神。正如习近平同志所说："格物致知、诚意正心、修身是个人层面的要求，齐家是社会层面的要求，治国平天下是国家层面的要求。"② 修身齐家治国平天下统一不可分割，用优良的家教家风，扬优秀的传统美德，践行社会主义核心价值观，实现国家长治久安。

---

① 习近平．中共中央国务院举行春节团拜会［N］．人民日报，2015－02－18（01）．

② 习近平．青年要自觉践行社会主义核心价值观与祖国和人民同行努力创造精彩人生［N］．光明日报．2014－05－05（01）．

（四）以“朱德的扁担”为历史借鉴的群众路线教育资源优势

毛泽东同志高度赞誉朱德同志为“人民的光荣”。习近平同志指出，“朱德同志当年写诗赞扬我们党领导的解放区‘只见公仆不见官’，他自己就是人民公仆的典范”①。朱德作为中华人民共和国主要缔造者和马克思主义执着践行者，始终保持牢固的群众观点、强烈的民生情怀和务实的工作作风。1937 年朱德去信家中说：“那些望升官发财之人，决不宜来我处；如欲爱国牺牲一切，能吃劳苦之人，无妨多来。我们的军队是一律平等待遇……我为保持革命军队的良规，从来也没有要过一文钱，任何闲散人来，公家及我均难招待，革命办法非此不可。”朱德生活清贫，勤俭节约，为党和国家奉献毕生，去世前让亲属把 2 万多元存款全部缴纳党费，朱德曾多次强调：“我们切不可居功，群众风起云涌，烈士牺牲生命，如果有功，功是他们的。离开了群众，我们什么也做不出来。”② 朱德到视察之地，“人民便以喜悦的神情、亲切的语言表明自己的感触：八路军的总司令不像国民党军队的长官，老百姓是可以亲近的”③。获得人民群众的肯定和赞誉，是朱德践行群众路线的最好证明，是其为民奉献、忠党爱国、清正廉明，时刻践行为人民服务的价值追求。回望历史，更好前行。要让朱德故居纪念馆红色文化资源成为对大学生进行群众路线教育的独特载体，弘扬以“朱德的扁担”为历史借鉴的群众路线资源优势，用身先士卒、艰苦奋斗的精神，同甘共苦、为民服务的情怀，共产党人清正廉洁的践行，开展大学生思想政治教育，教育大学生始终牢记为人民服务的根本宗旨，关心人民疾苦和所需，把人民利益放在首位。

三、朱德故居纪念馆革命文化资源融入大学生思想政治教育路径探析

（一）高校紧抓朱德故居特色价值，增强教育的感召力

1. 编写朱德故居纪念馆革命文化资源特色教材，组织实践活动

一方面，组织大学生去朱德故居纪念馆开展红色教学实践活动，促使革命

① 习近平．纪念朱德同志诞辰 130 周年座谈会［N］．人民日报，2016－11－30．

② 中共中央文献研究室编辑委员．朱德选集［M］．北京：人民出版社，1983：134．

③ 中国人民解放军历史资料丛书编审委员会编．八路军会议史料（1）［M］．北京．解放军出版社，1988：65．

文化资源教学体系完善化、规范化，确保大学生思想政治教育的实效性。比如，西华师范大学马克思主义学院，利用川东北红色文化资源优势推进思想政治理论课实践创新，在朱德故居、邓小平故居等地建立了思想政治理论课实践教学基地，定期组织本科生和研究生开展红色实践教学。另一方面，针对朱德故居纪念馆特有红色经典，诸如“朱德的扁担”群众路线教育、“三不准”家规和“三勤俭”准则、朱子家训等，在马克思主义主流意识形态的正确指导下，组织专家编写彰显朱德品质和故居特色的红色配套教材，增强大学生对红色事迹的内心共识和对红色精神的情感认同，筑牢大学生抵制西方意识形态侵蚀的思想壁垒，在构建“红色生态”的同时，使红色教育不局限于空乏说教。在西方错误思潮和价值观念的冲击下，如何使大学生思想政治教育成效快又显著，以“抓住特色直击重点”为特征的“针对性读本+实践考察”模式也许能够为高校利用朱德故居纪念馆革命文化资源开展大学生思想政治教育提供对策参考。

2. 提升思想政治教育三支队伍的主体人格感召力

邓小平指出，“思想战线上的战士，都应当是人类灵魂的工程师”。学校党政干部包括共青团干部、思想政治理论课教师、辅导员和班主任作为高校思想政治教育三支队伍，是实施教育的实践主体，承担着将革命文化资源价值功能、精神内涵传授给教育对象的重要职责，要提升其主体人格感召力，促进教育内容被大学生内化于心，外化于行。思想政治教育者自身言传身教榜样示范的影响，就如朱德母亲钟太夫人，对朱德一生的垂范作用一样，可以增强教育对象对教育内容的认同感和共鸣，对教育对象更具说服力。高校通过对三支队伍的专门培训和针对教育，完善其职业修养和政治觉悟，促使传道授业过程的规范化和科学化。如何在非单一性的教育资源中择大学生所需，如何根据大学生身心发展特色选其所想，教育者如何采用特有的说服教育方式引导大学生形成规范行为，这是三支队伍中任何一方都应深入思考的课题。

3. 搭建红色网络信息平台，彰显高校网络思想政治教育话语权

“主动占领网络思想政治教育新阵地。要全面加强校园网的建设，使网络成为弘扬主旋律、开展思想政治教育的重要手段。”① “要加强和改进网络文化建设和管理，加强网上舆论引导，唱响网上思想文化主旋律。”② 一方面，高

---

① 教育部社会科学司. 普通高校思想政治理论课文献选编（1949—2006）[M]. 北京：中国人民大学出版社，2006：206.

② 中共中央关于深化文化体制改革　推动社会主义文化大发展大繁荣若干重大问题的决定 [M]. 北京：人民出版社，2011：21.

校要结合本地革命文化资源优势，基于人文关怀维度，建立彰显思想政治教育话语权革命文化网站。正确评估浏览网站对象知识储备和认知能力的相异性，在网站发布教育信息应具有针对性和特色，并注重原创性，避免“信息碎片化”而导致思想政治教育话语权弱化，防止革命文化网站的设立流于形式。另一方面，高校要开设革命文化论坛和革命文化博客，增强与教育对象网上互动，搭建与教育对象网上对话平台，满足其与社会交融的方式，在实践活动后参与讨论、互动，表达自身真切的活动体会，使参与更具即时性，实现网络人际互动和大学生网络思想政治教育的融合。

（二）学生自觉运用教育资源，增强学生学习的自主性

1. 注重参观朱德故居纪念馆的亲身体验，培养接受教育的主动性

基于对革命文化资源的具体感知，大学生注重参观朱德故居纪念馆的亲身体验，通过和自身思想品德素质的比较探究，明确与革命先烈等榜样示范的现实差距，进而自主学习、自主分析、自主判断所接受教育内容的新成分，使自己对革命文化资源的认知从感性上升到理性，从而主动接受革命文化资源中如艰苦奋斗、理想信念、集体主义、爱国主义等教育内容，用亲身体验增强自身接受教育的主动性，实现与革命文化教育资源的良性互动。

2. 加强自身心理和谐教育，发挥主观能动性

加强自身的心理和谐教育，有利于学生克服精神障碍和认知惰性，养成积极平和、理性乐观的健康心态，激发主观能动性，自觉运用诸如课堂教学资源、教师资源、校园文化资源、家庭教育资源、社会媒体资源、同侪资源等教育资源。大学生要保有自我教育的思维认知，客观认识自身优缺点，通过思维加工和重组，接受红色资源中蕴含的教育内容，培养面对磨难的高素养，提升思想道德水平。努力经营和谐的人际关系，以乐观理性、自尊自爱、不卑躬屈膝也不骄傲自大的平和心态处理人际关系，营造和谐人际氛围，优化人际交往效果。

（三）政府有效整合革命文化资源，促成教育的持续性

1. 加强对朱德纪念馆革命文化资源的管理和建设

一方面，南充市政府和仪陇县政府密切配合，调动民间企业的积极性、创造力，引进外资、民间资金参与朱德故居纪念馆红色文化资源的开发和保护，转变发展红色教育资源依赖政府资金补贴的模式。各级部门要避免各自为政、不沟通不负责而造成红色资源项目“过度建设”和“无规划冲动建设”情况的

发生。另一方面，推动红色文化的繁荣与发展，人才是关键。加强朱德故居纪念馆内从业人员专业知识和业务技能专项培训，尤其是针对红色导游的国情党史、历史人文等内容的学习教育，提升其职业道德素养，有助于其在讲解过程中旁征博引，散播丰富知识量和文化内涵，增强红色教育效果。

2. 以多种传媒载体为手段扩大宣传效应

要加强国际传播能力建设，精心构建对外话语体系，发挥好新兴媒体作用，增强对外话语的创造力、感召力、公信力，讲好中国故事，传播好中国声音，阐释好中国特色。[①] 政府应重视作为思想政治教育重要载体的大众传媒的功能，扩大红色资源的宣传效应，使红色资源所蕴含的革命精神和中华优秀传统文化占领信息传播的制高点，组织文学、历史学、电影学、政治学等相关领域的专家，有效整合红色文化资源，本着“理论性与通俗性兼具”的原则，制作宣传红色文化的杂志和影片，传播革命故事，弘扬革命精神，保证红色教育的持续性和趣味性。正如习近平同志所说，“要适应社会信息化持续推进的新情况，加快传统媒体和新兴媒体融合发展，充分运用新技术新应用创新媒体传播方式，占领信息传播制高点”[②]。

3. 整合邻近革命文化资源，增加区域合作

政府应整合邻近革命文化资源，增加区域之间的合作，以期把革命文化教育的影响力和辐射力最大化。整体规划、整体宣传、整体建设，结合周围自然环境和地势特点，让自然环境或者社会环境与名人故居相辅相成，避免革命文化教育载体的单调性。创新跨省市县邻近行政区域的合作理念和合作方式，与南充周边的广安邓小平故居、成都杜甫草堂博物馆、乐山郭沫若故居等开展红色教育合作，增强思想政治教育的效果，实现区域红色资源优势互补，提升地区所拥有的革命文化的话语权，同时也彰显城市的文化底蕴和内涵。

（四）加强校地合作，发挥革命文化资源的合力作用

2013 年 8 月，习近平同志在全国宣传思想工作会议上强调，“宣传思想工作创新，重点要抓好理念创新、手段创新、基层工作创新”[③]。2018 年 8 月，习近平同志再次强调，“建设具有强大凝聚力和引领力的社会主义意识形态，是全党特别是宣传思想战线必须担负起的一个战略任务”，“要把握正确舆论导

① 习近平. 建设社会主义文化强国，着力提高国家文化软实力［N］. 人民日报，2014－01－01（01）.

② 习近平. 在创新中赢得主动权［N］. 人民日报，2013－08－28.

③ 习近平. 在创新中赢得主动权［N］. 人民日报，2013－08－28.

向，提高新闻舆论传播力、引导力、影响力、公信力，巩固壮大主流思想舆论。要加强传播手段和话语方式创新，让党的创新理论‘飞入寻常百姓家’”①。因此高校和地方政府应树立改革创新意识，明确彼此在大学生思想政治教育中的定位，加强校地合作，实现红色教育影响力和辐射力最大化。校地合作模式有助于高校和地方政府整合优质资源，实现教育质量与地方经济“双赢”，在校地共建中发挥朱德故居纪念馆红色文化资源在大学生思想政治教育中的合力作用。首先，高校应厘清校地合作工作思路，校地合作委员会统筹学校、学院、地方资源配置，协调三方分歧和矛盾，为实现校地合作双赢凝聚共识。同时高校主动承担在科研方面的先导作用，与其他区域政府和高校开展红色教育合作。其次，繁荣本校科技创新产业，适时寻求本地政府科研经费支持，在明晰地方企业需求和人才市场缺口的前提下，结合本校科研规划，促进产学研深度融合，同时鼓励学生积极融入当地企业参观学习，丰富大学生思想政治教育方法，让思想政治教育主体不局限于高校，增强与社会的互动，引导和助力地方经济的稳步发展。最后，支持学生参加实践活动，推进科研能力创新。高校应与本地朱德故居纪念馆、张澜故居、罗瑞卿故居等诸多单位合作，共建革命文化实践基地，培养学生综合素质。在当地政府整体规划下，与企业开展长期合作，输送优秀人才，让学生在实践中提升科研创新水平，在实习中锻炼就业本领，实现朱德故居纪念馆革命文化资源在促进大学生思想政治教育方面理论和实践的协调统一。总之，要挖掘革命文化的当代价值，使其所蕴含的科学理论信仰、先进理想信念、崇高精神追求与大学生相结合，构筑“红色生态”，进而培育国家合格的建设者和接班人。

① 习近平．在全国宣传思想工作会议上强调举旗帜聚民心育新人兴文化展形象更好完成新形势下宣传思想工作使命任务［N］．人民日报，2018-08-23.

论习近平青年工作方法的四个维度*

杨　洋　王　慧①

（四川旅游学院，四川成都，610100）

摘　要：青年，是祖国的未来，民族的希望，是党的生力军。党的十八大以来，习近平总书记高度重视青年工作，并就青年工作发表了一系列重要讲话，深刻论述了新时代背景下青年工作的重大理论和实践问题，为青年工作的开展指明了方向，对培养社会主义事业的合格建设者和可靠接班人有着重要的指导意义。青年工作作为一项重大工作，涉及面广，党和政府、学校、社会以及青年自身等都是做好青年工作的重要主体，都肩负着做好新时代青年工作的重要任务。

关键词：青年；青年工作；意涵

党的十八大以来，习近平总书记围绕青年工作发表了一系列重要讲话，形成了关于新时代青年工作的重要理论和方法体系。习总书记指出："青年兴则国家兴，青年强则国家强。青年一代有理想、有本领、有担当，国家就有前途，民族就有希望。中国梦是历史的、现实的，也是未来的；是我们这一代的，更是青年一代的。"② 青年是国家的未来，民族的希望，是实现"两个一百年"目标的重要力量。因此，深入贯彻学习近平总书记关于青年工作的方法对做好对新时代青年工作有着重要的指导意义。党和政府、学校、社会以及青

* 基金项目：2018年度四川青年学子思想政治教育中心项目，项目编号CSZ18052。

① 作者简介：杨洋（1989—），男，汉族，四川省广元人，讲师，硕士研究生，研究方向马克思主义理论和社会工作与社会政策，四川旅游学院创新社会治理研究中心成员。王慧（1986—），女，汉族，山东济宁人，助教，硕士研究生，研究方向思想政治教育，四川旅游学院创新社会治理研究中心成员。

② 习近平. 决胜全面建成小康社会　夺取新时代中国特色社会主义伟大胜利——在中国共产党第十九次全国代表大会上的报告［N］. 人民日报，2017—10—19.

年本身作为做好青年工作的四个维度，只有充分发挥各自的作用，才能做好青年工作，才能为中华民族伟大复兴的中国梦提供人力保障和智力支持。

一、核心维度——党和政府

习近平总书记在同各界优秀青年代表座谈时指出："各级党委和政府要充分信任青年、热情关心青年、严格要求青年，为青年驰骋思想打开更浩瀚的天空，为青年实践创新搭建更广阔的舞台。"① 各级党和政府作为青年工作的核心，肩负着做好青年工作的领导与服务任务。因此，各级党和政府要认真履行职责，明确责任，做到引领青年、帮助青年和关心青年。

面对新时代、新格局，当代青年显现出新特点。党和政府的青年工作必须适应新变化和新规律，解决新时代青年成长中的问题。随着经济全球化的发展，国际国内形势的变化，国际力量对比深刻变化，国际秩序和体系深度调整，国际竞争日趋激烈，意识形态斗争越演越烈，这些因素、问题往往交织在一起，给青年的发展带来深刻影响，党和政府必须适应新的变化，创新青年工作。

各级党和政府要转变职能，增强服务意识，主动解决青年在成长中遇到的问题。党和政府要积极主动走近青年，了解青年的诉求，关心其成长与发展。随着社会转型的不断深入，改革进入深水区，新的社会矛盾和问题日益显现，广大青年在养老、住房、婚姻、就业创业以及医疗等方面面临着巨大的压力，需要关心和帮助。各级党委和政府应该重视青年成长中遇到的困难，并以促进青年成长为中心，以解决问题为己任，为青年的发展提供有利环境。

坚持党的领导，积极践行群众路线，做好青年工作。青年是祖国的未来，其成长与发展，关系着祖国的昌盛、民族的繁荣。青年工作必须坚持党的领导，坚持中国特色社会主义方向，健全党委领导群团工作机制，完善党的各级组织和领导青年、联系青年和服务青年的体制机制。在具体工作中，要积极践行群众路线，重视青年、关心青年，做到"从青年中来，到青年中去"。各级党和政府要积极为青年谋利益，实现好、维护好、发展好最广大青年群众的根本利益，提升青年群众的获得感。同时，要充分信任和支持广大青年，努力营造公平公正的环境，激发青年的活力和创造力，为广大青年搭建展现自身的舞台，从而不断加强和扩大党的青年群众基础。

---

① 十八大以来重要文献选编：上［M］. 北京：中央文献出版社，2014：281.

加强党建工作，提高政府治理能力和水平，更好地发挥对广大青年的思想引领作用。青年人朝气蓬勃，是全社会最富有活力、最具有创造性的群体。在实践中，他们勇于尝试、敢于创新，善于接受和运用新事物，充满热情和活力。但不容忽视的是，部分青年社会阅历尚浅，心理尚未成熟，性格正在养成，缺乏辨别是非的能力、自控能力差，对许多社会现象缺乏判断力，容易受到错误思潮的影响。而中国共产党作为中国特色社会主义事业的坚强领导核心，先进生产力、先进文化的代表，应不断发挥对青年的思想引领作用，为青年成长提供科学的人生指南。习近平中国特色社会主义思想作为党的最新理论成果，是党最先进的理论武器，各级党和政府必须认真贯彻落实，做到学懂、弄通、做实、做细，以作为新时代青年工作开展的根本遵循，全面推进习近平新时代中国特色社会主义思想深入青年，入耳、入脑、入心，让广大青年牢固树立“四个意识”，坚定“四个自信”，自觉践行社会核心价值观，以党的指导思想为行动指南，以党的中心任务为光荣使命，成为社会主义的合格建设者和可靠接班人。

二、主体维度——青年

内因是事物发展的根本原因，决定着事物的性质和发展方向。青年本身既是青年工作的对象，更是青年工作的主体、目标。青年自身的发展状态将会直接影响到青年工作的成败与否。因此，青年本身便是青年工作中一个极为重要的维度，做好青年工作必须从青年本身入手。

要不断改革创新共青团的工作思路。青年的工作青年组织做，中国共产主义青年团是中国共产党领导的先进青年的群团组织，是广大青年在实践中学习中国特色社会主义和共产主义的学校，是中国共产党的助手和后备军。习近平指出，“群团组织要始终把自己置于党的领导之下，在思想上、政治上、行动上始终同党中央保持高度一致，自觉维护党中央权威，坚决贯彻党的意志和主张，严守政治纪律和政治规矩，经得住各种风浪考验，在大是大非面前立场坚定、旗帜鲜明，在关键时刻敢于冲锋陷阵、发声亮剑”。新时代，共青团必须坚持以习近平新时代中国特色社会主义思想为指导，以实现中华民族伟大复兴的中国梦为主题，努力培养社会主义建设者和接班人。履行好引领青年、集聚青年、服务青年和充分发挥青年作用的重要职责。积极转变工作思路，创新工作方法。改变过去问题导向的工作意识，化被动为主动，不断加强和改进青年工作方法，以需求导向为出发点，将工作做到青年最需要的地方。习总书记曾对团的干部提出要求，“团的干部必须心系广大青年，坚持以青年为本，深深植根青年、充分依靠青年、一切为了青年，做青年友，不做青年‘官’，努力增强党对青年的凝聚力和青年对党的向心力”。因此，共青团还要不断加强改革创新，要从顶层设计、方式方法、服务理念等方面入手，增强服务意识，提高广大青年对团组织的认可，增强广大青年的获得感和成就感。

加强社团文化建设，助力青年成长成才。青年作为一个活跃的群体，需要平台来展现自我。青年社团组织是青年依据自身的需要而自由拓宽的天地，是青年自己的组织，是广大青年培养能力、增长知识、提高素质的一条重要途径。因此，社团文化的建设对青年的成长与发展有着至关重要的影响，必须加强社团文化建设。

首先，建设具有时代特色的富有创新性的社团文化。社团文化应当体现出先进文化前进的方向。因此，社团文化建设必须保持旺盛的活力，与时俱进，以反映时代要求的文化内容。为此，必须不断地进行文化创新。社团要处理好文化继承与创新的关系。“四个自信”中的“文化自信”要求我们对本民族文化价值充分肯定和积极践行，并对其文化生命力持有坚定的信心。因此，社团文化建设在进行文化创新时，决不可抛弃中华文化的优良传统。同时，创新也是建立在对社团历史经验进行充分总结和积累的基础上的，要防止老社团文化固守传统、保守不前，也要避免新社团缺乏文化积累和传承。其次，建设开放型的社团文化。多元文化的出现，意味着新时代的青年的发展也呈现出多元化的态势。这要求社团文化建设必须包容多元的价值诉求，坚持开放性原则，为社团发展营造一个平等、互动、开放、有序的发展氛围。社团要树立开放意识，努力打破行业、地区之间的界限，加强社团之间的联系、协作与交流，实现资源共享，优势互补，促进社团自身发展，为青年的成长提供良好的平台。最后，坚持社团文化的多样性与导向性的统一。越是多样性，就越需要一种主导的价值取向。需要唱响主旋律，形成健康的舆论，使科学理论和正确思想对青年产生积极影响。要牢固树立阵地意识，用习近平新时代中国特色社会主义思想占领社团的思想理论阵地，为广大青年提供人生指引。

三、路径维度——学校教育

习近平总书记在全国教育大会上指出：“培养什么人，是教育的首要问题。我国是中国共产党领导的社会主义国家，这就决定了我们的教育必须把培养社会主义建设者和接班人作为根本任务，培养一代又一代拥护中国共产党领导和我国社会主义制度、立志为中国特色社会主义奋斗终生的有用人才。这是教育工作的根本任务，也是教育现代化的方向目标。”因此，青年工作的归宿是为把青年培养成社会主义合格建设者和可靠接班人，这是既是青年个体成长发展的需要，也是新时代党的历史使命。学校作为教育主体机构，是青年教育工作的承担者，是培养青年理想信念、科学知识、文化素养以及本领才干的场所，是青年成长成才的重要路径。因此，要牢牢抓住学校教育这一主阵地，加强理想信念教育、社会主义核心价值教育，帮助青年树立正确的世界观、人生观和价值观。

加强马克思主义的阵地意识。我国高校要坚持社会主义办学方向，培养社会主义事业的建设者和接班人，首先必须加强马克思主义在高校意识形态中的指导地位，必须用马克思主义占领思想、政治、文化、道德等意识领域。其次，要在学校范围内开展广泛的社会主义意识形态教育。大力开展培育和践行社会主义价值观教育，让广大青年学生形成正确的认知，自觉学习习近平新时代中国特色社会主义思想，通过学习树立梦想，练就过硬本领成就事业，为实现中华民族伟大复兴中国梦而努力奋斗。

加强校园文化建设。校园文化建设是一项综合性的工作，是青年学生树立正确意识的重要渠道。在新时代下，必须坚持求实创新的理念，充分发挥校园文化的功能，开拓校园文化建设的新局面，来加强高校意识形态安全教育。要打造品牌校园文化。校园文化作为一所学校文化发展水平的代表，在广大师生中有着重要的影响。因此，校园文化建设必须重视品牌文化建设，根据学校的特点，精心组织策划，将其打造为具有标志性的品牌文化。同时，还应丰富党团生活，发挥青年学子党员的垂范作用，建设健康校园文化。在高校中发展的青年学子党员要经过筛选、培养、考察等一系列严格的程序。青年学子党员具有较高的政治觉悟，对党忠诚，有坚定的马列主义信仰，坚持唯物主义无神论。也只有具备了这样的素质才能被列为党员发展对象，且对其政治觉悟的考察会贯穿青年学子党员从发展到转为正式党员的整个过程。因此，每个青年学子党员本身都是榜样。同时，青年学子党员的发展要经过层层民主推荐，凡是成为党员的青年学子的人际关系相对优于非党员青年学子。青年学子自身的成长特点决定了他们易于受到朋友同学圈子的影响。青年学子党员具有较高的政治素质加上其较强的人际关系辐射作用，对青年成长能够树立榜样作用，从而为青年成长提供良好的示范和引领作用。

运用新兴媒体，拓展青年教育工作载体。全球化的时代也是网络的时代，网络作为广大青年了解世界的一个窗口，信息纷繁复杂。因此，学校的青年教育工作不仅要拓展到新兴媒体，还要占领这一载体。并通过充分利用新兴媒体的优势，开展工作。运用网络的教育学习功能，发挥网络的优势来加强价值观教育。可以根据当代青年学子的特点，建立相关主题网站，设置青年学子喜爱的模块，让他们自主学习社会主义核心价值观，提高认识能力。还可以通过开发 APP 或是公众微信平台，让青年学子们在网上互动，不仅能了解学生的思想动态，及时纠正错误思想，而且能让青年学子相互学习，从而营造一个良好的氛围。

改革思想政治理论课教学形式，增强对广大青年的吸引力。思政课是培养广大青年成长成才的重要渠道，其质量好坏、水平高低对青年的成长有着直接的影响。但就目前而言，部分思政课教学形式较为单一、死板，难以适应网络化、信息化以及多元化发展的形势，对青年学子的吸引力不足，需要进行革新创新。改革思政课教学形式，提高青年学子学习的主动性。坚持以青年学生为主体，充分发挥学生的主观能动性，以多样化的方式开展社会主义核心价值观教育、理想信念教育等。主要形式包括：课堂讨论和辩论、听报告、模拟教学、主题演讲等。(1) 课堂讨论和辩论。“论”在《现代汉语词典》解释是分析和说明事理。“讨论”是指就某个问题交换意见或进行辨析。课堂讨论和辩论以围绕青年成长问题展开，通过师生、生生之间的自由讨论、争辩，让青年学子积极主动学习知识，澄清错误认知，获得新知，形成共识，从而提高的政治素质、思想水平和精神境界。(2) 开展情景教学。所谓情景教学，教师让学生以情景剧的形式将教学内容展现出来，通过学生的演绎和教师的引导，达到教学目的。通过选取青年学子关心的主题，让其预先做好充分的准备，在课堂上呈现出来。这不仅为其提供了一个展现自我的平台。同时，因为是通过自身的演绎，因而能够以他们自身最易接受的方式去向他人传授理论知识，从而增强教学的实效性，更易自觉地形成正确认知。

加强课外学习性教学，为青年成长提供良好的学习氛围。课外学习性教学是课堂教学的延伸，通过多种形式的学习活动，加强青年学子们对党的理论、国家大政方针、国际形势等的学习，从而开阔视野、加深对党情、国情的认识，能更好地规划自身发展。主要方式有：读书活动、重要时间节点纪念日活动、名家论坛、网络空间等。(1) 读书活动。通过组织学生经常阅读报刊，加深学生对时事政策的理解，引导学生关心国家大事，帮助学生用已学的马列主义理论知识和方法来分析党和国家面临的问题。如组织学生开展马克思主义经典著作选读活动。通过读书活动，利于学生们准确掌握马克思主义基本理论知识，培养自身的理论思维能力，提升自己的认识和实践能力。(2) 重要时间节点活动。利用重大时间节点，在全校范围开展一系列活动，结合纪念日、节庆日、重大事件、“五四运动”等举行征文比赛、演讲比赛、爱国主义歌曲合唱比赛等，开展特色鲜明、吸引力强的主题教育活动，加强校园人文环境建设，完善校园文化活动设施，加强对校报、校刊、校内广播、校园网络的建设和管理，培育优良的校风、教风和学风。(3) 建立网络对话平台。网络时代的来临，使得其成为开展青年工作的一个新场所。要想发挥做好青年教育工作，就必须占领网络平台。学校要建立师生网络对话平台，如微信群、QQ群等，通过教师引导，让青年学子们自由阅读内容、发表看法、提出新论点，并及时与学生在网络上互动、学习。(4) 设立名家讲坛。邀请在人文社科领域的知名教授、专家学者、政府官员等进校开讲，就青年学子普遍关心的、最感兴趣的问题进行深入阐述、讲解。注重理论性与实践性，知识性和趣味性，学理性与实用性，权威性与前瞻性的结合与统一，给青年学子以启迪和智慧。(5) 开辟青年论坛，打造思想对垒平台。选取在一定时期内发生的重大事件、焦点或热门话题，组织大家通过“青年论坛”这一平台对其进行解读，以讨论、辩论的形式进行，同时请专家教授、名人名家等各界人士担任嘉宾发表意见或精辟见解。青年学子们透过思维的碰撞，去全面认识了解国家、社会的现状，积极引导青年为国家社会做贡献。

大力开展实践教学，让广大青年学子能学以致用，提升学习的获得感和成就感。马克思主义强调实践，认为实践是检验真理的唯一标准，是学校教育的重要环节，也是广大青年学子展现自我、检验自身和设身处地了解社会的重要平台。主要形式包括：社会调查、“三下乡”活动以及志愿者服务等。(1) 社会调查。所谓社会调查就是指青年学子带着教师所提出的问题深入农村、城镇、单位和个人，了解情况，找出问题的表现、分析原因的实践活动。青年学子通过社会调查，可以对社会问题和现象进行深入细致的考察，能够深入了解和正确认识党和国家面临的困难和问题。同时，还能够获得丰富的感性认识，补充和丰富课堂理论教学的内容，把感性认识和理性认识结合起来，有助于加深对党的理论认识和理解，有助于培养和提高青年学子运用理论分析问题和解决的能力。(2)“三下乡”活动。所谓“三下乡”活动是指思想政治理论课教师在寒暑假组织青年学子到农村向农民提供文化、科技、卫生服务，为农民提供信息、技术咨询，向农民宣传党的路线、方针、政策的实践活动。开展“三下乡”社会实践活动是新形势下加强和改进青年学子思想政治教育的有效途径，是发挥青年学子人才智力优势、服务新农村建设的重要举措，它对于引导青年学子走向社会，提高思想政治觉悟，加强理想信念有重要意义。(3) 志愿者服务。青年学子利用自己的休息闲暇时间、自己的技能、自己的资源，无偿为社会上的孤寡老人、残疾人、孤儿等提供帮助或向社会奉献爱心的实践活动。它是培养青年学子为人民服务的思想品质，养成青年学子高尚的道德情操的一种重要途径。参与志愿者工作，既是在帮助他人、服务社会，同时也是在传递爱心和传播文明，有助于建立和谐社会，促进社会进步；学生在服务他人、服务社会的同时，自身得到提高、完善和发展，精神和心灵得到满足；学生利用闲余时间，参与这些有意义的工作和活动，既可亲身体验社会的人和事，又能加深对社会的认识，促进自身的健康成长。

四、实践维度——社会

青年最终会走向社会，青年工作的效果都是通过社会实践的检验来体现的，因此社会也是青年工作的重要的环节。由于社会资源较为零散，必须通过党和政府进行整合，形成合力，加强对青年的引导。

加大宣传力度，营造良好的社会环境。社会是每一位青年学子最终走入的地方，是一所包罗万象的大学。内因是事物发展变化的根本原因，外因是事物发展变化的外部原因。因此社会环境的好坏，对每一位青年学子的成长有着重要的影响。因此，必须塑造良好的社会环境，为青年学子形成正确的人生观、价值观和世界观提供保障。因而要全面加强对网络安全、新闻舆论宣传、文艺工作、意识形态、青年工作等领域的管控，净化文化市场。同时，要加强图书资料、音像出版物的管理，要加大舆论宣传力度，发挥新媒体的重要作用，形成网上正面舆论强势，传播正能量，弘扬主旋律。

开展“校社合作”，创新教育模式。在党和政府的主导下，学校可以同相关部门建立合作机制，建立课后阵地。学校可以聘请有关部门领导、专家为特聘教师，开展有针对性的主题宣讲活动，深度解读党和国家的方针政策，深入分析区内外的形势变化，从深层次解决青年学子的思想疑惑和模糊认识，让广大青年能够自觉抵制各种错误思潮，加深对党和国家的了解和信任，为实现中华民族伟大复兴的中国梦而努力奋斗。

总之，形势的发展变化，给青年工作的开展带来了新的挑战。如何在新时代背景下做好青年工作是一项系统性的工程。各级党和政府、学校、社会以及青年自身都是该项工程的重要一环，环环相扣，关系着祖国的未来，民族的兴衰。因此，新时代下，必须从以上四个方面做好青年工作，才能让青年学子健康成长，成为社会主义事业的合格建设者和可靠接班人。

大学英语教学中社会主义核心价值观培育研究*

陈　丹[①]

（川北医学院外国语言文化系，四川南充，637000）

摘　要：大学英语教学具有独特的培育社会主义核心价值观的功能，发挥其课程的思政作用，对于更好实现大学英语课程育人功能、丰富课堂教学内容和形式具有重要意义。大学英语教学中跨文化借鉴、吸收国外文化有益内容，增强学生对社会主义文化的认同，实现中外文化交流，借鉴他国语言教育中的思想教育方法，同时应结合教学实际，注意将教学理念、内容和教学方法相融合，注重显性和隐性，差异化与相通性等问题。

关键词：大学英语；核心价值观；课程思政

习近平总书记在2016年12月召开的全国高校思想政治工作会议上强调，"要用好课堂教学这个主渠道……其他各门课都要守好一段渠、种好责任田，使各类课程都要与思想政治理论课同向同行，形成协同效应"。教育部长陈宝生2018年6月21日在新时代全国高等学校本科教育工作会议上的讲话中特别强调了这一点。[②]《大学英语课程教学要求》指出，"大学英语课程不仅是一门语言基础课程，也是拓宽知识、了解世界文化的素质教育课程，兼有工具性和人文性。因此，设计大学英语课程时也应当充分考虑对学生的文化素质培养和国际文化知识的传授"。[③] 大学英语作为大学人文类的重要课程，在构建全员、

---

* 基金项目：2018年度四川大学生思想政治教育研究中心基金项目"跨文化视域下大学英语教学中社会主义核心价值观培育研究"（CSZ18045）。

① 作者简介：陈丹（1981—），女，汉族，四川南充人，副教授，硕士。研究方向：高等教育学，英语教学法。

② 2018年6月21日陈宝生部长在新时代全国高等学校本科教育工作会议上的讲话《坚持以本为本　推进四个回归　建设有中国特色、世界水平的一流本科教育》。

③ 教育部高等教育司. 大学英语课程教学要求［M］. 北京：外语教学与研究出版社，2007：2.

全程、全课程育人格局、实现高校立德树人目标等方面具有独特的作用。在课程思政的理念下，如何发挥好大学英语课程育人功能、坚持立德树人基本导向、真正把培育和践行社会主义核心价值观的要求贯穿于大学英语教学的具体过程当中去，吸收和借鉴国外多元文化的合理内核与科学培育方法就成为一个兼具政治性、思想性、文化性的复杂课题。

大学英语课程应面对并妥善解决多元文化带来的文化与价值观的冲突与融合，“取人之长，为我所用”已成为普遍共识。在这个过程中，大学英语教学对大学生形成和践行社会主义价值观具有独特的功能和影响，对价值观的借鉴与融合具有独特的优势和作用，十分有必要对英语教学中的价值观培育的跨文化借鉴进一步提升认识、探讨路径、寻求方法。

一、深刻认识大学英语课程中所具有的培育社会主义核心价值观的功能性作用

当前，“大学英语教学应为‘工具性’与‘人文性’的结合”这样的认识已经成为出席 2013 年 4 月举行的全国高校大学英语教学发展学术研讨会的专家和教学负责人的一致共识。① 如果将大学英语教学的功能只局限在语言能力提高上显然是不够的，能否深刻认识到英语教学所具有的价值观塑造、培育功能并将其付诸实践，将相当程度影响英语教学过程、教学方法和教学效果，决定着我们育人目标的实现。

（一）大学英语课程具有独特的思想政治教育功能

按照课程思政的理念，每一门课程在对学生的思想形成和价值导向上都具有与其课程内容相匹配的独特的思想教育功能与内核，而这一功能与内容内在地契合了中国社会主义核心价值观培育的基本要求，成为各门课程发挥思想政治教育功能的应然理由。思想政治教育是教育第一位的目标，贯彻“立德树人”原则、确立正确价值导向，自然成为我国高等教育、每一门课程和每一个教师应该承担的职责，因此“全员育人、全过程育人和全方位育人”在我国成为每个教育主体构架学校教育体系的基本理念，成为我国思想政治教育获得良好效果的基本保障，是一项需要多门课程、全体教师广泛参与的系统性教育活

---

① 全国高校大学英语教学发展学术研讨会顺利举行［N］. http：//edu. qq. com/a/20130507/000182. htm，腾讯教育，2013-5-7.

动，是一个需要多种形式、多种载体的综合性教育过程。2015 年 1 月中共中央办公厅、国务院办公厅印发《关于进一步加强和改进新形势下高校宣传思想工作的意见》强调，要着力增强大学生思想政治教育的针对性和实效性，把社会主义核心价值观融入高等教育全过程对这一认识的生动实践。① 以人为本，德育为先。大学英语课程作为一门语言文化课程，其育人功能相较于其他课程具有在思想文化影响方面独特的优势，教学中更应将思想道德因素与语言教学相互融合。

大学英语的思想政治教育功能的发挥与英语教学本身的任务目标实现是一个并行不悖的过程。语言是一种与意识形态联系极其紧密的交际和知识价值传播工具，马克思恩格斯在《德意志意识形态》中指出："思想、观念、意识的生产最初是直接与人们的物质生活，与人们的物质交往，与现实生活的语言交织在一起的。人们的想象、品德、精神交往在这里还是人们物质关系的直接产物。表现在某一民族的政治法律、道德、宗教、形而上学等的语言中的精神生产也是这样。"② 大学英语教学内容中，对潜藏于语言文字背后的人类文明内容进行契合中国社会主义核心价值观的挖掘和中国化分析和运用，对英语课堂中的多元文化因素进行综合的分析批判和借鉴，往往更能够体现其隐性思想教育的作用，从而在潜移默化中发挥其思想教育功能，这是一项事关我们能否在专门的思想政治理论教育课程之外借助更多思想教育资源更好地培养合格的高素质人才的重要工作，需要引起英语教学管理者、参与者的高度重视。

（二）大学英语教学具备社会主义核心价值观培育的独特优势

"社会主义核心价值观是对人类优秀文明的吸收借鉴与当代发展，既有鲜明的民族特性，但绝不自异于世界思想文化体系，也绝不排斥人类优秀的文明成果。"③ 大学英语是以欧美文化为主的语境系统，其中包含了较多的异邦文化，课程内容较多的表达和传递了近现代以来的西方文明、民主、科学技术发展、人性基础性原则等方面的一些态度、思想和价值观念。西方文明是人类现代文明的重要贡献者之一，其所展现出的自由、民主、平等、法治等价值观的合理内核已经成为人类社会的基本认识。但如何更好地认识和借鉴不同于中国历史传统、社会背景、政治制度、道德伦理、风俗习惯的外来文化的合理内

① 把握正确方向，努力开创大学生思想政治教育工作新局面［N］. http：//theory. people. com. cn/，人民网－理论频道，2015－2－10.

② 马克思、恩格斯. 马克思恩格斯选集［M］，第 1 卷，北京：人民出版社，1995：72.

③ 社会主义核心价值观与中国梦［N］. 光明日报，2014－10－6（6）.

核，为社会主义核心价值观的正向培育提供良好素材，为社会主义所用，这显然是英语教育中的跨文化借鉴必要性的关键所在、优势所在。

“三全育人”格局下，大学英语课程被较多定位于语言知识教育的传统认知显然已经过时，相反，因为大学英语在多元文化背景下能够融会贯通人类发展史上一些优秀的思想文化成果，给学生一个进行优秀文化成果价值批判对照、思考吸收、借鉴运用的机会，通过最有效的价值对照后的价值树立过程培育我们的核心价值观，达到真正树立“四个自信”的目的。我们以往在世界意识形态领域的话语权竞争中处于劣势，往往就是源于没有以社会主义核心价值观为基础，对西方价值观采取科学鉴别，缺少对学生的价值认知、价值对比和价值选择过程的正确引领。而在大学英语课堂，在英美文化的语境中，让学生认清中外价值观各自的特点、认清西方价值观的基本内容与存在的问题、找准社会主义核心价值观相对于其他价值观的优势，这样的价值比较、价值转换的过程不仅极大丰富了语言学习的素材，也是一个对学生价值观形成的有序引导、科学提炼、综合提升的机会，十分有利于社会主义核心价值观培养。

（三）大学英语进行价值观教育是提升课堂层次、丰富课堂教学内容的重要方式

文化是语言学习中一个必不可少的载体。提高学生的英语综合能力绝不能单靠语言技能的培养去实现。包含于语言中的文化思想内核是能够引发学生思想共鸣的，也具有独特传播魅力，失去了思想引导和价值选择的英语课堂、纯粹以语言知识教育为目标的英语课堂是不能够很好激发学生学习兴趣的。

基于英美文化背景深层理解的大学英语课堂，教师往往会首先充分认识到文化价值观教育对学生英语学习兴趣培养的重要作用，充分开展文化价值观教育教学模式改革创新，让学生通过对不同文化价值观的深入理解来更好地培养对英语语言的理解、运用的文化交际能力。在课堂教学中引入学生感兴趣的价值观话题，让学生深度参与，更多了解语言背后的观念、文化，激发学生参与到课堂讨论、背景资料收集、扩展阅读等环节中，师生就共同感兴趣的文化价值观问题进行探讨，提供更多交流的机会，让学生跳出单纯语言知识点、句子、单词的片段化学习方式，可以很好地弥补现有大学英语教学中的师生交流少、课堂气氛沉闷、学生学习方式被动等不足，更好地调动学生学习兴趣，使学生在英语学习的同时开阔视野，更深层次理解语言背后的文化魅力，促进对社会的思索和认识，从而达到提升学习积极性，优化英语学习能力，提升英语运用水平，真正实现英语课程素质教育的目标。

二、社会主义核心价值观培育过程中跨文化借鉴的基本内涵

在经济全球化潮流下，全球范围内的物质与文化的深度交流已经相当程度打破了传统地理、文化差异，甚至形成了“你中有我，我中有你”的文化交融、文化共同体格局。跨文化交往促进了不同文化频繁而深刻的交流，中华民族正是在与其他文明的交流过程中对人类共同进步文化中的民主与法治、自由与平等等价值因素和制度有了全新的认识和提升，也在不同文明多样共生、不同民族平等友好交往的前提下，立足中国传统文化能够包容其他民族文化的鲜明特点，发展并吸纳外来文化的优点，从而对我国核心价值观的培育产生积极的推动作用。大学英语教学因其与英美发达国家的跨文化交际的优势，在如何更好地借鉴这些经验和做法上应具有自己独有的理念认识、借鉴途径、方法和内容。

（一）在英语教学中增强学生对社会主义文化的认同

“美国的核心价值观教育的途径之一是通过专门的以价值观为中心的课程和各个学科的课程进行。”① 托马斯·里克纳指出：“学术课程在价值观培养方面的作用是一个沉睡中的巨人……如果我们不能把这种课程利用为培养价值观和伦理意识的手段，我们就正在浪费一个大好的时机。”② 而在如何利用课堂开展好核心价值观的教育问题上，英美等发达国家将课程教育的目标定位于文化认同的这一理念值得借鉴。“实现文化认同，既是价值观教育的目的，也是价值观教育的手段。价值观教育应该体现文化的内在精神和价值理想，价值观教育如果离开了文化路向和文化敏感，就会成为无源之水。”③ 那么如何更好地在大学英语教学中在内容、形式和方法上引导学生形成对社会主义文化的认同呢？在途径方法上我们是可以向西方借鉴的。

首先应借鉴西方文化认同培养教育中的以我为主的理念，在与西方文化交流中凸显中国社会主义文化的自觉和自信，而不是在强势的西方文化面前对社会主义意识形态的迷失或自我怀疑。西方文化认同最大的特点就是始终坚信西方社会文化是人类文明的高地，因此在大学英语课中尤其应该值得警醒和注

① 范树成．美国核心价值观教育探析［J］．外国教育研究，2008（7）：23—28.

② ［美］托马斯·里克纳．美式课堂——品质教育学校方略［M］．刘冰，等译．海口：海南出版社，2001：12.

③ 罗迪．文化认同视角下的大学生社会主义核心价值观教育［J］．思想教育研究，2014（02）：108.

意，应当在文化交汇中始终保持中国文化的独立和自信。其次应在教学中借鉴西方文化兼容性与民族性并重的文化心态，用全球化的眼光审视多样化的文化内核，以兼收并蓄、海纳百川的开放包容的理念对西方文化中合理、积极的内核进行理性的批判接收，引导大学生合理应对两种文化，各取所长。最后，应该注重加强对学生文化理解能力、文化选择能力和文化创造能力的培养。着重让学生深刻认识文化的内在精神与价值，了解文化形成、发展过程，分析各种文化的特点和优劣，学会选择、取舍各种文化中能够为中国文化所用的合理内核，从而在延续中国传统文化基础上更好地促进社会主义文化的生长和创新。

（二）在英语教学中实现人类文明有益价值观与社会主义核心价值观的有效对接

在核心价值观培育内容的借鉴上，大学英语教学应该更多挖掘教材中所涉及的历史、文学、社会学、政治学、伦理学等人文类思想文化主题内容，充分认知中外文化中客观存在的基于不同政治制度、历史传统、民族特点、伦理观念等方面的差异，对西方文化中能为我国社会主义核心价值观培育所用的有益因子进行科学批判、借鉴吸收，让学生实现对西方文化的批判性、创造性吸收和转换，从而在多样价值观中把有益因子与社会主义核心价值观实现有效对接。

首先，大学英语在教学中要承认人类文明史上价值观中的诸如自由、诉诸理性、注重规则、强调责任、权利平等、谋求公正、重视个体、顺应人性等合理内核，这既是唯物主义思想的体现，也是我们让学生树立理性价值观的主要参照。其次，对于西方文化中价值观的负面影响必须旗帜鲜明进行正面的批判。西方基于个人主义的价值观具有天然的内在矛盾性，无论是人本主义、个人主义、新自由主义、民粹主义、市场原教旨主义、保护主义、极端主义等思潮都包含有对以公共价值为首先取向的社会主义思想的消极影响。如罗伯特·贝拉认为“我们担心这种个人主义今天已经发展得像癌症一样危险了——它也许正在摧毁那些托克维尔视为制约个人主义恶性潜能的社会表层结构，从而威胁着自由本身的生存”。[①] 最后，对于那些能够为社会主义核心价值观培育所用的文明因子应坚持马克思主义基本导向，对西方文化中关于自由、平等、民主、公正、法治等合理内核与社会主义理论体系进行嫁接，并赋予社会主义新

① ［美］贝拉，等．心灵的习性——美国人生活中的个人主义和公共责任［M］．翟宏彪，等，译．北京：三联书店，1991：214.

的内涵，使之既能适应中国特色社会主义的价值需求，又实现了对西方文化的超越和发展。

（三）借鉴吸收基础上全面探索创新适合我国大学英语教学特点的价值观培育方法

借鉴其他国家在核心价值观培育方面的有效做法为我所用是一个全面的系统工程。在这个过程中，大学英语教学更应综合借鉴、运用多国、多样的价值观教育方法，把在一些国家学校核心价值观教育过程中已经很成熟的方法更好地借鉴、吸收，用好用活，如美国的价值澄清法（即将价值观的培养视为一个学生的自我选择和确认过程，方法上不是直接灌输，而应该提供一种情境和机会让受教育者自己进行选择和判断，并尽可能让这些情景和机会接近学生生活，让严肃的价值观教学在学生不觉察的情况下进行）和新加坡的共同价值观教育法（针对多语言、多种族、多宗教文化面对西方文化的冲击强调对本民族文化和价值观的认同，通过对儒家伦理道德进行全面的教育，运用文化传递法、移情训练法、道德认知发展法，对学生进行超越不同民族、超越传统文化与现代文化、并最终形成统一的各种族价值观）等教学方法。西方国家以宗教为主要载体的教育模式显然不适合我国，同时任何教育方法都有自身的优缺点。因此在借鉴运用这些培育方法时，要注意紧密结合我国学生的思想实际，全面探索创新适合我国英语教学特点的价值观培育方法，要根据青年学生的心理发展特征来设计教育方法，注重考虑到学生的主体地位，注重将价值观具体化到学生生活实际中，以道德实践为基础。

要在教学中发挥出语言课程在价值观培育中的天然优势，就需要多种价值观培育方法的综合运用。大学英语在教学中的许多教学内容都包含了很好的价值观内容，教师在教学中如采取了恰当的教育方法，就可以在很好地完成语言教学任务的同时，实现学生对课文内容所蕴含的价值观和跨文化信息的更好理解，使学生在外来文化群体价值观和本土社会主义文化价值观的差异中更自觉、更科学地进行价值观比较、分析和践行。

三、大学英语在社会主义核心价值观培育过程中应注意的几个问题

当前我国的社会主义核心价值观培育呈现传统与现代交织、东方与西方碰撞、理性与非理性冲突的复杂局面。要让学生在英语学习过程中以跨文化的开

放心态形成并践行社会主义核心价值观，势必要对大学英语课程理念和内容、教师个人思想观念和教学方法、教学环境和条件提出全面的新要求。在大学英语课程教学中进行社会主义核心价值观培育，应在理念、内容、方法、形式等方面注意以下几个问题：

（一）立足历史与现实、东方与西方、民族与世界这几个维度，紧密结合中国实际

在复杂的人类价值观体系中，只有看清其历史演进过程才能洞察价值观发展的总体趋势，只有立足中国传统思想文化、立足今天中国社会主义制度体系和文化系统、坚持民族特色，才不至于在世界思想交织冲突中迷失。当代中国社会主义核心价值观的培育和践行，首先要有宏大的世界眼光，在新时代中国特色社会主义新要求的基本框架下对自我价值需求有清醒认识，同时又更好继承人类文明优秀成果；既要立足东方悠久的历史文化传统，又要紧跟人类价值追求的先进表达；既要凸显中华民族在文化价值观上的独立与自觉，又要在中国特色里面包容世界民族价值观的多样性。

大学英语教学只有充分理解包含在这几个维度中的文化精神内核，才能够在具体的教学实践过程中让学生真正理解透彻具有悠久历史发展过程、充分彰显中国特色、独具中华民族形象、满足中国国情具体需求、赢得世界人民尊重的社会主义核心价值观。同时要创新工作理念和方式方法，在教学中要善于创新、敢于突破，大胆地将社会主义核心价值观培育这一理念融入实际语言教学当中。

（二）处理好教师主导和学生主体、方法借鉴和内容借鉴的关系

价值观教育对教育者要求甚高，一堂英语课能否真正发挥出其思想性，最根本取决于教师对教学内容的引领和把握。教师是核心价值观培育的主导者，是价值观培育方向、培育内容和方法的选择者、实施者。教师是否具有对核心价值观思想主观上的认知，最终将决定课文中的思想价值内核是否能够被充分的发掘和运用。因此，应大力加强对英语教师的政治思想素质和文化精神素养的培养，使他们能够主动、有效、优质地实施社会主义核心价值观培养。在这个过程中，教师要充分照顾到学生的思想实际，摆脱主导者单一讲授、过分掌控话语主导权的弊端，要充分尊重学生的内在动机和学习兴趣，努力营造能激发学生自主研究的学习氛围，让学生在思考中西方文化差异、比较中西价值观之后形成正确的价值观选择。

在方法借鉴和内容借鉴的关系上，内容借鉴是根本，任何方法的运用都必

须围绕社会主义核心价值观服务，好的主题内容结合好的价值观培育方法。教师要引导学生承认和利用外来价值观中的合理内核，从中习得先进的社会价值导向精髓，以科学的说明和正确的方法引导，避免简单灌输和强加于人的"标准化答案"，将情感、态度、责任、真善美境界的追求等内容以学生喜闻乐见的讨论、情境体验、观念碰撞、生活感悟等形式体现于教学中。

（三）处理好显性和隐性、差异性与相通性的关系

核心价值观培育包含内心正确价值取向的良好习得和外在行为的具体落实显现，即达到"内化于心、外化于行"，大学英语教育肩负的"立德树人"的任务使它必须将价值观培育作为自己的显性目标被教师予以深刻认知和实际践行，全面融入英语课堂，并贯穿于教学全过程。这一要求不应该被视为是对外语教学功能的偏倚，也不应被抱怨为额外增加教师的任务，相反应该成为英语教学的一个必须目标。但在落实这一显性目标的过程中，应该将其与思政课等主渠道教育途径相区别，注重隐性教育方法，策略上让学生潜移默化，外在引导学生情感内化，看似随意随机选题、举例，实则有意进行价值观传递与判断，看似语言教学，实则语言知识与技能、情感态度与核心价值观诸多教学目标的统一。

在差异性与相通性上，大学英语教学中的核心价值观教育要摒弃狭隘的民族、利益或历史观念，充分正视不同民族、国家、宗教、阶级等价值主体的差别与对立，尊重彼此的交流与融合，坚持和弘扬代表自己国家和民族根本利益的主流价值观，引导与尊重多样化的价值观，不能将二者简单地对立和割裂开来，而是将其视为相互联系、相辅相成、辩证统一的，最终协调统一于当下中国的社会思想实际。

四、结语

大学英语课程作为大学生进行中西方文化交流、借鉴的主要途径，若处理好上述几个问题，在教学实践中恰当地将跨文化借鉴植入课程的隐形教育中，既实现语言教学的基本目标，同时又加强了社会主义社会主义核心价值观培育，又通过批判借鉴西方文化思想，澄清学生对西方价值观的一些错误认识，不仅能将学生的语言兴趣、能力提高和树立正确价值观相融合，而且对教师改善教学思维和模式、提升课堂层次也是一种双向促进，从而对英语教育和人文教育产生深远的影响。

高校党建与思想政治教育理论创新研究

大学校园政治传播：青年政治研究的独特视域*

董　学　王洪树①

（四川大学，四川成都，610207）

摘　要：大学生，是中国政治发展的未来精英群体，是青年政治研究的重要对象。大学校园政治传播，事关大学生的政治人格塑造和政治能力培育。通过比较研究和学科交叉审视，大学校园政治传播是当代中国一个重要的政治社会化渠道。它以有限理性为参与者的理性假设，内含自由、平等、宽容、进步等现代理念。独特的社会场域、参与主客体、传播理念和内容，使它具有一系列不同于其他传播活动的特征。这种微观研究，既是对政治传播学的独特建构，又是贯彻国家有关青年政治战略的具体举措。

关键词：青年政治；政治传播；舆论引导；政治发展

当代大学生，是影响中国政治发展的未来精英群体。他们的政治文化素养和政治参与能力，势必对中国政治发展产生强烈而持久的影响。因此，关注中国政治发展，就应该关注当代大学生的政治人格塑造和政治能力培养问题。大学校园，是大学生政治人格塑造和政治能力习得的主要社会空间之一。当代知识信息和价值观念的大爆炸，使中国大学校园政治生态呈现出风险社会的特征——即"危险的来源不再是无知而是知识"②。多元政治信息和政治价值争相借助政治传播进行社会扩张。校园政治传播，正塑造着大学生面临的政治生

---

* 本文是四川大学生思想政治教育研究中心2017年重点项目"大学校园政治传播研究"和四川省高等学校档案工作协会2017年一类项目"新媒体视野下的校园文化传播"（项目编号：170101）的阶段性研究成果。

① 作者简介：董学（1979—），女，四川大学档案馆助理研究员，文学硕士。研究方向：比较文学与政治文化。王洪树（1973—），男，四川大学马克思主义学院（政治学院）教授，政治学博士，博士生导师。研究方向：民主理论与政治传播。

② ［德］乌尔里希·贝克．风险社会［M］．何博闻，译．南京：译林出版社，2004：225.

态环境，渗透和影响到了大学生政治思想、政治价值和政治行为的方方面面。为了实现党的十九大报告提出的“青年一代有理想、有本领、有担当，国家就有前途，民族就有希望”① 的战略要求，就有必要对大学校园政治传播展开深刻的学理剖析。

一、大学校园政治传播的多维剖析和交叉审视

大学校园政治传播，因其附着于大学校园、承担的特殊历史使命和面临的多元挑战，正日益受到社会各界的高度政治重视和理性关注。俗话说，没有比较就没有差异。在比较政治社会化、政治传播和政治宣传的基础上，可以对大学校园政治传播的边界、内涵和本质展开探讨，对其进行多学科的交叉审视。

1. 比较视野中的大学校园政治传播

（1）政治社会化与大学校园政治传播

大学校园政治传播，因为它所处的特殊场域——大学校园，而在很多时候被视同为政治社会化。这种认知在看到二者相似性的同时却也抹杀了它们之间的区别。

从广义的角度来看，政治社会化是“一个社会内政治取向和社会模式的学习、融合、传播、继承的过程”②。据此可见，大学校园就是整个政治社会的一个子系统；而政治传播则是政治社会化的一个环节。因此，大学校园政治传播，只是大学校园政治社会化过程中的一个组成部分；政治社会化与政治传播是种属关系。它们的目标一致，都力图通过各种路径和方式塑造具有特定政治知识结构和心理倾向的政治主体，进而对政治系统和政治发展起到维护巩固或破坏颠覆作用。

从狭义的角度来看，政治社会化就是政治教育培训过程，是正式、系统而有效的政治社会化渠道。其中，“高等学校的教育则注重培养人的政治理性认识”③。这种认知，突出了大学校园在政治社会化中的独特作用，但它也在多个方面凸显了政治传播与政治社会化的差异。在路径方面，大学校园政治社会化重视教育培训和学习。有学者就认为，政治社会化是公民通过学习而获得对

---

① 习近平．决胜全面建成小康社会　夺取新时代中国特色社会主义伟大胜利——在中国共产党第十九次全国代表大会上的报告［R］．人民日报，2017-10-19（3）.

② 高洪涛．政治文化论［M］．北京：中国广播电视出版社，1990：46.

③ 王惠岩．当代政治学基本理论［M］．北京：高等教育出版社，2001：98-99.

政治世界的认识过程。[①] 而政治传播路径既强调内向传播（学习）和课堂传播（教育培训），又涵盖了人际传播、群体传播、大众媒介传播、新媒体传播等路径。在内容方面，大学政治社会化强调政治知识的传授和政治理性认识能力的提高；而政治传播在重视政治知识传播的同时，更强调政治信息的沟通、政治心理的感染等内容。从方式手段而言，大学校园政治社会化比较重视单向度的灌输[②]，而政治传播则更多地强调多维多向度的互动沟通。

这种异同分析，一方面可以更清晰地使人看到政治传播的独特性，另一方面又将政治传播明确界定为广义政治社会化的一个组成部分或环节。这将有助于明确大学校园政治传播的目标取向和范畴归宿。

（2）政治宣传与大学校园政治传播

现实生活中，大学校园政治宣传与政治传播有时也被混为一谈。这种混淆的认识，既不利于政治宣传的有效展开，也不利于政治传播的独立发展。二者之间到底是什么关系呢?

大学校园政治宣传与政治传播词源不同。宣传的词源是 propaganda，起源于 1622 年罗马天主教教皇格列高利十五世创立的“信仰宣传委员会”(Congregation for Propagandizing the Faith)。原始意义是指传教士宣传教义。为此，后来宣传越来越被赋予负面的意义。《简明大不列颠百科全书》就将宣传界定为“是一种借助于符号（文字、标语、纪念碑、音乐、服饰、徽章、发式、邮票及硬币图像等）以求左右他人的信仰、态度或行动的有系统的活动。宣传均有明确的目的。为了达到目的，宣传家都以自己认为最有效的方式列举事实、陈述道理、施加影响。为了求得最大效果，宣传家可能抹杀一些事实或促使宣传对象只注意他的宣传而不理会其他的一切。”[③] 而传播的译文是 communication，意即共同分享，人们相互交流思想、观念和意见。所以，相比于政治宣传，大学校园政治传播更易被颇具独立理性特征的校园内部各方认同和接受；它也更符合世界传播话语体系的发展潮流，有利于开展国内外交流，传播中国主流政治价值。

大学校园政治宣传与政治传播的信源者与信宿者的假设不同。首先，二者的信宿者（受众）的能动性假设不同。政治宣传的受众假设是一个被动的无知的“容器”，它等待着先知们的启示。政治传播的受众假设则是一个具有能动

---

① R. E. Dawson and K. Prewitt. *Political Socialization* [M]. Boston: Brown, 1969: 6-12.

② David L. Sills. *International Encyclopedia of the Social Science* [M]. New York: Macmillan Inc., 1969: 551.

③ 简明大不列颠百科全书 [K]. 第 8 卷，北京：中国大百科全书出版社，1985：714-715.

性、拥有选择权和判断力的正常人。因此有人就认为："'宣传'强调灌输，传播则侧重'互动'。"[①] 其次，二者关于信源者（宣传者或传播者）的理性假设不同。虽然二者都主张信源者具有理性。但是，宣传者的理性假设，即使不是无限理性，也是掌握着真理的人。而传播者的理性假设则是有限的；只是由于地位的便利，他们更容易接近某些信源，了解更多的政治信息并将这些政治信息与受众分享。最后，二者关于信源和信宿的地位预设不同。政治宣传中，信源者是确定的掌握真理的人，他的理性权威不容受众的质疑，信宿者处于被动地位，是等待启示和拯救的人；政治传播中，信源者和信宿者处于平等的地位，可以相互选择和排斥。政治宣传的这些假设放在民智没有普遍开启的时代或地方，也许是适宜的。但是将之放在大学校园，用之于大学师生身上，则可能引起不同程度的内心反抗和行为拒斥。针对大学校园的特点和大学师生的实际认知能力，政治传播的假设更符合实际情况和各方的认知行为需求。

大学校园政治宣传与政治传播的内容不同。政治宣传，以陈述观点为主，新闻事实是为政治观点或政治价值服务的。而政治传播则是基于客观事实的政治信息传播；它以客观事实为基础，通过特定信息的提供来影响人们的政治认知和政治判断。所以，大学校园政治传播相对于政治宣传而言，更具公信力，更有利于以公众较易接受的方式达到政治宣传的目的。

大学校园政治宣传与政治传播的目的不同。政治宣传，突出强调政治宣传主体的愿望、意见观点表达和受众思想政治影响。它是"宣传者基于某种目的采用解释、说服、鼓动等形式去影响宣传对象的心理，使其思想感情甚至行为按宣传主体的愿望变化的一种活动"[②]。据此，甚至有人认为政治宣传就是"以描述、报道、图片和其他种种社会传播形式来控制意见"[③]。而政治传播，则更多强调政治信息的交流和沟通，以满足大学生对政治信息的需求。

大学校园政治宣传与政治传播的手段不同。政治宣传更注重对宣传信息、手段和受众的操控。它强调按照预设的目标有计划、择时机、反复灌输，达到预设的目标诉求。目标诉求的实现，成为宣传成功与否的重要衡量标准。政治传播，则比较注重传播者和受众之间的信息沟通和互动。所以，政治传播在手段方面的选择就比政治宣传要多。它的目标也往往不是单方面设置，而是在不断地沟通互动中进行调试。

---

① 张晓峰，赵鸿燕．政治传播研究［M］．北京：中国传媒大学出版社，2011：24.

② 林子达．新闻史不能代替宣传史：论党的宣传史特点［J］．当代传播，2008（1）.

③ 李元书．政治体系中的信息沟通：政治传播学的分析视角［M］．郑州：河南人民出版社，2005：207.

由此可见，大学校园的政治宣传与政治传播虽有诸多不同之处。但是，政治宣传既可能也应该被置于政治传播之下，按照政治传播的意涵进行现代性改进。这种吸纳和改进，一方面有助于厘清大学校园政治传播与政治宣传的关系；另一方面，也有助于政治宣传顺应时代潮流，适度调整自我的内涵和工作原理，以取得更好的政治说服和组织动员效果。

综合上面的分析可以发现，大学校园政治传播，是大学校园政治社会化的属概念和子系统；大学校园政治宣传只是校园政治传播的一个构成部分。所以，大学校园政治传播是大学政治社会化的独特路径和子系统；它是有限理性假设的平等传播主体通过系列的双向互动沟通传播方式，交流和分享政治信息，传播政治知识，培育具有特定政治人格倾向的大学生的一个过程。

2. 大学校园政治传播界定的多维审视

将比较研究确定的大学校园政治传播概念，放在多学科尤其是政治学、传播学和马克思主义理论三个独立学科当中进行再审视，这不仅有助于借助多学科资源来拓展政治传播的研究视野，而且将使这一核心概念的认知变得更加丰满和完整。

第一，大学校园政治传播界定的政治学分析。在政治学视野中，大学校园政治传播是一种政治话语议政行为和独特的政治说服活动过程。它在根本上受制于一个社会的生产状况、阶层关系结构与政治制度体系。从传播者角度而言，它是具有特定政治利益诉求的个体或群体借助传播媒介与大学师生互动交流政治信息、传播政治价值、塑造特定政治心理和行为倾向的政治活动。特定社会中，各个社会阶层及其代表人物，总是力图通过大学校园政治传播，来扩展自我的政治影响力，吸引更多的青年精英认同他们的理念或加入他们的组织，塑造或争夺政治话语的主导权，以鲜活的青年力量和更具扩张性的政治话语来影响未来政治权力的运作。而站在受众的角度，大学校园政治传播又是大学师生议政、监督公权力运作的一种话语民主方式；它是大学师生表达自己对国家事务和社会公共事务的见解和看法、影响决策机构政策制定的一个话语性政治参与渠道。从公权力或政治社团组织的角度来看，大学校园政治传播则是一个有效吸引大学师生参加国家或社团事务管理的手段。所以，大学校园政治传播，既是社会各方力量争夺精英力量和话语主导权的一个“战场”，也是大学师生参政议政的有效渠道。

第二，大学校园政治传播界定的传播学分析。在传播学的视野中，大学校园政治传播是一种政治信息和价值通过多种传播渠道改变大学校园（甚至社会系统）政治文化的独特传播活动。有学者就认为政治传播是“关于政治的有目的的传播活动”[①]；它突出研究的是“传播在政治过程中所扮演的角色”[②]，探索传播规律和技巧。所以，大学校园政治传播，既是大学师生获取或传播政治信息和政治知识的一个重要渠道，又是各种传播主体依据传播规律和技巧开展传播活动的一个社会交流和沟通图景。它促使政治信息在大学校园内部各子系统之间以及大学校园和外部社会系统之间快速高效地流转，是政治社会系统有效运转的“润滑剂”之一。

第三，大学校园政治传播界定的马克思主义大众化分析。从思想政治教育和倡导主流意识形态的视角来看，大学校园政治传播是马克思主义大众化的重要路径。因为大学校园是最为重要的政治社会化场所之一，大学生也是社会群体中对未来社会影响最大的一个群体。在这样一个重要的社会场所中，对思想活跃和极具理性的大学生开展以马克思主义为核心的政治社会化活动，就要求突破强力传播和灌输观念，转向更具互动特征的传播观念。以政治传播方式推动大学校园的马克思主义大众化，是对马克思主义理论教育有效展开路径和方式的重要探索。因为，“一种思想是否能深入人心，不仅取决于思想理论的正确与否，而且，传播方法也是一个重要因素”[③]。

总之，大学校园政治传播现象，横跨政治学、传播学、马克思主义理论和思想政治教育等多个学科领域。这就要求对该社会现象必须进行多学科交叉、多视角融合的研究。只有这样，才能揭示它的内在规律，推动它更好地开展，以服务于特定的政治诉求。

二、大学校园政治传播的精神理念

要认识大学校园政治传播的内在规律及其表现，就有必要分析其内含的精神理念。作为现代社会一个特定场域中的政治社会化活动，大学校园政治传播具有独特的精神理念。它们共同构成了大学校园政治传播的灵魂。

1. 有限理性理念

有限理性理念是对大学校园政治传播中传播者和受众的理性假设。虽然大学校园是一个高度倡扬理性的地方。但是，理性的倡扬却促进了个体间理性的

① ［美］布赖恩·麦克奈尔．政治传播学概论［M］．林文益译．台北：台湾风云论坛出版有限公司，2002：1.

② 国外有学者就据此认为社会主义国家的“政治社会化是正式负责教育的机构有目的地对于政治意识、政治价值和政治习惯的灌输”。参见 Lynda Lee Kaid. *Handbook of Political Communication Research*. Lawrence Erlbaum Associates，Inc，2004. xiii.

③ 张晓峰，赵鸿燕．政治传播研究［M］．北京：中国传媒大学出版社，2011：23.

自制。在政治信息的沟通和政治知识的学习过程中，每个人或组织所处时空的特定性和经验认知的狭隘性，决定了他们传播的信息和知识虽具有某些真理或事实的成分，但一般说来，没有一个个体或组织能够掌握所有的真理和事实。因为，“在人类心灵方面，片面性永远是规律，而多面向则是例外”①。所以，为了了解事实的全部图景和更接近真理，就要求大学校园政治传播主体和受众，都应该以有限理性为认知基础，使自我的认知结构具有开放性。互动式的沟通和交流，应该是大学校园政治传播的常态；并且，“为了真理和正义，限制使用辱骂性的语言”②。大学校园政治传播中要让激情服从于理性，平等沟通代替压制和灌输。

2. 平等自由理念

大学校园政治传播主客体有限理性的假设，实际上已经从理性的角度为政治传播预设了平等和自由理念。既然政治传播参与者的理性都是有限的，那么就没有一个人全知全能掌握着所有真理和事实。然而，每一个参与者却掌握着部分真理和事实。在参与政治传播时，每个主体在理性上都是平等的，都有自由和权利对相关政治问题发表意见和传播思想。然而，大学校园政治传播中，“自由不是放纵，自由仍须守法”，每个参与者“重视自己的思想自由时，亦须同时尊重他人的思想自由。”③ 大学校园政治传播中平等自由理念的确立和践行，将有助于培育更具民主德性的未来政治精英。

3. 宽容进步理念

大学校园政治传播，是在社会主义民主的大政治背景中展开的。而民主政治中的“民主精神体现在对政治行为之不确定性的认可之下”④。所以，社会主义民主政治中的大学校园政治传播应内含这种精神，具有宽容理念，能够在宪法框架下容纳各种不同的政治观点和政治思想在大学校园中进行交流。凡是符合宪法的各种政治观点和思想，都有权利和义务在民主原则和宽容精神指引下，既力求彼此了解，又不断地在融合中形成和巩固社会主流意识形态、增加社会政治共识。这不仅有助于大学校园在整体稳定中充满政治活力，而且有助于以多元的政治智慧推动国家的政治发展。

这些理念的主体内化和践行，构成了大学校园政治传播应该秉持的核心精神。它们共同作用，推动大学校园政治传播更加民主公正地有效开展，促进大

① ［英］约翰·密尔：论自由［M］. 程崇华译. 北京：商务印书馆，1982：49.
② ［英］约翰·密尔：论自由［M］. 程崇华译. 北京：商务印书馆，1982：58.
③ 陈建云. 中外新闻学名著导读［M］. 杭州：浙江大学出版社，2005：145.
④ 中国社会科学杂志社. 民主的再思考［M］. 北京：社会科学文献出版社，2000：12.

学校园良性政治生态的科学建设，孕育更具民主理性的大学师生。未来国家精英的良好政治理性，将会促进和支撑现代国家的建构与可持续发展。

三、大学校园政治传播特征的多维解读

大学校园政治传播，也只是政治传播一个特定的组成部分。因此，它必然具有政治传播的一般特征，如社会舆论属性和阶级性等。但是，独特的社会场域，有限理性、平等自由和宽容进步等精神理念在大学校园政治传播各个环节中的渗透，既使得一般特征以非常独特的形式表现出来，也形成了一些自我独具的特征。

1. 大学校园赋予政治传播的特征

第一，政治传播具有更强烈的政治说服冲动。

大学校园，是培养具有特定政治知识和价值取向的合格公民的专业社会机构。这一定位，就从两个方面决定了它具有强烈的政治说服冲动。一方面，基于对青年精英进行特定政治塑造的考虑，党和政府必然高度重视大学校园政治传播，赋予特定的政治社会化任务。这就使大学校园政治传播具有很强烈的政治目的性。另一方面，作为专业教育机构，大学各级各类主体掌握着较为系统的交往传播技巧。为履行承载的特定政治说服任务，他们必然利用各种传播渠道和技巧展开说服工作，使师生能够听到主流政治意识形态的声音，共享与主流意识形态相关的政治信息，信服它们内含的政治理念，形成特定的政治心理和行为习惯倾向。

第二，政治传播的冲突性与协作性并存。

大学校园，容纳着众多专业，具有多样的课程设置。一方面，它在所有专业中都开设了主流意识形态的教育课程，进行课堂传播。但是，不同专业的课程设置中可能存在着某些与之不相协调的地方；课堂传播中也存在相互冲突的可能和现象。虽然，学校提倡在专业教学中挖掘其政治教育因素。但这一点在个性张扬、微观主体公共价值较为多元的大学校园里进行贯彻有一定难度。另一方面，大学校园政治传播力图在所有的学生社团组织中进行主流政治价值和知识的渗透和普及，但是社会中的一些非主流社团也在大学校园里以潜在的形式（非正式群体）扩展政治影响力。所以，在倡导社会主义主旋律的背景下，大学校园政治传播呈现出多元思想激荡和百舸争流的复杂现象。

第三，政治传播的自由性。

大学校园，是一个以研究问题、探索未知为己任的独特社会场域。这就决

定了大学校园政治传播自然具有一定的自由性和自主空间。但是传播自由必须在宪法的框架约束和规范下进行。思想成果的自由传播，不能冲击宪法底线、触犯法律和违背公共道德。

第四，政治传播具有更高的政治责任性。

大学校园，汇集了各类专业人士和青年精英。它所释放出来的政治信息、政治观点和政治思想，往往会对一个国家的政治发展产生强烈影响。所以，大学校园政治传播具有较高的政治责任性，不应将不成熟的政治思想或与宪法相冲突的政治思想在学生和社会上进行传播。此外，大学校园培育着未来的政治精英，它关系着未来国家的政治发展。因此在借助政治传播对青年学生进行政治社会化的时候，也应该本着对青年大学生成长、对国家民族命运负责任的态度审慎地开展。大学校园政治传播，如果没有高度的政治责任观念，将会误人子弟、贻害无穷，甚至祸国殃民。

2. 大学师生赋予政治传播的特征

政治传播的迫切需要性。大学校园政治传播的迫切需要性，源自于两个方面。一方面是源自于大学师生。他们是这个社会最具理性和批判精神的群体，对政治信息和政治知识等具有高度的求知兴趣，对政治活动也有较普通民众更高的参与要求。因此，他们对大学政治传播有更迫切的需要，希望借此了解政治事件、学习政治知识、以话语参与政治生活。另一方面是源自于社会对大学师生政治人格塑造的关注。大学师生，通常对社会舆论具有较大的影响力。因此，他们的政治倾向如何直接关系着社会的稳定和发展。所以，社会就产生了通过政治传播工具作用于大学校园，塑造大学校园特定政治信息氛围的迫切需要。大学校园政治传播力图通过选择性的信息输入，引导大学师生形成有助于维护社会稳定和认同现行政治体制的政治知识和心理结构。

政治传播的理性化和客观性。大学校园政治传播，主要是传递专业政治信息和政治知识，提升大学师生对于政治事件和政治思想的理性分析能力。这就要求传播内容要更具系统性、逻辑性、科学性和客观性。政治价值传播要置于事实基础之上，避免空洞说教。传播内容和方式要能够经受住大学师生的公共理性审视和拷问。“一切都必须在理性的法庭面前为自己的存在作辩护或者放弃存在的权利。”① 所以，大学校园政治传播，必须坚持唯物主义原则，对事实负责。而“对事实负责，就是要求真实地反映现实”②。大学校园政治传播

① 马克思恩格斯选集［M］. 第三卷，北京：人民出版社，1995：719.

② 陈建云. 中外新闻学名著导读［M］，杭州：浙江大学出版社，2005：198.

之所以具有生命力和公信力，就在于它的高度理性化和尊重事实。

政治传播的多向度和高互动性。大学师生，既有学习政治知识的高度兴趣，又有较强的政治话语交往和沟通能力。所以，在大学校园政治传播中，他们更具民主平等意识，反对任何主体对政治传播渠道的独占，主张程序正义；强势或弱势力量都能借助公共政治传播渠道表达他们的政治意见和诉求。他们具有高度的认知概括能力、表达能力和强烈的传播激情。这使得大学校园政治传播的内容是多元多层的，传播具有多向度、高度理性和政治激情并存的特征。传播主体更具辨别和选择能力，反对灌输式传播，而更倾向于互动沟通和平等交流；每一个个体既是传播者也是受众；这使政治传播展现出高互动性特征。

政治传播的批判监督性。大学师生，通常对公权力运作具有较高关注度。他们常常将这种关注通过各种政治传播渠道表达出来，使大学校园政治传播具有批判监督性特征。这种特征在两个方面得到彰显。一方面，大学师生高度理性的特征，使他们对政治事件的分析和认识比较深刻。而正是因为深刻，才能揭示事物本质和彻底地说服他人。这种政治意见的公共表达，本身就使大学校园政治传播对公权力运作产生了强烈的理性震撼力和舆论引导力。另一方面，大学师生政治参与能力较强。他们既能够将大学校园里传播的公共意见、主张传递给相关公共机构，又能将这种政治意见转换成社会舆论压力，迫使公权力做出适度的政治回应。

3. 传播内容赋予政治传播的特征

政治传播的阶级性。大学校园政治传播主体，来源于社会的各个阶层。特殊的生产和生活环境、特定的社会归属，使他们产生了具有特定阶层利益和价值倾向的政治意见、政治知识和政治心理。就这个意义而言，大学校园政治传播的内容，大都具有一定的阶级性。他们只不过是将这种阶级性隐藏在社会公益性之下。社会上纷繁复杂的各种政治思潮，到底哪一种能够在大学校园政治传播中占据主导地位呢？这通常取决于国家性质、主流意识形态和政治社会化的制度安排。它们从根本上决定着大学校园政治传播的目标、内容、路径和方式选择。这就凸显了大学校园政治传播的阶级性。当代中国，大学校园政治传播阶级性的集中体现就是要“用新时代中国特色社会主义思想武装全党”，最终实现“党对一切工作的领导”的目标①。

政治传播的逻辑一致性。依据阶级性原则，大学校园政治传播的主要内容

① 习近平. 决胜全面建成小康社会　夺取新时代中国特色社会主义伟大胜利——在中国共产党第十九次全国代表大会上的报告［R］. 人民日报，2017-10-19（3）.

是马克思主义及其中国化产物。它使政治传播在两个方面具有逻辑一致性特征。一方面是马克思主义及其中国化产物与大学师生的根本政治诉求具有一定程度的内在逻辑一致性。马克思主义及其中国化产物，是一个关于人类社会和中国发展的科学体系。它既能经受住大学师生的理性批判，又能满足他们建设强大祖国和美好未来的政治诉求。这就彰显了大学校园政治传播内容的人民性特征。另一方面是马克思主义及其中国化产物与主导大学校园政治生活的各级党委的政治诉求具有高度的逻辑一致性。马克思主义及其中国化产物，是中国共产党的指导思想与执政合法性的基础。它们在大学校园政治传播内容中占据主要地位，满足了党和政府在大学校园进行政治社会化的诉求。这展现了大学校园政治传播内容的党性特征。总之，大学校园政治传播内容的阶级性、人民性和党性的逻辑一致，有助于马克思主义及中国化产物得到更深入的传播，在大学师生中产生良好的政治说服效果。

政治传播的斗争性。政治传播内容的上述特征，使大学校园政治传播内容呈现出一元主导多元并存的格局。占据主导地位的马克思主义思想与各种社会思潮，都在争夺校园政治传播路径，力图通过路径占有掌握政治话语主导权，影响大学师生的政治认知和政治心理。尤其是近些年，西方和平演变的手段更加隐蔽，内容更具迷惑性和诱惑力。这使得大学校园政治传播也是暗流涌动，各种思想都在抢占阵地，争夺青年。因此，不断有学者一再提醒传播中必须“与错误的反动的思想做斗争，不能与之和平共处，不能让他们侵蚀人们的头脑”[①]，要对各种社会思潮做辩证分析，反对“照本宣科”，甚至做错误思潮的“义务宣传者”[②]。社会主义国家大学校园政治传播必须保证其社会主义性质，为维护社会主义制度服务、主动维护国家安全和正常社会秩序。其实，西方社会对政治传播的控制做得更加隐蔽和高效。“在日常的报道中，西方主导政治经济势力作为新闻源对媒体的影响，政府日趋高超的操纵新闻的手段，媒体对新闻的取舍和对客观性等职业规范的主动和灵活运用，已经取代了政府的新闻审查。这使西方媒体能占领拥有新闻自由和理论的道德制高点，不仅在‘国际社会’中更有合法性和可信度，也使其为西方主流意识形态服务的功效更为隐蔽。”[③] 因此，强调大学校园政治传播的斗争性，是一个正常国家的正常举动。在这一方面，中国政府和大学还应主动借鉴西方国家和西方大学的很多舆论引

① 陈建云. 中外新闻学名著导读［M］. 杭州：浙江大学出版社，2005：190—191.

② 梅荣政. 用马克思主义引领社会思潮［M］. 武汉：武汉大学出版社，2008：序言 3.

③ 陈力丹. 马克思主义新闻思想概论［M］. 上海：复旦大学出版社，2003：327.

导理念和技巧。

4. 传播科学赋予大学校园政治传播的特征

政治传播的科学性。政治传播是一个独特而复杂的精神交往现象。当考察"我们自己的精神活动的时候，首先呈现在我们眼前的，是一幅由种种联系和相互作用无穷无尽地交织起来的画面。"[①] 对这些相互联系和作用本质的认识，构成了政治传播的规律体系，形成了独立的政治传播学[②]。大学校园政治传播，是政治传播的一个特定组成部分，它必然要遵循这些规律。这些规律在大学校园政治传播中的揭示和运用，将使其具备科学性特征。

政治传播的独立性。一方面，大学校园政治传播具有内在的独特规律，传播实务必须遵循这些规律。违背规律，必然会受到惩罚。这就奠定了政治传播独立性的科学基础。另一方面，大学校园政治传播具有某种程度的独立性特征，还根源于传播主体和工具的相对独立性。大学校园政治传播主体，往往具有较强的独立性，一般不会轻易地受到其他政治思想和心理的干扰。他们对自己的政治意见和政治情感有极强的护卫意识和能力。而大学校园政治传播渠道，也各自具有相对的独立性。它们都具有各自的领域和独特劝服作用，很难被其他渠道所代替。这几个方面的结合，就使得大学校园政治传播具有一定程度的独立性特征，需要加以专门的认识和专业的分析。

结束语：大学校园政治传播是青年政治研究的独特视域

大学校园政治传播独特的社会场域和参与主体，共同决定了它既应是政治传播学研究的一个理论重点，也决定了它是一个"关注青年、关心青年、关爱青年，倾听青年心声，鼓励青年成长"[③] 的重要社会实践领域。所以，大学校园政治传播概念的科学界定和综合分析，一方面厘清了大学校园政治传播研究的对象、范围，另一方面又提供了学科交叉和视界融合的分析视角和方法。这既是对青年政治学也是对政治传播学的基础理论探索和实践操作思考。它将为后继的理论研究和实证分析奠定坚实的认知基础。赢得青年，就是赢得未来；大学校园政治传播研究，事关国家安全和未来政治发展，呼唤着更多人的参与和襄助。

---

① 马克思恩格斯全集［M］. 第20卷，北京：人民出版社，1971：23.

② 在国际上，1973年国际传播学会就创立了政治传播研究学部，1993年政治传播被正式列入政治学研究范畴。

③ 胡锦涛. 在庆祝中国共产党成立九十周年大会上的讲话［R］. 光明日报，2011-7-2（2）.

发挥中华优秀传统文化当代价值的路径思考*

敬　潇①
（西华师范大学党委宣传部，四川南充，637009）

摘　要：中华优秀传统文化具有鲜明的当代价值，这是由中华文化基因的历史继承性和中华优秀传统文化本身的价值超越性决定的。发挥中华优秀传统文化的当代价值需要不忘初心，让回归和复兴成为一种方式；需要立足当下，在坚持问题导向中实现中华优秀传统文化的内生性演化；需要面向未来，在交流对话中发挥中华优秀传统文化的当代价值。

关键词：中华优秀传统文化；马克思主义；当代价值；路径

发挥中华优秀传统文化的当代价值，说到底就是中华优秀传统文化在当代中国的运用和实践问题，它关系到我们从哪里来，到哪里去，坚守什么样的文化，走什么样的文化发展道路等一系列问题。如何看待这些问题是中华民族伟大复兴过程中不可回避的现实课题。正如习近平总书记在澳门大学视察时指出的，对待中华优秀传统文化“关键是我们要怎样去把握它，赋予新的时代内涵和精神，去很好地理解和运用”。把握好、运用好、发挥好中华优秀传统文化当代价值是一项增强中华民族凝聚力的伟大文化工程，在具体实践中，我们只有不忘初心、立足当下，方能面向未来。

一、中华优秀传统文化当代价值何以可能

当历史的年轮走向近现代时，象征中国文化的“根”的中华传统文化却在

---

* 基金项目：2018年度四川大学生思想政治教育研究中心课题“理想信念教育的哲学之思”（编号：CSZ18023）的阶段性成果。

① 作者简介：敬潇（1992－），女，西华师范大学党委宣传部助理研究员，法学硕士。研究方向：思想政治教育理论。

呈式微之势，于是出现了两种声音：一种把传统文化称作“博物馆的收藏”，认为在马克思主义指导下的社会主义中国，以儒家文化为主干的传统文化没有办法提供一条现代化的出路，它不再与现实具有相关性，因而只具有收藏价值而没有时代价值，这种观点无疑是“文化虚无主义”的观点。另一种说法认为马克思主义对于中国来说是舶来品、非本民族文化，只有中华传统文化才能带领中国人民实现中华民族伟大复兴，这是文化保守主义的观点。很显然，这两种观点都是极端的、错误的，虚无或者拔高都不是对待中华传统文化的正确方式。那么，孕育于中国古代封建社会和小农经济意识形态的中华传统文化是否具有当代价值呢？又或者中华传统文化是否能够成为处理当代中国问题的“源头活水”呢？这就需要我们历史地从传统文化的特性中、从当代中国的现实问题中寻找突破口。

第一，中华文化基因是具有历史继承性的，不能脱离历史的前后相继关系而独立形成和发展，中国特色社会主义文化是中华优秀传统文化的继续和延伸。在中国现存的文明中，一切观念的、价值的、文化的因素都是在中华传统文化的胞胎里成熟起来而后又分化出去的，比如中华优秀传统文化“治大国如烹小鲜”“水可载舟，亦可覆舟”“我无事而民自富，我无为而民自化”等思想孕育和启发了中国当代政治文明中的治国思想、群众思想、简政放权思想等内容。因此，中国现代文明一定可以从历史中、从中华优秀传统文化中找寻到根源，中华优秀传统文化必然与当代中国不能割裂开来，需要在与当代中国的结合中保持持久的生命力。中华优秀传统文化具有当代价值，中华优秀传统文化只有贯穿和渗透在当今的现代化实践中才能彰显和发挥其重要的价值意义。对于当代中国来说，中华优秀传统文化不仅是历史遗产，更是继续存在于现实之中的，它是中国文化中最持久、最深沉的力量，不仅保存在各种经典传世之中，而且延续到今天，影响着人们的价值观念、思维方式和生活方式。

第二，中华优秀传统文化所包含的精神和思维的价值是超越时代性的，其中精华的部分有可能成为一种永恒的观念，而马克思主义是一种国际性的学说，以实现全人类的自由和解放为己任，它亦是放之四海而皆准的。因此，中华优秀传统文化具有当代价值的一个重要原因在于其与马克思主义指导下的中国特色社会主义思想存在着高度的内在契合点。中华优秀传统文化作为一种观念性的存在，它是超越时间、跨越空间的不朽的东西。这正如习近平总书记所阐述的，“把跨越时空、跨越国度、富有永恒魅力、具有当代价值的文化精神弘扬起来，把继承传统优秀文化又弘扬时代精神、立足本国又面向世界的当代中国文化创新成果传播出去”①。

二、不忘初心，在回归和复兴中实现中华传统文化的当代价值

从时代发展审视中国近代历史，其任务可以归结为两点：反帝和反封建。反帝即为实现民族独立，驱除帝国主义在中国的统治；反封建为推翻封建统治，在政治、经济、文化、思想等领域把人们从封建社会的桎梏中解放出来。从这个意义上，近代中国的任务可以确定为：救亡与启蒙。时至今日，随着中国现代化进程的不断推进，我们依然面临着这两大重要课题，但是今天的“救亡”和“启蒙”不同于近代中国的救亡与启蒙，这是由具体的历史特点和历史任务决定的。今天的“救亡”问题在实现了民族独立以后在当代中国已经升华为中华民族伟大复兴的新命题，并且自党的十八大以来受到了普遍持续的关注；然而，现代化的另一端还有精神和价值的问题，也就是“启蒙”问题。富国富民的经济现代化的另一端是传统文化衰落、价值秩序混乱和精神信仰式微。我们不得不再次追问：我们的国家和民族在救亡之后，如何实现启蒙呢？在中华优秀传统文化中蕴涵着丰富的超越现代性困境的思想潜能和精神资源，如讲仁爱、重民本、守诚信、崇正义、尚和合、求大同等，我们通过回溯传统、阐释传统与传承传统，寻找未来发展的可能出路。更何况，无论是近代中国还是现代化进程加速的今天，“救亡”和“启蒙”自身是密切联系的，中华民族的伟大复兴自身必然内在包含着精神和文化的启蒙。众所周知，文艺复兴是西方近代化进程的开端，西方国家通过“回归”和“复兴”不仅影响了自己的国家和民族，甚至影响着世界。欧美国家引领世界文明前行长达五六百年，至今不见终结，究其源头和动因，一定是文艺复兴。② 因此，在中国这个古老而年轻的国家，文明血脉源远流长，回归和复兴中国优秀传统文化不仅有迹可循，也将深深地影响着我们的文化复兴之路，乃至中华民族伟大复兴中国梦。因此，回归与复兴应该成为发挥中华优秀传统文化当代价值的一种选择。

发挥中华传统文化的当代价值，“回归”和“复兴”必然是一种选择的方式。回归到中华优秀传统文化的经典自身、传统文化自身，这不仅是因为“回归”和“复兴”使我们在把握历史和现实、传统与现代的关系时更加具有比较

① 转引自：陈来．中华优秀文化的传承和发展［N］．光明日报，2017－03－20（15）．

② 公方彬．大思想——中国崛起的瓶颈与突破［M］．广州：广东人民出版社，2015：自序一．

性和判断力，也是由我们的今天具有继承性决定的，中华优秀传统文化自身就是一个延续至今的积淀过程。我们知道，以儒家文化为主干的中华优秀传统文化是个历史性的概念，不仅具有当代价值也具有历史价值，不仅包含精神和价值上的传统也具有政治形态和社会制度层面的传统。因此，在回答了“为什么要回归与复兴”的问题之后，我们有必要在具体的实践中弄清楚：“回归”什么？“回归”要注意什么？经过历史反复证明，以儒家文化为主干的中华优秀传统文化没有办法给中国提供一条现代化的出路，马克思主义指导下的社会主义中国实现了前所未有的进步和发展。但是这并不是说以儒家文化为主干的中华优秀传统文化不再与当代中国发生关系。相反，在政治形态、社会制度、意识形态斗争激烈的背景下，我们更加迫切地需要“回归”和“复兴”作为精神和价值的以儒家为主体的中华优秀传统文化，比如中华优秀传统文化蕴含的超越功利的态度、乐观通达的心灵、随感应变的能力、悲天悯人的情怀、道德生命的完善等。此外，“复兴”需要增强民族凝聚力，因为对于一个民族的发展来说，民族精神内在蕴含的情感认同和号召力是至关重要的，“只有一样东西能把全世界华人联合起来，那就是中国的传统文化，它的主干是儒家文化”[①]。中华民族精神以及中华优秀传统文化历史源远流长，中华优秀传统文化的价值观念长期以来深刻地影响着并至今影响着华夏儿女的思维方式、生活方式和道德观念等，且不论这些生命分散在世界的任何地方。也正是这些因素，凝聚和汇集成了中国特色社会主义建设伟大事业生生不息的原动力。因此，在如何看待中华优秀传统文化的问题上，“不忘本来才能开辟未来”，如果说中华优秀传统文化是中国文化的本来和源头的话，那么回归传统、复兴传统便是我们追本溯源最直接的方式。

三、立足当下，在坚持问题导向中实现中华传统文化的内生性演化

任何思想和文化的存在都是在一定的时代条件下产生的，随着社会的发展和变化，它必然会随之产生或转变成一些阻碍历史进一步发展的消极、保守的因素。以儒家文化为主干的中华传统文化在历史上的贡献跟它在历史上所遇到的任务和所要解决的问题是联系在一起的，所以离开了这个具体的任务和具体

① 黄玉顺，张扬. 儒学复兴的两条路线及其超越——儒家当代主义的若干思考［J］. 西南民族大学学报（人文社科版），2009（01）：192－201.

的问题去评价特定时代下的文化和思想是没有根据的。历史上作为封建政治基础而存在的以儒学为主体的中华传统文化是封建“三纲五常”社会秩序的维护者，是为中国小农经济和封建纲常统治所服务的。而从当下看，今天我们所面临的任务和所要解决的问题从根本上发生了变化，已经不能和古代中国相提并论。辛亥革命以后，封建社会制度瓦解，以儒家文化为主干的中华传统文化赖以存在的制度基础消失了，那么以儒家文化为主干的中华传统文化便无可托身之处，尤其是五四新文化运动的冲击，导致“当时的中国，佛学有人谈，西学有人谈，孔夫子却闭口不谈”。到了今天，马克思主义指导下的社会主义中国与以儒学为主体的中华传统社会有着本质上的根本区别，我们今天所面临的问题与历史上任何时代都不一样，因此，我们需要站在今天的角度去审视中华传统文化，并且要继承、发挥好中华传统文化中精华的、与中国的建设和改革相适应的、可以古为今用的一部分，扬弃掉消极的、与社会主义生产方式相悖的、与今天的文明相冲突的一些因素。“要坚持古为今用、以古鉴今，坚持有鉴别地对待，有扬弃地继承，而不能搞厚古薄今、以古非今，努力实现传统文化的创造性转化、创新性发展，使之与现实文化相融相通，共同服务以文化人的时代任务。”在发挥中华优秀传统文化的当代价值中始终坚持问题导向，使之与时代任务紧密结合在一起，这不仅为中国特色社会主义的建设和发展提供源源不断的文化资源和精神动力，也使中华优秀传统文化自身始终葆有持久的生命力。

在发挥中华优秀传统文化当代价值中注重问题导向还要求我们要善于抓住时代发展中的关键问题，把认识和化解矛盾作为突破口。当代中国主要任务和问题折射在中华优秀传统文化当代转化中主要表现为：如何区分和融合马克思主义与中华优秀传统文化，以及如何处理中华优秀传统文化与现代文明的关系问题，如何在回归和复兴中华优秀传统文化中培育和践行社会主义核心价值观，如何利用中华优秀传统文化完善人们的道德生命与人格精神的独立，如何在具体实践中利用中国优秀传统文化增强人们的文化自信、文化自觉，以实现中国文化自强等问题，这些问题都是当代中国时代发展中的关键问题、亟待解决的问题。因此，在中华优秀传统文化与时代任务相结合的实践中，我们需要对现实问题葆有强烈的自觉，立足当下、直面问题，既全面又有所侧重点、辩证地对待中华优秀传统文化，在处理现代困境和实现时代任务的实践中实现中国传统的内生性演化。比如，中华优秀传统文化本身包含着亲和力、感召力的特性，构建以中华优秀传统文化为主要标识的中国文化形象有利于对内增强民族向心力和凝聚力，推动社会主义文化大发展、大繁荣，对外展示中国精神、提升中国文化软实力。因此，在马克思主义的指导下，构建以中华优秀传统文化为独特标识的国家文化形象是我们的应有之义和时代重任。

四、面向未来，在交流对话中发挥中华优秀传统文化的当代价值

“对我国传统文化，对国外的东西，要坚持古为今用、洋为中用，去粗取精、去伪存真，经过科学的扬弃后使之为我所用。”① 当我们在探讨中华优秀传统文化的当代价值时，必然不可避免地与“当代”思想进行对话，从宏观层面上，这个“当代”思想主要就是指马克思主义与世界现代文明成果。直面复杂多变的社会文化状况，在多学科视野融通和对话的基础上，中华优秀传统文化和马克思主义、西方文化传统等理论资源正在以一种内在方式被激活，并且在广度和深度上时刻保持着思想传统与域外资源的创造性转化和创新性发展，进一步丰富了中华传统文化的理论内涵与时代价值。

在处理马克思主义与中华传统文化的相互关系时，我们还需要抵制“文化虚无主义”和“儒家社会主义”思潮的侵蚀，这两种错误的观点正是没有弄清楚中国特色社会主义文化与中华优秀传统文化的本质区别所导致的。作为封建社会意识形态，以儒家文化为主干的中华传统文化是建立在封建自然经济、封建等级制度上的上层建筑，它与马克思主义指导下的中国特色社会主义文化相去甚远，甚至在阶级本质和思想基础等方面南辕北辙。从本质上说，中国特色社会主义道路是马克思主义与中国历史、中国文化和中国实践与时代特征相结合的产物，不是儒家文化与马克思主义的简单相加，更不是直接把中华优秀传统文化直接嫁接在当代中国。诚然，马克思主义与中华传统文化虽然在本质上有着根本区别，但是在当代中国，只有二者互补、融合并共同在中国特色社会主义建设中发挥效用才是二者双向互动发展的最好归宿。中华优秀传统文化与马克思主义相结合是中华优秀传统文化发展的基本走向，从一定层面上讲，马克思主义中国化、大众化的过程就是中华优秀传统文化发挥当代价值的过程。一方面，中华优秀传统文化为马克思主义的中国化、大众化提供民族文化土壤；另一方面，中华优秀传统文化在马克思主义的指导下为中国文化的繁荣注入更加欣欣向荣的生命力。

在对中华优秀传统文化当代价值的追问中，我们不禁要疑问：以儒家为主

① 习近平．习近平谈治国理政［M］．北京：外文出版社，2017：10.

干的中华优秀传统文化何以成为整个传统中国的基础？一种思想之所以可以成为一个时代或者整个历史的基础，有一个重要的前提：它所阐述的问题具有人类共通性。从本质内涵和价值尺度看，一种文化或者思想如果不具有世界普遍适用性，就只能是本民族的，尽管“愈是民族的愈是世界的”，毕竟传播和影响力有限，因此，我们创造的文明成果一定要有世界高度，具有普适性。[①] 在当代中国，我们就面临着这样的问题：我们取得的政治文明成果有目共睹，但是我们创造出来的精神文化成果却不能与我国的政治经济地位相匹配，只有文化、思想的凝聚力和向心力的参与，中华民族才能真正崛起和复兴，才能引领世界文化。当然，这样的问题是历史和现实的共同作用，以及中国独特的发展命运所决定的。中华优秀传统文化中自身蕴含着与世界共鸣的价值观成果，比如“和谐”“大同”“道德生命”“人格精神”“乐观通达”的描绘和阐述等。因此，我们在现代化的进程中应当始终葆有对自身传统的文化自信和文化自觉，在此基础上借鉴和吸收世界现代文明的多元价值。我们应当在中国特色社会主义的建设实践中促进传统文化与现代文明的融会贯通与现代转化，重塑中华优秀传统文化的当代价值，赋予中华优秀传统文化以时代内涵和现代元素，寻求中华优秀传统文化与现代社会、世界文明相互衔接适应的内在机理。

这个世界不是平的，每个民族各有自己的短长与发展进程，没有哪个文化群体能保证自己在每个时代都领跑世界，当然也不能以一时之雄定论民族的高下。每个时代下的文化和思想都避免不了时代的局限性，而时代走向下的民族命运，远远不是固守的思维能推测出的。在这样一个大前提下，要实现本民族的发展，就要返本开新，不仅要结合时代特点，而且要借鉴东西方优秀文明成果，多元的智慧总是要比单一的智慧好，文化的生命本来就在对话的辩证法中。彰显和发挥中华优秀传统文化的当代价值，需要求同存异，异中见同，同中见异，相互启发，对照他人，扬长补短，学习的同时保持自身特长，“民族的就是世界的”才是最佳优化方式。

① 公方彬．大思想——中国崛起的瓶颈与突破［M］．广州：广东人民出版社，2015：自序一．

思想政治教育视域下大学生新媒介素养培育路径探究

魏茂琳　谷生然[①]

（西华师范大学马克思主义学院，四川南充，637000）

摘　要：新媒介素养是指人们在接触、使用、控制互联网、手机、数字电视等新媒介及利用新媒介传播信息的过程中所表现出来的能力和修养，它包括媒介使用者对新媒介的认知能力、运用能力和正确的新媒介道德观。作为使用新媒介的主要群体之一，多数大学生的新媒介认知能力、新媒介运用能力略有不足，缺乏科学的新媒介道德观。为了解决大学生新媒介素养存在的这些问题，必须完善思想政治教育课的教材体系，发挥高校思想政治教育课堂的主渠道作用，广泛开展新媒介素养实践活动，提高思想政治教育者的新媒介素养。

关键词：思想政治教育；大学生；新媒介素养

在信息数字化、传播全球化时代，随着互联网、电脑、手机等新媒介的普及，人人都成了信息传播者，人人都可以在网络上发布、评论、转发信息，网络空间中各种思想观点交流交融交锋的趋势也日益凸显。当代大学生是使用新媒介的主要群体之一，网络已成为他们日常生活中密不可分的一部分。如何避免网络空间中虚假、低俗、有害信息对大学生价值观产生不良影响，如何让大学生获取高质量信息，传播正能量信息，提升大学生的新媒介素养水平，是高校思想政治教育的重要课题。因此，在思想政治视域下培育大学生的新媒介素养，是推动思想政治教育同数字技术高度融合，增强思想政治教育工作时代感和吸引力的必然要求。

---

① 作者简介：魏茂琳（1994—），女，西华师范大学马克思主义学院硕士研究生。研究方向：思想政治教育传播。谷生然（1972—），男，哲学博士，西华师范大学教授、硕士生导师。研究方向：社会信仰理论、哲学史、政治哲学等。

一、新媒介素养及其在思想政治教育中的意义

（一）媒介素养的概念

“媒介素养”这一概念，最早是在20世纪30年代的英国被明确提出。当时，英国学者基于保护主义立场，认为大众媒介传播的信息会对社会、对主流文化产生消极影响，因此提出对青少年进行媒介素养教育以防止其受到侵害。到20世纪60年代，学者们认识到并非所有媒介传递的都是不良信息，提出要增强人们对不同媒介内容的辨识能力。到20世纪80年代，学者们认为对信息的批判解读能力是受众媒介素养的关键。20世纪90年代，霍布斯（Hobbs）将媒介素养定义为使用、批判媒介信息并运用媒介工具创造信息的过程，媒介素养的目标在于通过分析、推理、传播和自我表达技能的发展来提升自主权①。我国国内学者大多也是使用“媒介素养”一词开展相关研究，将受众和传播者明确区分开来，注重培养受众对媒介信息的批判能力。

（二）新媒介素养的概念

在新媒体时代，人们越来越积极主动地参与到信息的创作、传播之中，已改变了在大众传媒时代坐在电视机前消极等待某个媒体“把关人”向我们播报、传输、推送信息的状况。因此，新媒体时代的媒介素养不可只满足于能够对各种信息做出辨别的层面。对于在受众与传播者角色之间来回切换的大学生而言，媒介素养培育已不再适合当前传播环境的变化。

关于新媒介素养的定义，学者们从不同的角度对其作了概念上的界定。在余秀才看来，新媒介素养主要指公众接触、解读和使用新媒介及新媒介信息时所表现出的素质与修养……它更强调公众面对新媒介时的运用能力②。蔡骐、李玲认为，新媒介素养是将媒介素养的中心从培养媒介批判能力转移到培养信息管理能力上来，它应该包括筛选能力、甄别能力、整合能力三个方面③。季海菊指出，新媒介素养主要指人们接触和理解新媒介的能力、解读和批判新媒

① Hobbs, R. (1998), The seven Great Debates in the Media Literacy Movement [J]. Journal of Communication, 48 (1): 16—31.

② 余秀才. 全媒体时代的新媒介素养教育 [J]. 中国传媒大学学报, 2012 (02): 116—119.

③ 蔡骐, 李玲. 信息过载时代的新媒介素养 [J]. 中国传媒大学学报, 2013 (09): 120—124.

介的能力、参与和使用新媒介的能力以及对新媒介的创造和传播能力[①]。从各个学者的相关研究来看，他们都认识到了个体的参与感、主体性在新媒介素养中的重要作用，但却在某种程度上忽略了培养主体的新媒介道德观。

笔者认为：新媒介素养是指人们在接触、使用、控制互联网、手机、数字电视等新媒介及利用新媒介传播信息的过程中所表现出来的能力和修养。这种素养可以通过后天的教育和实践而习得，它应包括对新媒介的认知能力、运用能力和新媒介道德观。新媒介认知能力是指人们对新媒介所传播的信息进行科学理性判断把握、分析解读的能力。新媒介运用能力是指人们通过新媒介进行自我表达、交流观点、传播信息的能力。新媒介道德观是指媒介使用者所具有的思想品质和审美能力。

新媒介素养是传统媒介素养在新媒体时代的延伸，它的出现得益于新媒介的迅速发展。二者的区别在于，传统的媒介素养将传受双方严格区分开，注重培养受众的信息解读能力和批判能力；而新媒介素养模糊了传受双方的界限，在注重培养受众对媒介及媒介信息的批判能力的同时，更加强调培养人们的新媒介运用能力和正确的新媒介道德观。

（三）培育大学生新媒介素养在思想政治教育中的意义

第一，培育大学生新媒介素养，有利于推进高校思想政治教育工作因势而新。在新媒体时代，随着数字技术和信息技术的快速发展，新的信息传播媒介层出迭现，网络上各种信息类目繁多、鱼龙混杂。思维活跃、乐于追求新鲜事物的大学生是新媒介的热衷者和爱好者，他们频繁地通过互联网、手机等新媒介获取信息、表达思想观点。大学生的日常生活越来越从“网下”转移到“网上”，由现实转移到虚拟。由新媒介构建起来的媒介环境不但对大学生的认知途径、思维方式、交往方式产生了重要影响，而且对他们的世界观、人生观、价值观产生了深刻影响。

高校思想政治教育工作的开展不能将学生与互联网、手机、数字电视等新媒介隔离起来，只能适应这一新形势去创新思想政治教育的方式方法。将新媒介素养融入高校思想政治教育有利于高校思政工作顺应时代形势、适应大学生网上学习生活的新常态，有利于增强思想政治教育的针对性和实效性。

第二，培育大学生新媒介素养，有助于营造清朗的网络空间。媒介环境中

① 季海菊. 新媒介素养教育：大学生思想政治教育工作的新使命［J］. 理论与改革，2015（07）：171-174.

的人并非单独孤立的个体，每个人都有自己的网络同辈群体。这些网络同辈群体或因年龄而结成，或因共同兴趣爱好而结成，或因工作需要等原因而结成，群体成员之间会有意识地或无意识地相互影响。“网络空间是亿万民众共同的精神家园……谁都不愿生活在一个充斥着虚假、诈骗、攻击、谩骂、恐怖、色情、暴力的空间。”① 当代青年学生是大有可为的一代，他们具有较高的知识文化水平、较高的求知欲和学习能力，他们也不愿意生活在一个充斥着虚假、暴力、低俗信息的媒介环境中。将新媒介素养教育融入思想政治教育，一方面能够帮助大学生透过媒介信息的表面识别信息背后所掩盖的价值观念，从浩如烟海的信息流中挖掘出真实信息、有效信息；另一方面也能够让大学生在网络上负责任地传播信息，不信谣、不传谣，在网络舆论场中保持清醒的头脑。尤为重要的是，大学生新媒介素养水平的提高将通过同辈群体成员间的互动潜移默化地影响其他成员，促使网络同辈群体成员与之发生认同。这将有利于营造清朗的网络空间。

二、大学生新媒介素养存在的问题

我国高校中新媒介素养培育没有完全跟上新媒介发展的速度，使大学生在运用新媒介的过程中显现出一些问题，主要表现在以下方面：

（一）大学生对新媒介的依赖性强，对媒介信息缺乏足够的判断解读能力

大学生对新媒体的依赖性强主要表现在两个方面：一是大学生接触新媒介的时间较长。据调查，大学生日均使用互联网时长达 6.1 小时②。相对于其他社会群体而言，大学生拥有较多的闲暇时间，他们每天在新媒介上倾注了大量时间和精力，有意或无意的媒介接触行为干扰了正常的学习、生活节奏。有学生曾调侃道，“一天不上网，感觉自己就像和世界失联了一样”。有的学生甚至经常处于“伴着手机睡觉、伴着手机醒来”的状态。二是大学生对媒介信息的盲目接收。近年来频频出现的“信息爆炸”“信息超载”“信息海洋”等词语，生动形象地表现出当今时代人们被大量信息所淹没的状况。无论何时何地，似乎人人都有永远接收不完的信息。在各种信息此消彼长之时，大学生对信息的

① 习近平谈治国理政（第二卷）[M]. 北京：外文出版社，2017：336.

② 吴丽娜. 调查显示：互联网成为 9 成以上大学生和白领最主要的信息获取渠道 [N]. 中国青年报，2015-03-24 (06).

处理能力、分析解读能力却未得到及时增强。媒介传播何种信息，他们就接收何种信息。那么多的信息亟待接收，他们没有时间去思考某则信息的真假，也没有精力去分析该信息为何会出现在那里。甚至在遇到问题时，他们首先想到的也不是请教老师、查阅文献或自己思索，而是通过新媒介去搜索其他人对该问题的一些观点。因此，在这种行为习惯下，部分大学生对媒介信息的判断解读能力日益缺乏。

（二）大学生对新媒介的深度运用能力不足，在媒介环境中的社会责任意识不够强

根据传播学的理论，媒介有四种功能：监视功能、联系功能、传承社会文化的功能、娱乐功能。大学生作为使用新媒介的主力军，他们一方面享受着新媒介带来的种种便利，将新媒介的联系功能、娱乐功能发挥到了极致；另一方面一些学生又存在着对新媒介深度运用能力不足、社会责任意识不够强的问题。大学生在媒介环境中社会责任意识不强主要表现在两个方面：一是对公共事务的关注度不够高。人的注意力是有限的，大学生忙于休闲娱乐、过于追捧娱乐事件和明星绯闻，导致他们对关乎国计民生的国家时事知之甚少。二是未充分认识到新媒介对社会的影响力。大学生虽具备一定是非观，但是由于缺乏生活阅历和辨识能力，再加上网络谣言的极力蛊惑和煽动，在面对一些突发事件、敏感话题时容易被一些不法之徒所利用，在有意或无意间为网络谣言的传播推波助澜，从而给社会秩序带来不良影响。

（三）大学生的新媒介道德观不够科学，对新媒介的使用呈现出泛娱乐化倾向

很多大学生由于对新媒介道德规范认知不清，甚至对一些本该严肃态度对待的社会热点话题，以一种调侃、恶搞的局外人态度来应对。在互联网时代，一些无良媒体受到资本逐利性的驱使，为了最大限度地获取点击率、追求商业价值，想方设法地迎合受众的各种需求。“标题党”、虚假新闻、低俗信息更是屡见不鲜。大学生在不知不觉中对新媒介的使用呈现出泛娱乐化倾向。为了休闲娱乐、自我放松，追剧、追星、聊八卦、玩游戏、看综艺节目、刷微视频等成为大学生使用新媒介的主要动力。正如尼尔·波兹曼所指出的那样，“这是一个娱乐之城，在这里，一切公众话语都日渐以娱乐的方式出现，并成为一种

文化精神……我们成了一个娱乐至死的物种”①。市面上传播最迅速最广泛、最能引人注目的往往是最低俗、最恐慌和最八卦的内容。这些内容就像垃圾食品一样被大学生所接收，至多为他们提供一点茶余饭后的谈资，却不能引导他们采取任何有益的行动。

三、思想政治教育视域下大学生新媒介素养培育路径

由于我国的媒介素养教育起步较晚，教育理论和实践都缺乏系统性，专业型的师资力量也有限。因此，短期内在全国高校将新媒介素养培育设立为公选课或必修课的客观条件不具备。另外，思想政治教育是指导教育对象形成正确的思想观念和行为习惯的实践活动。因此，在思想政治教育视域下对大学生进行新媒介素养培育既是必要的，也是可能的。

（一）完善高校思想政治教育课程教材体系，将新媒介素养理论知识纳入《形势与政策》教材

作为高校思想政治教育课程的重要组成部分之一，《形势与政策》课以国内外发生的重大时事为主要授课内容，旨在引导大学生认清形势、准确理解国家的大政方针。从当前各个高校的思想政治教育课程设置来看，其他四门思想政治教育课程都有与课堂教学内容相配套的教材，唯独《形势与政策》没有统一的教材做支撑。虽然时事的时效性和动态性决定了该课程难以使用固定的教材，但是指导学生对社会发生的重大事件、党的路线方针政策等信息做出科学合理的判断，是需要以基本的媒介理论知识作支撑的。时事是无穷的，课时和教师的精力是有限的。思想政治教育课程教师只能从时事中选取最热门的、对国计民生影响最大的内容来给学生作讲解，对于课堂中未涉及的事件仍然需要学生自己去作判断。因此，可以将新媒介素养的基本理论知识作为《形势与政策》课的教材内容，让大学生掌握了有关新媒介的基本理论之后，再让他们对媒介所传播的时事热点作评价，最后再由教师作总结。如此，既可以发挥学生的能动性，让他们积极参与到课堂中来，又能增强《形势与政策》课的实效性。

---

① 尼尔·波兹曼．娱乐至死［M］．章艳译，北京：中信出版集团，2015：4.

（二）发挥高校思想政治教育课堂的主渠道作用，将新媒介素养教育的内容融入课堂教学案例

虽然前文提及将新媒介素养的相关知识作为《形势与政策》课的基础教材，但这并不意味着只有该课程才能对学生进行新媒介素养教育。高校开设的其他四门思想政治教育课程也能围绕大学生关心的社会热点、结合课程教学内容的特色，发挥对大学生进行新媒介素养教育的作用。

例如，《马克思主义基本原理》课中关于辩证法和认识论的一些内容，本身就是为了指导大学生客观认识、对待周围世界，这有利于帮助大学生理性认识新媒介，减弱对新媒介的依赖性；在《毛泽东思想和中国特色社会主义概论》课中可以融合一些网络舆论场中的热点案例，引导学生分析隐藏在事件表象之下的本质问题，以增强大学生对各种信息的鉴别能力，做负责任的信息传播者；在《中国近现代史纲要》课中，针对一些境外媒体、别有用心之人对我国历史人物和历史事件的歪曲、丑化、恶搞的现象，教育者应鼓励学生利用新媒介素养的相关理论和原则去分析各种信息，坚决抵制对历史事件和人物的泛娱乐化解读行为，增强大学生的民族认同感和民族自信心；在《思想道德修养与法律基础》课程中可引入一些网络谣言、网络侵权、网络诈骗等案例，以增强大学生的网络道德意识、网络法律意识，使大学生树立科学的新媒介道德观，提高大学生的审美水平。

（三）广泛开展新媒介素养实践活动，让大学生在实际操作中深刻了解新媒介

美国学者尼尔·波兹曼曾指出，“只有深刻而持久地意识到信息的结构和效应，消除对媒介的神秘感，我们才有可能对电视，或电脑，或任何其他媒介获得某种程度的控制”[7]。如果仅局限于通过思想政治教育课堂这一主渠道对大学生进行新媒介素养教育，那么新媒介素养教育可能难以收获理想效果。因此高校要积极开展校内、校外新媒介素养实践活动，使大学生将理论知识与实际操作相结合，消除新媒介的神秘感，在实践中深化对新媒介的认识和运用。从校内实践而言，高校应支持学生在教师的指导下亲自参与校园媒介平台的运营与管理，鼓励学生社团开展形式多样的新媒介素养交流会。就校外实践而言，思想政治教育课程教师应鼓励学生放下手机、走出寝室，多贴近、了解社会现实，让大学生认识到个人对社会的责任，增强大学生的公民意识。另外，高校还应为大学生搭建校外网络工作室、地方广播电视局合作平台，增加大学

生与专业媒介工作者交流学习的机会，让大学生亲自体会媒介信息的搜集、制作过程。

（四）提高思想政治教育者的新媒介素养，让大学生在教师潜移默化的影响中树立正确的新媒介道德观

传道者必先明道。要让大学生深刻认识、科学理解、合理运用新媒介，高校思想政治教育者必先掌握新媒介的相关理论知识和应用技术，方能解开大学生对新媒介的一些疑惑。就教育者自身而言，思想政治教育课程教师应自觉主动学习传播学的一些基础理论知识，熟悉新媒介的传播特征与运行原理，树立正确的新媒介道德观，增强对各种媒介所传播信息的敏锐性和批判解读能力，以更科学地引导学生使用新媒介。就高校及相关教育主管部门而言，一方面要多邀请传播学方面的专家、学者到高校开展学术报告会，讲解新媒介运作知识、新媒介如何影响人与社会、如何提高对媒介信息的辨别能力等相关内容；另一方面要鼓励教师“走出去”，多同其他高校教师进行交流，学习借鉴其他学校开展新媒介素养培育工作的有益经验。

社会主义核心价值观引领家风建设的策略研究*

张玉明①

（西华师范大学，四川南充，637009）

摘　要：社会主义核心价值观与家风建设相互联系，密不可分。新时代家风建设在社会变革、思想多元化的冲击下，面临诸多现实困境，因此，本文以其困境现状及原因分析为起点，注重社会主义核心价值观与家风建设的契合点，最后探索以社会主义核心价值观引领家风建设的策略，有效地推进新时代优良家风培育。

关键词：社会主义核心价值观；引领；家风建设；策略

习近平总书记强调，“一种价值观要真正发挥作用，必须融入社会生活，让人们在实践中感知它，领悟它。要注意把我们所提倡的与人们日常生活紧密联系起来，在落细、落小、落实上下功夫”②。家庭是组成社会的基本单元，家庭的价值取向是社会价值取向的缩影，社会主义核心价值观要融入人们的日常生活中，需要无数个家庭共同努力，而家庭的价值取向主要由家风家教决定，由于家庭的家教家风呈现多元性特征，需要以社会主义价值观去引领家庭家教家风建设，让家风家教成为践行社会主义核心价值观的重要载体。

一、当前家教家风建设面临的现实困境

近年来，人们的生活节奏不断加快，受社会变革的强烈冲击，相对较稳定

---

* 基金项目：四川省大学生思想政治教育研究中心 2018 年立项项目“家教家风与大学生廉洁意识培养的关联性研究”（编号：CSZ18024）部分研究成果。

① 作者简介：张玉明（1982－）男，硕士，四川阆中人，西华师范大学纪委监察处讲师。研究方向：大学生思想政治教育。

② 习近平：把培育和弘扬社会主义核心价值观作为凝魂聚气强基固本的基础工程［N］. 人民日报，2014－2－26（01）.

的传统家风也面临威胁与挑战，家风建设面临诸多现实困境。

（一）社会责任感缺失，社会问题频发

马克思在《关于费尔巴哈的提纲》一文中指出，人的本质是一切社会关系的总和。人每时每刻都在与他人的相处之中，而家庭也不是独立存在于社会环境当中，其间有着复杂的人际关系。一个家庭处理社会关系的好坏，直接反映了这个家庭的家风、家貌优良与否。个人社会责任感的培养与缺失，从个人生活圈来看，受父母长辈的引导和教诲，受身边朋友的思想、行为影响，从社会层面来看，受邻里关系、工作关系、社会社交多种关系影响。而近年来，随着经济高速增长，现代化和城镇化进程的加快，人与人之间的交流让位于繁忙的工作与生活，邻居之间没有过多的寒暄，个别人甚至与家人好友的交流也不多，而更多地沉浸在自己的空间，社会责任感逐渐降低。这一问题具体表现在近年来发生的社会事件中，老人跌倒无人搀扶，小孩当街被人贩拐走无人救助等，这些社会问题频频爆发，也使得人与人之间不得不隔着一道墙来考量对方，这不仅对个人的思想道德修养提升有害，同时也对优良家风的建成也造成不良的影响。

（二）忽视品德教育，家风走向功利

品德的优劣是评价一个人好坏的重要标准，但在现今家庭教育中，家长对子女的教育要求更多是学习成绩的提高，重智育、轻德育，重自身利益、轻集体利益的问题突出。部分家长对子女的教育管理方法存在许多问题，只关心子女的考试成绩，能否找到高收入的工作，而忽视了对其道德品格的培养，有的家长甚至将自己的意志强加于子女，不尊重子女的想法，造成某些孩子缺乏独立能力。部分家长过度地给子女灌输功利思想，导致孩子自私自利，集体观念淡薄。家庭教育应是培养孩子全面和谐发展，片面地强调某一方面只会将孩子培养成不健全的人，对优良家风的建构更是不利。

（三）忽视家风建设作用，家庭亲情关系淡化

随着时代日新月异，许多人逐渐忽视了家风在家庭建设和社会建设中的地位和作用，家庭内部亲情关系逐渐淡化，家庭成员之间缺乏交流联系，这对家庭的稳定和睦造成了一定影响，冲击着优良家风的形成。从子女与父母的关系来看，“百善孝为先”，孝是家庭和睦、社会和谐的出发点和落脚点。从古至今，子女赡养老人就是中国社会的优良传统，而如今老无所养的现象却已然成

为一个不可忽视的社会大问题，许多子女躲避赡养老人的责任，严重缺乏对老人的关怀，甚至将老人看作“累赘”，对老人态度不好，为财产争夺老人，有的将其送进养老院便不闻不问，这些现象显然是对传统美德的背离。从夫妻之间关系来看，现今婚姻家庭观念正从“以家为本”向“以人为本”转变，自由平等日益成为婚姻家庭观念的明显特征，但有的家庭婚姻关系却是简单的利益关系，个别年轻人择偶单纯地依据经济条件，而不看人品的好坏，快时代下闪婚、闪离、盲目试婚等各种现象频发，导致婚姻中家庭暴力、婚外情等恶劣现象不断涌现，阻碍优良家风的形成。

二、陷入困境的原因分析

（一）个人主义盛行，社会成员关系冷漠

随着社会主义市场经济高速发展，产业结构、劳动力结构发生了巨大转变，城镇化进程加快，第三产业蓬勃发展，致使城镇间、城际间出现了频繁的人口流动。为了获取更好的学习、工作条件和生活环境，离开家乡外出工作、学习的人越来越多，他们为城市经济发展提供强大动力，但在发展之中却显露出缺乏人文关怀、责任感不强等问题。乡邻之间联系紧密，往来友好，而在大城市里，很多人却是在高楼大厦之间、陌生人群里生活，楼房不断增多、增高，房与房近了，人与人的距离却越来越远。人与人之间缺乏交流，家族成员之间缺乏联系，家庭成员情感维系不强，家庭责任感不断减弱，而个人主义、功利主义盛行，致使社会成员关系日渐冷漠。

（二）社会功利思想严重，教育观念有偏差

随着改革开放的日益推进，市场经济下利益最大化与人们的道德文化之间产生矛盾，贫富差距的落差，使得部分人产生虚荣拜金的心态，功利思想较为严重，利益价值导向使得部分国人出现了道德失范，出现了拜金主义、享乐主义、极端个人主义等问题，部分人见利忘义、唯利是图，贪污腐败等违法行为不断滋生。在家庭教育中，家长往往把德育交给学校，只关注子女学习成绩是否提高。在学校教育中，很多学校仍是应试教育，忽视了对学生的德行教育。部分校外辅导机构，更是抓住家长过度关心孩子学习成绩这方面的心理，给孩子造成过于沉重的学业负担，使家长更加忽视对学生道德品格的培养。

（三）价值观扭曲，信仰缺失

改革开放以来，随着互联网的快速发展，传统文化的信仰和价值观受到西方家庭观念、价值观念的猛烈冲击。明星、网红被越来越多人崇拜，部分人价值观出现扭曲，失去人生目标和方向，这在青少年中表现尤为突出，自身信仰缺失，疯狂崇拜明星以填补，对明星的关注甚至于超过对父母的关心，还有一部分青少年沉迷网络游戏，阻碍身心发展，家庭关系日益淡漠，家庭教育由于“代沟”而失效，优良家风建设深受阻碍。

三、社会主义核心价值观引领家风建设的重大意义

优良家教家风建设面临诸多困惑，社会主义核心价值观作为社会主义核心价值体系的高度凝练和集中表达，是人们应遵循的行为准则，因此促进家教家风建设与社会主义核心价值观的有机融合至关重要。

（一）正确引领价值导向，培育和谐优良家教家风

现代家教家风中，存在重智育、轻德育，重自身利益、轻集体利益，对孩子过分宠溺，缺乏对老人的关心等问题，在西方价值观念和市场经济负面因素的影响下，很多家庭的家风出现了狭隘、庸俗、功利化倾向，片面追求经济利益，忽视个人价值、社会价值的实现。为使家教家风与社会主义核心价值观相契合，使家教家风在本质上与社会主义核心价值观的涵义相适应，就需要以社会主义核心价值观来引领培育和谐优良家教家风，为当代家风注入新的时代内容，焕发家风新活力，为促进人的全面和谐发展，构建和谐文明家庭，提升全民道德水平，促进社会安定团结提供重要动力。

（二）培育优良家风，提高公民道德素质

有史可鉴，往往在优良家风的教育熏陶下，才能培养出有优秀品格的人。南宋诗人陆游尽其一生教导子女要多读书，努力奋斗，珍惜时间和青春，在为人处世上要正直和忠贞，使其子孙们在这一方面都做得十分优秀，备受后人称赞。新中国成立初期，周恩来高度重视家风建设，对晚辈严格要求，不能搞特殊化，“把你们像小土豆一样放到群众中去”，“周家子女上学的原则是‘考什

么分，上什么学’，没有特殊化，该下乡下乡，该工作工作。”[①] 习近平总书记对周总理有极高赞誉，“周恩来同志是严于律已、清正廉洁的杰出楷模。我们要向周恩来同志学习……拒腐蚀、永不沾，决不搞特权，决不以权谋私，做一个堂堂正正的共产党人”[②]。而不良家风对个人、家庭乃至社会往往都是极大的危害，浙江省原副省长许运鸿为儿子经商给予帮助，“前门当官、后门开店”，江西省政协原副主席许爱民则利用职务上的便利或影响，为女儿、女婿在公务员录用和职务晋升方面谋取利益，“一人做官，全家沾光”。以社会主义核心价值观引领培育家风，为家风建设提供良性动力，能极大推动整个社会公民道德素质水平的提高。

（三）拓展践行社会主义核心价值观新路径

家庭在社会与个人间起桥梁纽带作用，践行社会主义核心价值观也同样应发挥家风对个人潜移默化的作用。每个家庭成员的言行举止都会受到家风的熏陶，优良家风促进个人和谐发展，净化社会风气，不良家风阻碍个人健康发展，危害家庭乃至社会。将社会主义核心价值观引入家庭教育中，实质上是理论与实践相结合的体现。家风建设成为践行社会主义核心价值观的重要载体，社会主义核心价值观为优良家风培育提供理论指导。这使得培育和践行社会主义核心价值观在日常生活行为中得以实践和检验，为社会主义核心价值观的培育和践行拓展了路径。

（四）增强个体认同度，内化与外化相统一

2017 年 1 月，中共中央办公厅、国务院办公厅在《关于实施中华优秀传统文化传承发展工程的意见》中要求，“广泛开展文明家庭创建活动，挖掘和整理家训、家书文化，用优良的家风家教培育青少年”。每个家庭在教子养老、为人处世方面都遵循着一定的道德伦理观念，但很多家庭都缺乏对家规家训的规范化、文字化的挖掘和整理。因此，传承传统家风文化，创建文明家庭模范，在不断的实践发展中归纳总结出新时代的优良家风内涵，促进优良家风内容同社会主义核心价值观要求的融合，使其以形象化、生活化的形式呈现在大众面前，增强人们对新时代优良家风家教的认识，促进个体对社会主义核心价

① 周恩来侄女谈家风：不能搞任何特殊化［N］. 北京晨报，2014－3－11（08）.

② 习近平. 在纪念周恩来同志诞辰 120 周年座谈会上的讲话［N］. 人民日报，2018－3－1（02）.

值观的认知与认同，从而真正地推动社会主义核心价值观融入社会发展各个方面，内化为人们的精神追求，外化为人们的自觉行动。

四、以社会主义核心价值观引领家风建设策略分析

社会主义核心价值观是继承优秀传统文化，借鉴改革实践经验成果，逐步形成和发展起来的价值观念和价值追求，是新时期公民的道德要求和行为准则。只有用社会主义核心价值观引领家风建设，才能使个人道德修养的培育与社会发展要求的方向相统一，从而使得优良家风在历史进程中薪火相传。

（一）坚持核心价值引领，完善当代家风内涵

传统家风的内涵、价值理念有其历史局限性，既有精华，又有糟粕，因此，当代家风建设要以扬弃的辩证方法对待传统家风，传承优秀传统家风，又要立足于当代社会实际，结合时代特征进行融合创新、与时俱进，实现创造型转变。社会主义核心价值观是总结实践经验形成的当代主流价值观，具有科学性与实践性，因此，我们应坚持社会主义核心价值观对家风培育的引领，并在家风培育的实践过程中不断检验，不断完善。

（二）加大宣传力度，打造优良家风品牌，发挥榜样示范作用

传承优良家风，不仅需要每个家庭通过自觉学习提高道德修养，更需要主流舆论的正面宣传和价值引领。必须充分发挥理论工作的指导作用，结合新闻媒体、互联网、公益广告、精神文化产品等渠道全方位、立体式、互动性地传播优秀家风、主流价值观念，在传播中达到宣传教育的目的，对人起到潜移默化的熏陶作用。充分发挥优秀家风家训的引领示范作用，营造重家庭、重家教、重家风的优良风尚，增强人们对优良家风家教的认识，打造优良家风品牌，通过人们喜闻乐见的形式推动家风建设深入人心。

（三）挖掘优秀家教家风成果，建立文化保护和研究体系

漫长的历史积淀了丰富多样的家风家教经验和文献成果，其对于培育和践行社会主义核心价值观有着重大的借鉴意义。必须要深入挖掘历史进程中优秀家风家教成果，整合家风家教资源，系统梳理，尽量做到内容丰富、内涵深刻，为家长提供切实有效的指导，同时以浅显易懂的形式制作孩子的学习资料，例如制作相关音像制品、图片、智力玩具等，增强趣味性和感染力。注重

优秀家风的发掘与保护，提供文化研究平台，倡导学界对家风家教的理论探讨与学术研究，加大研究支持资金投入，培养家风家教研究人才，为弘扬社会主义核心价值观提供可靠的学术理论支撑。

（四）注重循序渐进，理论与实践教育相统一

好家风的形成不是一蹴而就的，好的家风必须依托好的家教，而最好的家教就是家长们的言传身教，言传身教旨在通过家长们自身言行对孩子产生潜移默化的教化作用。传承优秀家风必须要有好家长以身作则，并承担起家庭教育的职责，重视对子女的德行培养，借助家庭教育的影响力，把社会主义核心价值观教育融入日常生活的小事之中、细节之中，注重方式方法，拒绝传统说教，遵循传承家风规律，注重循序渐进，使理论教育与实践教育相统一，身教在先，并辅言教[①]，才会达到更好的传承效果。

① 郑超．我国思想政治教育中的价值理性和工具理性研究［D］．济南大学，2015.

当代大学生网络素养培育研究*

刘　鹏　张红扬①

（内江师范学院党委宣传部，四川内江，641100）

摘　要：当前，网络已成为当代大学生社会交往的重要媒介。当代大学生网络素养培育，包括培育他们高度的网络安全意识，较强的网络技术能力，严格的网络守法自律习惯，高尚的网络道德情操，引领他们共同参与网络建设，以达到提升大学生网络思想政治教育的目的。

关键词：大学生；网络素养；培育

一、网络素养

伴随互联网广泛而深入的发展，网络交往成为人们交往的重要形式，网络素养也日益进入学者们的研究视野。网络素养一词来源于媒介素养，而媒介素养在西方兴起源于20世纪30年代。20世纪90年代以后，以网络为代表的新媒介得以产生并广泛应用于社会生活，网络素养成为媒介素养研究的核心。

美国学者麦克库劳（McClure C. R. 1994）最早提出了"网络素养"（Network Literacy）这一概念。他将网络素养的内涵界定为两个方面，分别是知识和技能②。2013年，美国学者Howard Rheingold以"Net smart"一词定义网络素养，并在《网络素养——数字公民、集体智慧和联网的力量》一书中较为系统地阐述了网络素养的概念，他认为，素养是技能和社交能力的结

---

* 基金项目：2018年度四川大学生思想政治教育研究中心立项课题"'00后'大学生健康网络社会心态培育研究"（CSZ18074）研究成果。

① 作者简介：刘鹏，1979年出生，男，汉，四川资中人，内江师范学院党委宣传部网络信息安全监管科科长，讲师，硕士。研究方向：青年思想与青年问题。张红扬，1965年出生，男，内江师范学院党委宣传部部长，教授，学士。研究方向：思想政治教育。

② 武文颖. 大学生网络素养对网络沉迷的影响研究［D］. 大连理工大学，2017：10.

合。注意力、垃圾识别、参与、协作、网络智慧人是网络素养的五个组成部分。这一概念被众多研究者沿用，成为至今较为通用的网络素养定义。[①] 相比于国外网络素养研究，国内学者对网络素养的研究有所不同。国内网络素养研究发端于1997年1月，中国社会科学院新闻研究所副研究员卜卫发表在《现代传播》上的《论媒介教育的内容、意义和方法》，如今已经被引481次。这篇文章提到，随着计算机及互联网的普及，西方学者已将媒介素养的内容扩展到计算机素养（Computer Literacy）、信息素养（Information Literacy）和网络素养（Net Literacy）三个维度。[②] 王国珍（2017）认为，“网络素养”是指网络使用者对网络信息的分辨能力，对网络诱惑的抵抗能力，远离网络危害的自我保护能力，以及理性使用网络的自我控制能力等。[③]

叶定剑（2017）认为大学生的网络素养是指大学生正确地、积极地利用网络资源的能力，主要包括高度的网络安全意识、较强的网络技术水平、严格的网络守法自律习惯、高尚的网络道德情操以及引领大家共同参与网络建设的能力等。[④] 叶定剑将大学生网络素养的核心构成概括为五大方面：高度的网络安全意识是核心；较强的网络技术水平是基础；严格的守法自律习惯是关键；高尚的网络道德情操是根本；引领大家共同参与网络建设的能力是保障。[⑤]

尽管学者们对大学生网络素养的内容理解不一，但网络素养这一理念已受到学者们的强烈关注。在当前网络影响日益加剧的情况下，加强大学生网络素养教育是时代所需，全社会应形成共识。

二、大学生网络素养培育的原因探究

我们正身处由网络所编制的社会空间，网络为每一个人的生存和发展提供了一个不同于现实的虚拟世界。人们对网络空间的安全需求不亚于现实世界的安全依赖，网络已成为人们生活和工作中个人安全不可或缺的一部分。然而，近年来，网络空间安全形势愈加严峻，给国家主权、安全和发展带来巨大挑战，也给个人生活和学习带来不小的影响。大学生是社会中知识群体的代表，是未来社会发展的主要力量，增强大学生网络素养培育，提高大学生防范和抵

① 喻国明，赵睿．网络素养：概念演进、基本内涵及养成的操作性逻辑［J］．新闻战线，2017（02）．

② 武文颖．大学生网络素养对网络沉迷的影响研究［D］．大连理工大学，2017（03）：10．

③ 王国珍．新加坡政府推进网络素养教育的措施及其特色［J］．新闻界，2017（3）．

④ 叶定剑．当代大学生网络素养核心构成及教育路径探究［J］．思想教育研究，2017（01）．

⑤ 叶定剑．当代大学生网络素养核心构成及教育路径探究［J］．思想教育研究，2017（01）．

御网络安全威胁的意识和能力，是大学生社会化的重要内容，也是高校提升网络思想政治教育实效的重要途径。

（一）网络素养培育的现实因素：复杂多样的网络安全隐患

1. 网络病毒

网络病毒是黑客利用计算机的软、硬件的缺陷编制的具有特殊功能的程序，从类型上来分主要有木马病毒和蠕虫病毒。蠕虫病毒则是利用计算机的操作系统和应用程序的漏洞进行主动攻击，一个蠕虫病毒具有很多种蠕虫，每种蠕虫都能够扫描计算机存在的漏洞，它在网络中扫描到存在漏洞的计算机后，马上就会传播过去进行感染。①

近年来，伴随互联网在我国的高速发展，公共网络中的计算机病毒感染率较高，网络病毒成为影响我国网络安全的重大隐患之一。2017 年爆发了一种特殊形式的计算机病毒，即勒索病毒。2017 年 5 月，山东大学、北京师范大学计算机终端就受到了不同程度的计算机病毒入侵，大量的学生毕业论文被加密而无法打开，这给学校的教育教学带来极大的影响，也给校园的秩序维护造成极大的困难。② 大学生是网民中的重要群体，也是受网络病毒影响最大的群体之一，网络病毒对大学生网络安全的影响不可小觑。

2. 电信犯罪

电信犯罪是当前网络犯罪的一种常见表现形式。据有关报道，2016 年全国共打掉电信诈骗团伙 7682 个，破案 8.3 万起，电信网络诈骗案件损失同比下降 10.9%。电信网络诈骗发案大幅上升的势头得到遏制。③ 犯罪嫌疑人通过向受害者发送带有网络链接的短信，以交学费、航班取消等为诱饵，引诱受害人上当受骗。根据相关新闻报道，2016 年 9 月，云南籍一大学生因偏信一带有网络链接的短信，被骗学费 5000 元，失联多日后被确认死亡。电信诈骗手段多样，很具有欺骗性，如热门节目中奖、银行卡密码泄露、亲友车祸等，大学生如稍不注意，很容易受骗。

3. 校园网贷诈骗

校园网贷诈骗则是当前针对高校大学生实施网络诈骗的又一表现形式。在“互联网+”这一背景下，传统金融业与网络结合成为时代的必然。与传统银

---

① 洪雪琼．网络病毒的防御 [J]．电子技术与软件工程，2018 (04)．

② 姜鹏．通过勒索病毒探讨校园网络安全 [J]．信息与电脑，2017 (19)．

③ 通信南方日报．2016 年全国共打掉电信诈骗团伙 7682 个，破案 8.3 万起 [DB/OL]．http://tech.qq.com/a/20170204/005613.htm．

行贷款机制相比较，P2P 网络借贷的优势明显，比如贷款数额低、周期短、放贷及时等，有效地弥补了传统银行贷款机制烦琐、复杂、低效等缺点。但由于网络本身的虚拟性特征，加之缺乏主管部门的监管和严格审批，一些非法个体和不法互联网借贷平台纷纷瞄准大学生群体，实施校园网贷诈骗，赚取高额利润，使宁静的象牙塔成为网络借贷平台争夺的主要阵地。网络借贷校园代理为获取更多更高的报酬，拼命“刷单跑量”，他们充分利用自己的学生身份，获取同学信任，无疑助长了网络借贷平台在校园的发展，成为不法网络借贷平台实施金融诈骗的帮凶。

4. 网络暴力

网络暴力是指一定规模的网民群体借由网络媒介技术通过人机界面实现感官化功能，对特定对象发起大规模的、非理性的攻击，对当事人身心、名誉、财产等方面造成的实质性损害，影响社会价值观并干扰社会管理。[①] 网民和现实个体一样，具有从众心理，在网络中极易受到其他群体的影响，在判断、认知等方面往往表现出和公众群体一样的看法。在非理性思维影响下，网民容易将网络中过激的言行发展为一种强势的“民意”，形成影响网络秩序和干扰社会稳定的网络暴力，同时给他人带来巨大心理压力。网络暴力主要包括以下几方面的形式：一是言语暴力，表现为在网络中对他人进行言语攻击，捏造事实，侮辱、谩骂、嘲笑当事人及其亲友、朋友，致使他人在精神遭受侵害，在心理上感受到强大的心理压力。二是人肉搜索，一些网民通过搜索引擎，收集舆论关注的特定人，并将当事人的相关视频、照片公布在网络之中，提高了网络舆论监督的效果，但对当事人的身心带来不可弥补的伤害。

5. 信息侵权

信息侵权是网络失范的又一表现形式。在“人人都是自媒体”时代，越来越多的网民已开设属于自己的微信公众号、微博、博客等网络自媒体，但在实际运营过程中，很少自媒体坚持原创素材，更多的是复制照搬其他官方媒体或者自媒体信息，对原创者的知识产权缺乏应有的尊重，造成对原创者著作权的侵权。一些不法企业和个人非法炮制虚假高校网站、虚假报纸杂志，给高校师生和即将考入大学的准大学生带来极大的物质和精神上的伤害。据光明网 2017 年 6 月报道，从 2013 年到 2016 年，旨在帮助高中生选大学和专业的教育网站上大学网累计公布 5 批共 400 多所虚假大学，一些“李鬼”大学被曝光

① 李华君等. 网络暴力的发展研究：内涵类型、现状特征与治理对策［J］，情报杂志，2017(09).

多次，仍换个域名继续存在，出现“年年打年年有”的尴尬情形。曝光本是想让诈骗者无处遁形，但“虚假大学”难以根除，令人愤懑。①

6. 个人信息盗窃

在当前大数据空前繁荣的同时，网上个人信息盗窃行为也日益猖獗，大学生个人网络信息安全面临前所未有的威胁。《中华人民共和国网络安全法》对个人信息进行了界定，个人信息是指以电子或者其他方式记录的，能够单独或者与其他信息结合识别自然人个人身份的各种信息。网络中常见的个人信息包括个人身份信息，如姓名、手机号、住址、工作场所等；社会交往信息，如在网络中呈现的个人同事、家庭成员的图片信息等；交易财务信息，如个人网络购物清单、交易清单等。

当前，网络购物已成为大学生生活中不可缺少的一部分，但网络购物中个人信息安全问题也日益受到社会关注。一些不法分子利用大学生在网络购物中留下的姓名、手机号等身份信息对大学生实施诈骗。网络中恶意软件的盛行，软件安装要求公布用户者相关个人信息，也成为造成个人信息盗窃的一个重要方面。当前，一些个人利用自己手中的信息资源非法贩卖公民个人信息，牟取暴利。一旦用户信息被盗，其个人损失将无法估量。

（二）网络素养培育的学校因素：高校网络素养教育的缺失

1. 缺乏相应的制度保障，学校重视不够

当前，高校对网络舆情都极为重视，不少高校成立网络安全领导小组，并指定专人负责网络舆情监控和舆情问题处置，但对大学生的网络素养教育还是不够，主要体现在：教育内容大都停留在网络安全教育方面，网络素养教育的内容不全面；教育的组织领导力度不够，一些高校网络素养教育主要由学生处牵头，但部门合作不够，难以形成网络素养教育的合力；高校网络素养教育流于形式，一般仅在新生入学教育期间开展几场网络安全讲座，难以产生较强的教育实效性。

2. 网络素养教育课程普及不够，难以达到全员教育

课堂教学仍然是大学生网络素养教育的主要方式。大学生网络素养教育要得到有效实施，必须要有切实可行的教育计划，要有相应的教学保障措施保证教学工作科学有效地开展。但在高校网络教育的实践过程中，网络素养教育主要针对部分专业学生，如新闻传播专业、计算机专业等，其他专业学生很难受

① 胡欣红．光明日报：虚假大学为何难以根除［N］．光明日报，2017-6-16（02）．

到全面而规范的网络素养教育。网络素养教育不能像思想政治理论课那样具有相应的政策保障，在实施过程中难以实现全面全员的网络素养教育。

3. 网络素养教育师资队伍不足，教师教育力量欠佳

网络素养教育离不开大量具有综合网络素养知识的专职教师队伍，而反观当前高校网络素养教育师资现状，具有综合网络素养知识的教师相当缺乏。大多数网络素养教育仅限于思想政治教育课教师在教学过程中少量引入，无法满足当前网络发展对网络素养教育的高要求，很难取得教育实效。高校也具有一些熟悉计算机和网络的专业教师，但他们力量有限，并仅限于计算机及网络专业知识的授课，在网络道德教育、网络法治教育、网络安全教育方面仍具有一定的知识结构性缺陷。高校网络素养教师师资力量的紧缺是当下高校网络素养教育缺失的重要表现。

（三）网络素养培育的个人因素：大学生自我网络素养意识缺乏

1. 网络风险防范意识缺乏

近年来，P2P 网络借贷瞄准了具有较强消费潜力但又缺乏网络金融风险意识的在校大学生，催生了一些不良贷款现象，如校园“裸贷”。“裸贷”是指借款人将自己手持身份证的裸体照片或视频作为担保，通过网络借贷平台借款，若到期后不能按时、按量还款，出借人就会以公开其裸体照或视频要挟逼迫其还款。[①] 一些大学生因贷款期限到期后不能及时顺利归还，而遭受到放贷者的威胁、恐吓等。

2. 网络认知片面

张继艳（2014）对 1488 名大学生的网络行为进行了调查，研究发现，当大学生网民被问及网络的正面形象和积极影响等相关题项时，大学生的同意率普遍偏高。当问及网络的负面形象和消极影响等相关题项时，大学生的同意率相对较低。[②] 这说明当代大学生对网络的认识还不够客观，不够全面，过分夸大了网络的积极作用和正面影响，对网络的负面影响认知不足。特别是近年来，伴随微信、微博等新媒体的使用，网络中暴力、赌博等失范现象表现得越来越突出，网络对青年大学生的消极影响也越来越明显。很多青年大学生片刻不能离开网络，宅男、宅女现象凸显，网络成瘾在青年大学生中还普遍存在，当代大学生应辩证看待网络，理性上网、文明上网。

---

① 张光明. 法律视角下校园“裸贷”行为［J］. 法制博览，2017（10）：78.

② 张继艳. 大学生网络认知与感受调查［J］，人民论坛，2014（19）.

3. 网络自我控制能力差

自我控制能力是指个体根据自我行为目标，依靠内部心理调节机制管理和调节自我外在行为以及内在心理状态的能力。网络自我控制能力表现为个体能根据现实时间、地点、情景等因素，积极调整自我的上网行为，使自我和他人，自我和情景能协调统一，是个体健康社会心态的积极表现。当代大学生网络自我控制能力差表现在：上课精力不集中，无意识地使用手机上网，课堂学习的大量时间在网络中度过；在日常人际交往中，与手机网络为伴，习惯性地封闭自我，不愿意也不善于与他人进行面对面沟通交流；闲暇时间，一些大学生沉浸在互联网中，网络电影、网络购物、网络音乐、网络游戏是大学生的最爱，宅男、宅女是对他们的真实写照。走进大学生宿舍，总能看见沉醉于网络游戏的男学生和执迷于网络电视剧的女学生，大学似乎已成为网络成瘾的重灾区。网络成瘾已严重影响了大学生的学习，甚至大学生的身心健康。

三、大学生网络素养培育路径思考

大学生网络素养培育需要各方教育力量的综合联动，需要学校、政府、社会、家庭等的共同努力，方可形成教育合力，共同促使大学生养成良好的网络素养，增强大学生作为社会未来接班人的责任感、使命感，从而努力学习，锻炼本领。

（一）学校引导

1. 发挥课堂教育

课堂教育是高校加强大学生网络素养教育的主要形式。高校思想政治理论课是进行大学生德育教育的主阵地，也是大学生网络素养培育的主渠道。高校可将网络素养教育纳入学校思想政治教育理论课程学习，比如在《思想道德修养与法律基础》课程中，加入网络道德、网络法治、网络礼仪、网络安全等理念和知识的教育，提高大学生的网络素养认知水平。在《思想道德修养与法律基础》第四章“加强道德修养，锤炼道德品质”中“恪守公民基本道德规范”知识点的教学过程中，可让学生结合当前网络飞速发展过程中所引发的一些网络行为失范现象进行深入思考，引导大学生正确对待网络行为失范现象，并规范自我网络行为，做遵守法律、维护道德规范的法治网民和文明网民。在“追求远大理想、坚定崇高信念”一章节中，可以引导大学生理性认识在网络中西方社会所宣传的拜金主义、享乐主义、新自由主义思潮、民主社会主义思潮和历史虚无主义思潮等不良社会思潮，坚持用社会主义核心价值观来武装自我头脑，形成科学的网络世界观、人生观和价值观。

2. 注重师资优化

师资优化是高校加强大学生网络素养课程教育的有力保障。当前我国高校教师网络素养的现实水平还与高速发展的网络不相适应，高校教师的网络安全意识、网络操作能力、网络法律知识等还不能满足大学生网络素养培育的现实要求，优化网络素养教育师资势在必行。一是加强现有思想政治教育教师的培训。培训内容不能局限于传统的思想政治理论知识，应增加网络法律、网络道德、网络礼仪等网络思想政治教育的相关内容。二是引进具有相关专业能力的教师作为思想政治教育教师的有力补充。高校可适当引进具有网络专业、新闻专业等网络和媒体学科背景的教师充实思想政治教师队伍，或者利用校内相关专业教师资源培养网络思想政治教育的兼职教师。三是扩大网络素养课程的覆盖面。不仅在思想政治理论课中融入网络素养教育，在相关人文社科课程、计算机公共课程、学校选修课程中都适当融入网络素养的相关知识，实现网络素养课程的全面覆盖，增强网络素养教育的实效性。

3. 融入第二课堂

第二课堂教育是高校开展网络素养教育的又一途径。第二课堂也称第二渠道，是课堂教学的重要补充。大学生网络素养教育不能仅仅局限于课堂教学，应善于科学有效地融入第二课堂。班团活动、社团活动是第二课堂教育的主要形式，高校网络素养教育应积极融入班团、社团活动，以网络知识竞赛、网络故事征集、网络小品展示、网络技能培训、网络防骗讨论等形式开展第二课堂活动，增强大学生对网络的客观认识，提高网络素养。

4. 占领网络阵地

开展网络素养教育，高校也可充分利用新媒体这一现代化网络阵地。近年来，微信、微博、QQ等已成为当代大学生网络生活的重要表现形式，是大学生社会交往的主要网络载体。第41次中国互联网络发展状况统计报告显示：我国网民以10～39岁群体为主，截至2017年12月，10～39岁群体占整体网民的73%，其中10～19岁占比为19.6%，20～29岁年龄段占比为30%。微信朋友圈是以即时通信工具为基础衍生出来的社交服务，截至2017年12月，使用率达到87.3%，高于QQ空间（64.4%）、微博（40.9%）、知乎

(14.6%)、豆瓣(12.8%)及天涯社区(8.8%)的使用率。[①] 高校要积极占领新兴网络阵地，开通并科学运营官方微信、官方微博、官方QQ公号等新媒体阵地，运用新媒体阵地开展网络道德、网络法治、网络文明教育，形成网络素养教育的网络文化氛围。同时，也可将社会工作、心理咨询与网络新媒体相结合，针对网络成瘾、网恋等现象开展网络心理测试、网络心理咨询和网络心理干预。

(二) 政府规范

1. 完善网络法规

网络社会的兴起，给互联网管理带来极大挑战。如何规范互联网网民的网络行为成为当前政府必须思考和重点解决的问题。全国人民代表大会常务委员会于2016年11月7日发布了《中华人民共和国网络安全法》，并于自2017年6月1日起施行。《网络安全法》的出台，顺应了当前网络空间法治化的发展趋势，有助于促进网络空间的社会治理，是应对网络安全隐患的有力举措。《网络安全法》是我国网络领域的基础性法律，但网络生活丰富多彩并复杂多元，因此还需要相关的配套性法律法规作为补充，需要不断完善规范网络行为的各项法律法规。

2. 打击网络犯罪

伴随着新型网络犯罪的发生，大量黑色产业链和专业化犯罪团伙随之形成，有关专家认为，在遏制网络犯罪的刑事策略方面要由过去偏重打击的策略转变为防范与打击并重的策略，既要惩戒违法犯罪分子，又要整治网络服务环境，从而彻底铲除滋生网络犯罪的源头，切断助推网络犯罪的利益链条。比如在手段建设上，政府要在智能拦截上面下功夫，对诈骗电话、网站等进行智能拦截，截断犯罪分子犯罪的源头，维护网民的合法权益。

当前，网络犯罪已成为世界各国面临的共同威胁，需要世界各国合作应对，依法加以打击，还网民一个风清气朗的安全网络空间。2017年12月4日在第四届互联网大会期间在浙江省乌镇举行了“打击网络犯罪和网络恐怖主义国际合作”论坛，围绕打击网络犯罪和网络恐怖主义的国际应对进行研讨。来自联合国、亚洲—非洲法律协商组织、上海合作组织等国际组织以及中国、俄罗斯、南非、印尼、马来西亚、土耳其、伊朗、以色列等国的代表出席了论

---

① 中国互联网络信息中心. 第41次中国互联网络发展状况统计报告[R/OL]. http://www.cnnic.net.cn/hlwfzyj/hlwxzbg/. 2018-03-05.

坛。与会代表认为，网络犯罪已成为人类面临的严峻威胁和挑战，需要国际社会加强合作应对，包括制定全球性打击网络犯罪法律文书。打击网络犯罪，是全世界各国政府面临的共同挑战。[①]

3. 网络安全宣传

2014 年 11 月 5 日，中央网络安全和信息化领导小组办公室（中央网信办）在北京召开了“首届国家网络安全宣传周新闻通气会”，来自全国各地 30 多家媒体参加会议。会议宣布，为帮助公众更好地了解、感知身边的网络安全风险，增强网络安全意识，提高网络安全防护技能，保障用户合法权益，共同维护国家网络安全，中央网络安全和信息化领导小组办公室（中央网信办）会同中央机构编制委员会办公室（中央编办）、教育部、科技部、工业和信息化部、公安部、中国人民银行、新闻出版广电总局等部门，于 2014 年 11 月 24 日至 30 日举办首届国家网络安全宣传周。截至目前，网络安全周已举办五次，增强了社会公众对网络安全的科学认知，提高了网络安全防护技能。近年来，网络安全周走进高校，通过开展网络安全知识竞赛、网络宣传作品展演、讲述网络安全故事、金融网络安全知识讲座等富有针对性的网络安全宣传措施，对增强高校师生的网络安全认识具有积极的指导作用。

（三）社会帮扶

1. 公益组织是网络素养教育中的重要力量

大学生网络素养教育需要社会各个层面的力量参与其中，公益组织就是大学生网络素养教育的重要力量之一。公益组织是一种非政府的、非营利性的社会组织，他们关注社会公共利益，特别注意关注弱势群体，在现实中表现为青年志愿者、慈善机构、社会救济组织等等。在西方发达国家，民间公益组织已经成为社会公共管理中不可或缺的主体，在公共领域发挥着重要作用，以填补政府管理的空缺或失灵。[②] 在新加坡，公益组织是网络素养教育的先行者，培训了大批在教育界或商界从事网络素养教育的师资和工作人员。[③]

2. 社区志愿者在大学生网络素养教育中的体现

社区志愿者是公益组织的重要组成部分，可以成为大学生网络素养教育主体的重要构成。高校可以和社区合作，聘请具有丰富网络素养知识的志愿者作

① 韩秉宸.“打击网络犯罪和网络恐怖主义国际合作”论坛举行［N］. 人民日报，2017－12－06（03）.

② 唐娟. 西方国家的民间公益组织：特质及经验分析［J］，新视野，2003（3）.

③ 王国珍新. 加坡公益组织在网络素养教育中的作用［J］. 新闻大学，2013（1）.

为学校网络素养教育顾问，协助高校帮助大学生科学合理认知网络，理性使用网络。

社区中的社会工作志愿者和心理咨询志愿者可以利用专业的理论知识和科学的治疗方法，以个体咨询、团体工作等方式，协助网络成瘾大学生摆脱网络困扰，回归健康正常的生活状态。高校也可聘请社区中具有法律知识和网络知识的志愿者进入学校开展网络素养培训讲座，让他们用丰富的法律案例，专业的法律知识向青年大学生传授网络防骗、网络金融风险规避等网络安全防范技能，提升大学生网络素养水平，增强大学生网络安全感。

（四）家庭参与

1. 家校联动，有针对性开展教育

结合家庭教育，了解大学生网络素养教育历史，可为高校开展针对性的网络素养教育提供现实素材和可靠方法。个人成长历史是现实教育的重要基础，加强大学生网络素养教育，要以充分了解大学生个人成长历史，特别是大学生网络使用历史为基础。家庭是社会组织中的基本单位，是大学生情感归宿的心灵港湾，是大学生成长的重要见证。当代大学生是与互联网同步成长的一代，其成长过程也是互联网在我国起步、发展和繁荣的过程，互联网对青年大学生成长的影响深远。大学生网络素养教育，要从了解大学生网络接触历史开始，高校要积极主动和学生家长取得联系，特别要与网络成瘾严重学生的家长保持及时沟通，充分了解大学生在过去网络接触过程中出现的重要问题以及常规应对措施，为高校开展网络素养教育提供基础的材料，从而有助于高校开展有针对性的网络素养教育。

2. 合理引导，积极参与学校管理

任何一项教育都需要学校、社会和家长的有机配合，方可取得良好的教育效果。不同于中小学生，大学生在学习期间一般都入住学校，很少和父母住在一起。尽管存在空间上的生活距离，但大学生和家长特有的情感关系仍未改变。父母对大学生的影响仍不可小觑。父母可以依托互联网开展网络素养教育，积极引导大学生文明上网、文明用网。家长是高校与大学生联系的重要纽带，也是社会各行业中具有专业知识的技术精英、管理精英。高校可动员一批熟知网络素养知识，具有较强教育技能的家长群体参与学校网络素养教育，增强网络素养教育的家校联动作用。

3. 加强关怀，理性应对家庭突发事件

大学生一般都很少和父母生活在一起，父母对大学生在学校的具体情况了解甚少。父母应适时给予子女生活上的关心和情感上的关怀，及时了解子女在经济上、社会交往上可能出现的问题。比如，一些大学生过度攀比，注重物质享受，在日常生活费用难以满足的情况下可能铤而走险寻求网络借贷，从而造成难以估量的伤害和损失。因此，大学生家长应充分了解子女情况，给予相应的教育、指导和帮助。父母离异、家人病故等突发事件也会给青年大学生带来心灵上的极大伤害，一些大学生在面对家庭突发事件时采取逃避的应对方式，沉迷于虚拟的网络世界，耽误了学习，也给自己的身心健康带来伤害。对于家庭突发事件，高校思想政治教育教师在了解的基础上，要及时给予心理上的疏导，加强网络心理干预。

（五）自我教育

1. 主动学习网络素养知识

大学生网络素养教育需要充分发挥学校、政府、社会、家庭等外在因素的影响，更需要积极调动大学生自我的主观能动性作用。青年大学生一方面要积极学习学校网络素养教育的相关知识，同时也应结合自身实际情况，努力提升自我在网络素养知识结构中的短板，特别注意提升对网络信息的认知、判断与沟通能力，网络信息搜索能力，网络资源应用能力，计算机使用的机械能力等相关网络素养，丰富自我网络素养知识结构。同时，青年大学生要将自我网络素养相关知识内化为自我的习惯性思维，并外化为日常网络行为。

2. 积极参与网络文化活动

高校网络文化建设事关高等教育适应网络信息化时代的健康发展，事关适应新形势下人才培养的环境需求，事关国家网络强国战略中高校力量的发挥。[①] 从构成结构来看，高校网络文化包括表层的物质文化、行为文化，中层的制度文化和深层次的精神文化。网络文化活动是高校网络文化中的表层次文化，是大学生最能直观感受和最容易直接参与的网络文化。青年大学生积极参与网络文化活动，可增强自我对网络、网络行为的深刻认知，提高网络素养。除被动参与网络文化活动之外，青年大学生还可以通过组建网络文化社团组织，定期开展网络知识讲座、网络技能培训、网络风险防范学术沙龙等，有意识地展开网络素养培训，在教育他人的同时也提升了自我的网络素养。

① 杨忠明．加强高校网络文化建设的几点思考［J］．学校党建与思想教育，2016（07）．

大学生“佛系青年”的认同建构矛盾探析*

景星维　刘亦函[①]
（西南交通大学马克思主义学院，四川成都，610031；
电子科技大学马克思主义学院，四川成都，610054）

摘　要：认同指人在社会互动的过程中产生的，具有一定情感和价值意义的归属性认识与评价。认同有其自身的系统结构，其内部的主要矛盾是其运动发展的根本动力，它存在于认同系统的内部多重要素相互作用形成的复杂矛盾群之中，贯穿了整个活动展开的过程。大学生“佛系青年”这一现象是大学生在社会实践活动中产生的认同危机的表现。大学生存在特有的认同建构矛盾。在这个认同矛盾群中，主要矛盾是信息消费需要与信息生产供给之间的矛盾，次要矛盾分别是主我与客我的矛盾，社会聚合与分化的矛盾，价值预设与价值呈现的矛盾。

关键词：“佛系青年”；认同；矛盾

“认同”是在哲学、社会学、心理学等领域被广泛应用的概念，指人在社会互动的过程中产生的，具有一定情感和价值意义的归属性认识与评价。[②] 认同有其自身的系统结构，其内部的主要矛盾是其运动发展的根本动力，它存在于认同系统的内部多重要素相互作用形成的复杂矛盾群之中，贯穿了整个活动展开的过程。当前有部分大学生，他们对自己的学习生活没有明确的标准或者

---

* 基金项目：中央高校基本科研业务费马克思主义理论研究项目“网络思想政治教育共同体研究”（2682018WMKS04）阶段成果；四川大学生思想政治教育研究中心项目“大学生‘佛系青年’的自我认同危机及消解策略研究”（CSZ18014）阶段成果。

① 作者简介：景星维，法学博士，西南交通大学马克思主义学院讲师。研究方向：网络思想政治教育，网络社会心理。刘亦函，电子科技大学马克思主义学院硕士研究生。研究方向：网络思想政治教育。

② 乔治·米德. 心灵、自我和社会［M］. 霍桂恒译. 南京：译林出版社，2011：203.

目标含糊，采取一种得过且过的态度参与社会实践活动，并已成为一个较为普遍的现象，产生了一个被称为“佛系青年”的群体。有的学者认为“佛系青年”问题的本质是一种价值虚无主义；有的学者认为它是经济社会全面转型期负面社会心态反应；也有学者指出，这种现象本质上是习得性无助导致的自我反讽。本文认为大学生“佛系青年”这一现象是大学生在社会实践活动中产生的认同危机的表现。大学生存在特有的认同建构矛盾。当这一矛盾不能有效解决时，就会形成自我认同危机的状态，表现出的就是“佛系”状态。在这个认同矛盾群中，主要矛盾是信息消费需要与信息生产供给之间的矛盾，次要矛盾分别是主我与客我的矛盾，社会聚合与分化的矛盾，价值预设与价值呈现的矛盾。

一、自我认同的理论渊源

自我认同的学术研究资源，主要集中在哲学、心理学、社会学领域。其中，哲学领域主要从形而上的思辨角度对认同问题进行探究；心理学领域对认同问题的研究，涉及了生物心理、认知心理、社会心理等诸多子领域；社会学领域的学者，前期主要从人的社会心理和社会行为来进行研究，后期主要从人的群体归属感和价值意义的层面来讨论认同。

（一）哲学中的“自我同一性”问题

学界普遍认为，最先开启对于认同问题思考的学科是哲学。认同的英文“identity”，与哲学词汇“同一性”同属一词；在西方哲学研究中，往往将“identity”用于指代哲学层面的“人格同一性”概念。从哲学的视角来看，认同研究实际上就是分析构建在事物差异性基础上的同一性；将范围缩小到人身上，研究认同就是研究人与周围世界的同一性问题。

笛卡尔是哲学史上第一个正式探讨人格同一性问题的哲学家，他从自我的实体性来说明人与自我的同一性问题。他的“我思故我在”，表达的就是人的自我认同来源于自身的思想和心灵。洛克认为，生物体是经过一系列基本物质的变化，通过生命的同一而有效地组织到一起成为一个单元的、特别的生命个体，从而呈现出同一性。人的所有思想、回忆和行为，都是同一性的意识。康德在他的《纯粹理性批判》中通过范畴的先验演绎，确立了“统觉的本源的综合统一性”这一原理，并对人格同一性问题进行理论论证。他证明了无论何种认同，人的认同永远是根据自身的感受进行的，认同的主体永远是人自身。

（二）心理学中的心理趋势问题

西方心理学领域的认同研究的核心在于将人的心理趋势与人自身和周围的社会环境结合起来，并着重研究了心理变化的过程。

弗洛伊德在心理学领域中首次提到认同概念，他对于认同的研究是基于心理学展开的，认同是人与外部环境中的个体和群体，在感情上、心理上趋同的过程。作为弗洛伊德的学生，埃里克森将认同与自我联系在一起，同时也强调了社会的作用。他在其著作《青年人路德：心理和历史的研究》中揭示了认同的过程是：产生认同危机，营造心理环境，形成自我认同，转化为社会认同。

（三）社会学中的“镜中我”问题

人的本质是社会性的，主体认同的生成和演化，并非在孤立状态下进行的过程，而是在复杂多重的互动活动中逐步建构的。社会学领域对认同问题的研究突出的是社会互动对认同建构的基础性作用。

美国早期社会学家查尔斯·库利将人放置在社会互动中进行考察，从而提出了人自我认同的“镜中我”观点。他认为：人的自我认同源于和他人的交往互动。人类对自我的认识和评价，取决于社会交往中的他人对自己看法。因此人的自我认同建构过程，就是想象别人对自己的评价，并逐步形成自我的观念的过程。乔治·米德在《心灵、自我与社会》一书中，对认同的界定基于主我和客我两个概念。主我是人自有的我，是人进行积极行动的人格；客我是社会的我，是人在社会互动中，基于外部环境的规范所建立起来的人格。米德的认同研究凸显了认同建构过程中人的主体性，他认为人在自我身份的建构过程中，不仅受到了如库利所说的周围社会的影响，同时自身也有选择的权利，因此认同建构并非完全被动的社会影响过程。

二、大学生“佛系青年”认同建构的主要矛盾

（一）主要矛盾：认同信息消费需要与认同信息生产供给之间的矛盾

大学生“佛系青年”认同建构的主要矛盾是认同信息的生产与认同信息的消费之间的矛盾。这些大学生首先产生认同的需要，进而追求能够满足其认同需要的认同信息，在满足其认同需要的同时，也完成了对认同信息的消费，产

生了新的认同需要。在这个过程中，认同信息的生产和消费构成了一个矛盾的两个方面，他们存在着与其他类型的生产和消费一样的对立统一、相互依存、彼此创造的关系，也是认同主体和认同客体之间对立统一的关系。当矛盾无法解决时就会产生自我认同危机，进而导致“佛系青年”的产生。

认同信息的生产，是指作为认同主体的大学生将认同客体的存在方式和运动状态进行记录、交换的过程。与经济学范畴的信息生产有所区别，认同信息的生产有其自身的生产目的、生产者、生产环境和产品。首先，认同信息的生产目的是为了满足认同主体对认同客体信息的需求。从马克思的生产—消费理论来看，任何生产都是有目的的，这些目的归根结底都是为了创造产品以满足人的需求。对认同信息的生产来说，其生产目的是为了满足认同主体对认同客体信息的需求。大学生产生了对认同客体信息消费的需要，希望获取有关认同客体性质、特征、变化规律的信息，这种需求推动了他们记录和交换认同客体的信息。其次，当代大学生作为伴随互联网成长起来的一代，网络实践是他们的一种生活方式。因此在网络社会中，认同信息生产者就是认同主体自身。任何参与网络实践的个体都可以成为认同信息的生产者。在谢因波曼提出的“自媒体”概念中，普通大众在经由数字科技强化、与全球知识体系相连之后，都能够提供和分享他们本身的事实和新闻，并通过网络进行传播。[①] 在网络自媒体化趋势愈来愈强的今天，每个进行过网络实践活动，并留下活动记录的大学生都是认同客体信息的自组织的生产者。最后，认同信息生产的产品是认同客体的信息。相较于传统信息生产的产品以感官和纸张为载体，认同客体信息的产品存在形式是多样的。任何进行过网络实践活动的大学生，在网上留下的活动痕迹都表现着事物的存在方式和运动状态，这些活动痕迹也就成了潜在的产品。

认同的信息消费是指，认同主体将认同信息通过思维理解和加工后，转化为自我认同心理的过程。与其他类型的信息消费活动一样，认同的信息消费也是由信息消费者、信息消费环境和信息消费品这三个实体要素所构成的，但与经济学概念下的信息消费又有所区别。首先，认同信息消费的主体与认同的主体是一致的。认同主体希望得到自我身份定位，寻求群体归属感，与认同客体建立共识，就需要认识与分析认同客体的状态，那么就产生了对认同客体信息的需要。这也就成了认同信息消费心理的基本出发点。主体要消费信息，就需要和外界沟通交流，表达自己的信息诉求，收集、整理、加工认同客体的信

① 代玉梅．自媒体的传播学解读［J］．新闻与传播，2011（5）．

息，从中提取出有效的部分，对自身和认同客体之间建立共识产生影响，就构成了认同信息消费的行为。其次，认同信息消费的环境是指影响认同信息消费的自然、社会因素的总和。从本质上看，认同信息消费的环境就是认同生成转化的环境，是人类的生存活动场域，包括现实生活和网络生活场域。最后，认同信息消费品是认同信息消费的客体，只有参与到了认同信息消费行为中，并对消费主体的共识心理产生了影响的信息，才能够被视为认同信息的消费品。

（二）主要矛盾的运行

认同信息的生产和消费作为构成主要矛盾的两个方面，是认同的生成和转化的内在核心动力。认同信息生产和消费处于彼此相互依存、相互作用、相互转化的动态过程中，大学生自我认同受到这种内在力的牵引，呈现出不同的生成状态和运动趋势。

第一，当认同信息生产能够满足大学生的认同消费需要时，自我认同能够顺利生成和转化。认同是一种对象性活动。大学生作为认同的主体，无论是与自身所扮演的各种角色，还是与外部环境中的各种事物发生联系，再到建立共识，都需要首先获得认同客体的信息，通过信息认识、了解认同对象所蕴含的价值意义，这也是认同生成和转化的起点。与其他类型的信息消费有所不同，大学生对认同客体信息的消费，既包含了对其信息的充分掌握，又包括了根据掌握的信息转化为其共识心理的过程。所以认同的信息生产要满足认同的消费需要，其信息产品就需要满足两个条件：一是能够呈现认同客体的相应信息，二是能够影响并作用于认同主体的认同心理。当大学生产生认同需要的时候，其本质是产生了建立共识的需要，这种需要的满足既是与内在的自我之间，又是与外部环境之间的平衡协调，建立在认同的主体和客体信息的充分交换上。所以大学生对认同客体信息的消费需要，是其认同需要的延伸。大学生产生了某种认同的需要，也就产生了对相应认同客体信息消费的需要，这种需要刺激着认同信息的生产，也影响着大学生在社会实践活动中的行为。大学生搜索、获取、理解、加工认同客体信息，并将其转化为共识心理，建立自我认同的过程，也就是他们消费认同客体信息的过程。当大学生全面占有认同客体的信息，并将认同客体的信息与自身的价值观念结合，建立起对客体的认同时，也就完成了对认同客体信息的消费。因此，当认同的信息生产能够满足大学生的信息消费需要时，大学生的认同信息消费就有了对象，自我认同才能够在充分掌握了认同客体信息的基础上得到发展的动力。

第二，当认同信息生产不能满足大学生的消费需要时，自我认同的生成和转化受到阻碍。认同的信息生产不能满足消费的需要，一是信息产品不能够有效地呈现认同客体的存在和运动的状态，无法使认同主体对认同客体进行全面认识；二是信息产品所呈现出的客体信息与认同主体的认同需要和目的不符，信息产品所呈现的事物不能有效转化为认同的客体，所以认同主体也就无法通过消费这些信息产品来建立自我认同。社会心理学界对人的认同危机问题的相关研究表明，当人无法回答内向性的“我是谁”，以及外向性的“我在社会中处于何种位置”这两个问题时，人对于自我和社会群体的定位就会出现偏差，从而导致人的身份感丧失、价值观的紊乱、社会交往的失衡，等等。从认同信息的生产和消费来看，大学生“佛系青年”群体的产生，就属于大学生在自我认同中的认同危机的表现形式；大学生认同危机的产生，是由于大学生具备了某种认同信息的需要，但认同信息的生产又无法满足这些需要所导致的。例如在社会交往方面、自我价值追求方面等。现代社会中社会成员的相互联系日趋复杂多样化，大学生在社会群体中不仅仅是一个单一的身份，而是同时扮演着多种多样的身份。自我认同的需要为大学生在认同建构的过程中提供了方向性的定位，当这种需要无法满足时，这种方向性也就产生了阶段性的混乱。认同信息的缺乏和混乱使大学生无法准确地对自身和社会进行准确的认知和定位，造成内外双向的共识缺失，进而导致了认同危机的产生，自我认同的生成和发展也受到了阻碍。

第三，自我认同在认同信息的再生产中壮大发展。认同信息始终处于生产—消费—再生产的循环过程中，就像马克思提到的：“不管生产过程的社会形式怎样，它必须是连续不断的，或者说，必须周而复始地经过同样一些阶段。一个社会不能停止消费，同样，它也不能停止生产。因此，每一个社会生产过程，从经常联系和它不断更新来看，同时就是再生产过程。”[①] 大学生的自我认同需要在认同信息消费的过程中得到满足时，也就产生了新的认同需要，并延伸出了新的认同信息消费的需要。新的信息消费需要推动着社会对认同信息生产的扩大，使自我认同在大学生不断进行认同信息消费，满足其认同需要的过程中得到拓展和深化。大学生成功建立起的自我认同，以及已经掌握的认同客体信息，在认同信息的再生产过程中作为生产资料投入到新一轮的生产中，所以大学生的认同拓展和深化过程，是基于一种认同基于前一种认同的链式发展过程。此外，当认同的信息产品不能满足大学生的信息消费需要时，大学生将会产生自我认同危机，他们的认同需要也会因无法满足而不断增长，

① 刘柏胜．马克思再生产理论及其现实意义［J］．消费导刊，2008（15）．

刺激着认同信息生产不断改进，以求认同信息产品能够匹配于消费。因此，大学生自我认同的变化发展，是以螺旋式上升方式不断演进的。

三、大学生“佛系青年”认同建构的次要矛盾

（一）主我与客我的矛盾

人要形成任何类型的认同，首先需要确认自己作为主体的价值意义，寻求自身在社会中的定位，这是人建立认同的前提。米德认为，人的自我概念是从社会互动中产生的，自我是具有社会性的，包含着主我和客我这两个方面。其中，主我是人“对照他自己的行为举止处于其中的社会情境所做出的行动”[①]，是人积极的初始意志，代表了人主观的积极意愿和行为。与主我相对的客我是人根据社会环境中他人的评价标准和价值观念形成的自我概念，是人自我概念的参照系统。主我与客我是矛盾的两个方面，彼此相互联系，对立统一，主我在矛盾体中占据着支配地位，客我限制和反作用于主我。二者同属于人的“自我”这一意识之下，主我引导着人的积极行为的意识，客我作为主我的参照系，限制和规范了人的实际行为，所以人的自我认同就是主我与客我在矛盾中达到相对平衡和稳定的结果，是人的一种反思性的自我定位。

大学生的主我是指他们作为学生身份在学习活动表现出的学习意愿，客我是他们根据学校对其学习状况给出的成绩以及奖惩等形成的自我判断。吉登斯在《现代性与自我认同》中提到，人的自我认同存在着个体行为者对所做行为进行的一种连续性的反思解释。[②] 这种连续性是一种超时空的连续性，是指人在社会互动中产生的经验、感受、观念的累积，是人对于自我概念的持续感受。大学生在校求学是一个长期的过程，学习就是他们的生存方式。他们在学习过程中不断累积各种经验和感受，形成了观念上的自我定位。主我在这之中不断得到强化。然而，当他们在学校定期给出的学习成果评判中，没有取得较好的成绩时，他们至少不会将自己划入优等生的行列，甚至有可能觉得自己是一个不合格的学生。客我对自我认同不断产生冲击。主我所崇尚的生活方式与客我形成的客观评价就形成了一对矛盾：主我造就了客我，客我因为主我的存在而产生；客我压迫着主我，主我必须依照客我的要求发生一定的改变。只有

① 乔治·米德．心灵、自我与社会［M］．霍桂恒译．北京：华夏出版社，1999：180．

② 安东尼·吉登斯．现代性与自我认同［M］．赵旭东译．北京：三联书店，1998：60．

在这样的机制下，认同主体结合自身在客观事实中的经验感受进行参照反思，客我与主我形成一种预成—刺激—调节—平衡的过程，矛盾双方逐步达到同一，自我认同才能建立起来。当矛盾双方不能达到同一时，就会产生自我认同危机，表现出“佛系”的态度。

另一方面，网络的出现使人的主我和客我的矛盾进一步凸显。当代青年是互联网一代，“佛系青年”的生成与传播依赖互联网。网络使人能够以匿名的方式进行活动，每个人都是在面具之下进行着交往。隐藏身份的交往使人的主观积极性得到了充分的强化，并弱化了外部环境和规则的约束效应。他们在“身体缺席”的状态下，主我在认同的建构过程中起到了更为重要的作用。此外，网络扩大了人的实践活动范围，减少了人受到的物理空间限制，使人几乎能够在任何时间和地点，只要满足了接通网络的硬件需求，都能够搜寻和获取自己需要的信息，使得他们在网络实践活动中获得的经验、感受、观念都大大增加了。人在网络中同时扮演着不同的角色，这些角色相互之间处于共存共在的状态，极大程度地丰富了客我在社会情境中的参照系，客我成了分散化的多重评价标准。大学生在网络实践中有着多重客我，扮演着线上线下多重身份，导致多重客我影响着主我。主我一旦在多重客我的制约中迷失，被客我所左右，这种失衡也会带来自我认同危机。

（二）社会聚合与分化的矛盾

传统心理学界将认同问题局限于个人意识方面的讨论，泰菲尔和特纳的研究则将认同问题放置在了社会的情境下研究。人在现实社会中，存在着诸多社会类别的划分，如民族、宗教、职业、党派、国家等。这些社会类别取决于社会结构中的权力和地位关系，也因其产生和建构了诸多的社会群体。在不同群体之中，群体内的成员渴望获取群体的肯定，证明自身的价值，同时他们又对外部的群体保持着偏见和对抗，以求维护自身所在群体的利益，这即是社会认同的表现。在社会认同中，内群体的聚合和外群体的分化是对立统一的关系，二者相互依存，相互影响和对抗，群体成员社会认同感的建立就是在聚合与分化的矛盾动力作用下生成的。社会心理学在认同问题的研究由个体向社会的转向，是由于 20 世纪 60 年代开始，人类进入了由科技革命带来的后工业时代。就像恩格斯所提到的：“每一个时代的理论思维，从而我们时代的理论思维，都是一种历史的产物，它在不同的时代具有非常不同的形式，同时具有完全不同的内容。"[1] 在人类进入到信息时代后，新的生产实践方式带来了新的社会群体建立，新的群体矛盾的产生。

当代大学生是在网络中成长起来的一代，他们在现实社会和网络社会中常常处于不同的群体。同样，大学生"佛系青年"身处多个线上和线下群体，这些群体之间有联合，也有对抗，产生不同的内群体和外群体。这种剧烈的内群体的聚合与外群体的分化中，"佛系青年"所处群体也在不断变动，有的可能正向发展，脱离"佛系青年"这一群体；有的可能负向分化，成为"丧文化"群体的一部分。社会聚合与分化、内群体的聚合和外群体的分化所导致的群体之间的对抗，形塑着各种社会群体的状态，推动着社会群体的发展。在此过程中，社会聚合与分化处于相互转化、相互对抗的矛盾运动中，这种矛盾运动也带来了认同的不断变化。处于这之中的"佛系青年"群体，由于内外群体的不断变化，难以构建起完整的自我认同。

（三）价值预设与价值呈现的矛盾

从哲学视角来看，认同活动本质上也是一种认识活动，它是主体的对象性活动，同时作为对象的客体本身在主体那里又具备了某种价值意义。价值本身具有对象性，且价值也无法和其他对象相分离。迈农提到："心理事件都普遍地具有这种独特的指向某物的性格。"[2] 将认同建构放置于"对象—内容"的意向性模式中来看，认同主体在接触认同对象之前，对于对象存在着判断、猜测、假设等先验的情感，这些情感并不是由对象直接造成的，而是来源于主体已有的经验、记忆、偏好等，这就是认同主体对认同客体进行的对象性价值预设。认同主体在接触认同对象的信息时，认同客体本身的价值也就被表象化了，认同主体能够消费认同客体的信息，获取和感受其具备的价值意义，这是认同对象所蕴含价值的内容呈现。可以看到，价值预设来源于认同主体，价值呈现则是认同客体的反映，这实际上就是人的认识过程中主客体矛盾在认同活动中的表现。

大学生的价值预设和认同对象的价值呈现是统一的。任何认同都是建立在认同客体对主体具有某种价值意义的基础之上的。无论是价值预设还是价值呈现，都属于一种价值判断，最终都统一于认同整体之中。价值的预设和呈现又

---

① 马克思，恩格斯. 马克思恩格斯选集（第4卷）[M]. 北京：人民出版社，1995：284.

② 刘尚明，彭隆辉. 价值的情感意向性建构——迈农的价值基础理论探究 [J]. 江西师范大学学报（社会科学版），2003（4）：53.

存在着对立。当认同主体展开认同活动时，认同客体也就成了认同主体价值预设的对象；但认同客体本身的存在状态又与认同主体的价值预设是分离的，“价值随预设对象的出现而产生，并且价值不与对象的存在联系在一起，而与对象的如此这般联系在一起”①。在这个矛盾体中，价值预设来自认同主体的主观判断，价值呈现则是对象的客观表现，二者存在着主观和客观的对立。价值预设和价值呈现存在着差异，又同时对认同建构造成影响。在大学生的认同生成和转化过程中，当认同对象的价值呈现和大学生的价值预设产生矛盾时，大学生的认同需要是无法满足的。大学生是充满理想和活力的年轻群体，智力和性格成长还未定型，在学习生活中会不断产生各种价值需要。而这些价值需要的产生有的是源于长期实践过程中的经验累积，有的则是在特定时刻受到的潜意识暗示。前者由于与大学生日常生活存在密切联系，能够进行价值实现；后者则是没有生长土壤的缥缈幻想，价值实现往往不可能完成。大学生的自我认同正是在这些预设价值的实现中建构起来的。正是由于这当中的一部分预设价值是不可实现的，与认同建构的对象之间是分离的，导致价值呈现不是想要的预期状况。“理想很丰满，现实很骨感。”这种理想与现实的差距，使得大学生在努力付出之后产生巨大的失落感，进而导致了认同危机的产生。

① 蒋曦．价值预设事物与事态——迈农对象理论中的价值问题［J］．现代哲学，2010（5）：36．

高校思想政治理论课教学研究

大学生“原理”课学初价值预期状况与改进对策研究*

罗　敏①

（西南交通大学马克思主义学院，四川成都，611756）

摘　要：学校思想政治工作是关系到立德树人的重大问题，思政课教学是主渠道。大学生“原理”课学初价值预期则是打赢提高思政课教学质量攻坚战的逻辑起点。课题组在获得的1588份调查问卷基础上进行学初印象结构分析，联系大学生个人基本情况发现，大学生“原理”课学初印象和课程设置认知总体倾向于正面，但个别方面亟待提高。为提高大学生“原理”课学初价值预期，国家层面要提升人民获得感，学校层面要实现分类教学、重视学生党员的先锋模范作用。

关键词：马克思主义基本原理概论；学初印象；思政课；实证研究

2018年9月，习近平总书记在全国教育大会上再次强调，学校思想政治工作是关系到立德树人的重大问题，教学是主渠道。2017年是高校思想政治理论课教学质量年，围绕教学效果这一核心指标，以提升学生获得感为主要维度，开展了思政课在改进中加强、在创新中提高的诸多探索。在这样的现实境遇中，细致梳理大学生对“马克思主义基本原理概论”课（简称“原理”课）获得感的预期——学初印象，就是打赢这场攻坚战的逻辑起点。

为提升“原理”课教学质量，大家在教学方法、技巧上花了许多功夫去改进，取得了一定成果。但学界认为，学生“原理”课获得感仍然不够高，究其

* 基金项目：教育部师范优秀教学科研团队建设项目（重点选题）16JDSZK013阶段性成果；四川省大学生思想政治教育项目CSZ18009阶段性成果；四川省教育发展研究中心项目CJF18051阶段性成果。

① 作者简介：罗敏（1974—），女，四川隆昌人，西南交通大学马克思主义学院副教授，主要研究马克思主义基本理论。

原因，有思政课重复设置、“原理”课教学内容存在距离感、课程教材话语陈旧、教师教学理念固步自封、学生学习态度需要端正、学校和社会营造的大教学环境与课程目标格格不入，等等。这些学者的研究成果丰富，发人深省，对提升学生“原理”课获得感意义非凡。不过以上分析有个视线盲区，即忽视了教学活动前师生对课程的价值预期。据 Prosser 等人分析，就总体教学过课程而言，课程开始前师生由于各自不同的先在经验、知识结构和心理倾向，会导致对课程的感知和价值定位不同①。大学生对“原理”课的学初价值预期又会影响学习观、学习投入等。故此，本文从教师的价值设定出发，调查大学生学习初期对于价值维度的期望值。

随着高等教育质量日益被重视，用定量分析方法了解高等教育质量和问题得到了快速推进，如清华大学开展的大学生学情状况调查，发现大学生的学习生活参与程度是影响学生成长最关键的因素，起到了正向的中介作用②。厦门大学展开了大学生学习观、课堂体验、学习方式等调查③。但目前国内的调查针对的是本科生对所有课程的学情状况以及课外参与度状况，且主要聚焦于学习过程中，目前还没有针对学生“原理”课的学初预期价值调查。思政课作为大学教育立德树人的主渠道，为提高“原理”课教学质量以增强学生获得感，通过调查了解大学生学习心理定式等学情状况就势在必行。

一、研究方法

1. 编制调查问卷

结合我国思政课教育机构、教育者预设的价值目标，我们编制大学生“马克思主义基本原理概论课”学初印象调查问卷。问卷设计一方面遵循思想政治教育是一个完整的课程体系，共同发挥立德树人效用，按照统一格局设置问题类型，都围绕学生知、情、意、信、行以及课程设置认知六个方面和个人基本资料设计。另一方面又依据课程的差异性，具体的每个问题依据课程特色有所侧重。

2. 确定研究内容

“思政课”的开设，不同于一般自然科学教育的“育才”，也不局限于单纯

① Prosser，M. & Trigwell，K. Perceptions of the teaching environment and its relationship to approaches to teaching [J]. British Journal of Educational Psychology，1997 (1).

② 朱红. 高校学生参与度及其成长的影响机制——十年首都大学生发展数据分析 [J]. 清华大学教育研究，2010 (6).

③ 史秋恒、郭建鹏. 我国大学生学情状态与影响机制的实证分析 [J]. 教育研究，2012 (2).

从个人修养出发的道德教育，而是要传播知识、传播思想、传播真理，要高举旗帜体现鲜明的政治属性和政治立场，是直接塑造灵魂、塑造生命、塑造人的教育。课题围绕大学生思政课学初价值预期编制量表。课题组抽取全国东、南、西、北、中不同层次、不同特色的5所高校，对比不同类型、性别、学科门类、家庭地址、政治面貌、是否独生子女、经济状况、家庭职业背景等情况，了解他们对思政课预期价值评判的差异及其原因。

3. 问卷因子分析

"认知"部分主要测试学生在学初"原理"课前期知识储备和课程内容初步认知状况。问题涉及理论与实际关系、生产力是社会发展的最终决定力量、科学社会主义在实践中开拓前行等教材基本知识，标注为a1－a6。使用SPSS21.0，对指标进行探索性因子分析发现，a1－a6并不能归纳到一个公共因子中，a2和a3指标抽出单列。

表1　"原理课"变量内部一致性系数——Cronbach α值

变量	指标	α值
1	a1、a4、a5、a6	0.752
2	b1、b2、b3、b4、b5、c1、c2、c3、c4、c5	0.953
3	d1、d2、d3、d5、d6、e1、e3、e4、e5、e6	0.912
4	a2、a3	0.727
总体印象	以上26个指标	0.952
课程设置认知	f1、f2、f3、f4、f5	0.878

"情感"（b1－b5）部分主要测试学生学初对"原理"课是否有助于增强情感体验的评价。情感和意志都属非理性，但情感指向外在事物，表现的是客观事物是否满足自己需要而产生的态度体验；意志指向内在自身，是人向内收敛地自觉确立目的，并据此调节和支配行动的心理过程。意志也设计了5个指标（c1－c5）。对这10个变量两个层面因子分析发现，两个变量的结构信度和效度区分度小。经过语言表述的多次修改完善和预测，最终b1－b5和c1－c5归入一个公共因子。

"信念"（d1－d6）部分，主要测试学生学初对价值设定的坚定性程度。信念超出单纯的知识范围，与情感的倾向性和意志的坚定性融合统一而成，但仍然属于精神状态。"践行"（e1－e6）6个变量。对这12个变量做因子分析同样发现，在变量的结构信度和效度上"原理"课的"信念"和"践行"两类指标区分度小。经过多次修改，d1－d6和e1－e6归入一个公共因子。

使用SPSS21.0软件对各个变量进行分析，测试聚敛效度和区别效度，结果显示“原理”课学初印象29个指标，抽取掉3个，剩下26个后，通过多次成分旋转生成表1。按照4个因子分析的结果来判断，将各个变量归纳到这4个因子中的聚敛效度并不是最好的，但有明显的区分。从结构效度看，学初印象只设定4个因子数，26个评价指标进行因子分析的结果显示，因子累积方差贡献率为65.439％，表明此评价模型具备较好的结构效度。同时，α值均大于0.7，数据可靠性较高，在内部一致性方面存在较高可信度。所以，由26个指标组成的“原理”课学初价值评价指标体系可以被接受。

二、“原理”课学初价值预期数据

研究采用大学生课堂问卷调查方式收集数据，在2018年3月新学期开始3周内完成。我们选择了5所高校，每个学校400份，由任课老师在教学班上组织，最后收取了1588份有效问卷。

1. 大学生“原理”课学初价值预期总体正面

调查问卷分值栏为1～5分，3分是中间数。从表2可见，只有2个指标低于中间数，平均分为2.5，占31个指标的6.5％。平均分为3表示“中立”的有6个，占19.4％。大学生对“原理”课约75％的指标评价度为“比较赞同”和“非常赞同”。这说明大学生“原理”课学初价值预期整体状况较好，但存在不平衡。

表2　大学生“原理”课学初印象和课程设置认知平均分

维度	内容	平均分	内容	平均分	内容	平均分	内容	平均分	内容	平均分
认知	a1	4.5	a4	4.5	a5	4.5	a6	4.5		
情感	b1	5	b2	4.5	b3	3	b4	4	b5	3.5
	c1	3	c2	3	c3	3	c4	2.5	c5	4
行为倾向	d1	4	d2	4	d3	4	d5	4	d6	3.5
	e1	3.5	e3	3.5	e4	3.5	e5	3.5	e6	4
学前知识储备	a2	2.5	a3	3						
课程认知	f1	3.5	f2	4	f3	3	f4	4.5	f5	4

注：表中平均分是将每个学生各栏分值相加再除以所得问卷总份数，3是中间值，分值越高表明大学生越赞同。

2. 大学生“原理”课学初价值预期存在差异

以大学生“原理”课学初印象3个维度和课程先期投入、课程认知为轴心，大学生个人基本信息与之相嵌做方差分析。我们发现，9个指标中，“是否独生子女”则不会造成任何显著性差异，学生性别、家庭各种信息、学生学科门类、学生政治面貌等的差异，会造成P值变化，表现为“显著性”（见表3）。

表3 大学生个人基本信息与“原理”课学初价值预期差异

价值预期 / P值 / 基本信息	课程内容					课程设置认知
	认知	情感	行为倾向	前期知识储备	总体印象	
性别：男、女					0.001	
年级：一、二、三、四	0.031	0.018	0.001		0.020	0.035
所属学科：理工农医、文史哲、经管法、艺体教育、其他		0.014				0.008
家庭住址：农村、小城镇、城市		0.009	0.040		0.031	0.033
政治面貌：中共（预备）党员、共青团员、其他		0.000	0.009	0.000	0.000	0.007
是否独生子女：是、否						
家庭经济状况：很贫困、贫困、一般、富裕、很富裕		0.003		0.002	0.049	
家庭职业背景：工人、农民、教师、公务员、企业管理人员、私人企业主、个体户、其他	0.028	0.003	0.003			0.000
家中是否有党员				0.008		

（统计学上，当样本统计值P值小于0.05、0.01、0.001三个中的某一个时，就说明有显著差异。）

三、大学生“原理”课学初价值预期差异状况

教学过程才刚刚开始，学生还没能完全领会到马克思主义理论的博大精深、分析的科学严谨，也还没能完全品味到教师教学的吸引力和感染力，所以学初价值预期除了依托教材的粗略猜想外，其差异应该源于课堂外的个人、家庭、社会的影响。

（一）学生家庭状况导致的学初预期值差异

大学生“原理”课学初价值预期分析，其实质是大学生对主流意识形态“原理”部分的认同研究。社会存在是社会意识内容的客观来源，决定着社会意识的变化发展。社会物质资料生产的发达带来的家庭经济状况良好从属于社会存在，是否意味着越富裕和优越的家庭状况，学初预期价值评价就越高？根据“家庭住址”“家庭经济状况”“家庭职业状况”“家中是否有党员”四者的方差分析发现，家庭状况各方面的不同会对某些变量造成明显差异。如“家中是否有党员”只在“前期知识储备”上对学生造成显著差异。

其一，学生“家庭住址”不同造成的学初预期值差异。不同的家庭住址造就不同的学习环境，各地不同的经济、人文等状况会形成学生不同的心理定式。根据表 3 发现，家庭住址在农村、小城镇、城市的差别，会显著影响学生的情感、行为倾向、课程总体印象和课程设置认知，来自农村的同学最高。在总体价值预期评价上，来自农村的学生情感、行为倾向因子分值较高；评分最低的，是来自小城镇的或来自富裕家庭的大学生。

其二，学生“家庭经济状况”不同造成的学初预期值差异。学生“家庭经济状况”不同对情感、先期知识储备和总体印象有显著影响。并非家庭经济条件优越必然导致学生“原理”课学初预期价值升高，二者并不呈正比关系。而恰恰是来自“农村”的、“很贫困”家庭的学生对“原理”课的学初价值期待值最高。这可能与国家十多年来的三农政策、扶贫政策相关。从 2000 年“农民真苦，农村真穷，农业真危险”新三农问题的提出，到 2008 年用“三个最需要”对“三农”问题进行总结，到精准扶贫，再到 2017 年十九大提出的打赢“脱贫攻坚战”，实施乡村振兴战略，按照产业兴旺、生态宜居、乡风文明、治理有效、生活富裕五个方面的总要求，加快推进农业农村现代化。近十年的政策方针和举措让“农村”家庭、“贫困家庭”家庭经济状况前后变化对比度最高，获得感最强，所以学生的情感因子分值最高。而且来自于农村的学生行为倾向也最高，有强烈的自信心和参与度。课题组访谈过一位来自贫困县的学生，他谈到，最近家乡甩掉了“贫困县”帽子，找到了猕猴桃种植的致富途径，并且斗志昂扬地准备毕业后回去建设家乡，证实了问卷的数据分析结论。

其三，学生“家庭职业背景”不同造成的学初预期值差异。针对大学生的家庭职业背景，即父母职业的学初印象分析发现，不同的家庭职业背景对五个因子都影响很大。

（二）学生个人状况导致的学初预期值差异

大学生学科门类、政治面貌的不同会导致学生学初预期值差异。首先，大学生学科门类不同造成的学初预期值差异。大学生所学专业不同，会导致情感因子和课程设置认知有差异。“原理”课学初预期值最高的是理工科。通过学生访谈，我们认为原因可能有三：其一，重复学习大大降低了学生的评价值。文史哲、经管法的学生，很多在高中阶段是文科生。高中政治课内容与大学阶段的思政课的重复施教，降低了学生的学习兴趣，降低了教育效果。其二，“原理”课遭遇西方话语体系下的经管、行管专业等挑战时，教师应对吃力。其三，不同学科门类学生知识素养高低不同，对于要求有抽象性思维、辩证性思维和反思性能力的“原理”课，对讲求精确性的理工科学生有一定难度，对知识素养相对低些的艺体生就更难。其次，学生个人的“政治面貌”造成的学初预期值差异。学生政治面貌不同，导致情感、行为倾向、前期知识储备、总体印象、课程设置认知都有不同，它们之间呈正相关。

需要注意，这些因素并非一一对应的、绝对化的根源。个人基本信息 9 个方面，相互交叉、相互作用，相互融合，综合在一起造就了每个大学生“原理”课学初印象状况。

四、改进大学生“原理”课学初预期值建议

只有信仰才能让思想发出火花，如果不能提高“原理”课的学初印象，就会影响他们对思想的认真体会、对课程的积极参与、对真理的执着追求、对意识形态的真正认同。根据学初印象影响因素，我们提出以下建议：

（一）进一步满足人民日益增长的美好生活需求是根本前提

大学生“原理”课学初印象的提升，在还没有进入教学环节时，教育者的作用还没发挥，更多来自家庭和社会潜移默化的感染，实质上是每个家庭对主流意识形态的认同。进入新时代的中国公民大众的认同逻辑是人民日益增长的美好生活需求的个人基本权益维度，实现中华民族伟大复兴的民族国家维度，习近平新时代中国特色社会主义思想的主流意识形态维度的三者合一，党的人民性与群众的积极性双方互融互动则是其内在动力。所以，进一步满足人民日益增长的美好生活需求，使不同居住环境、不同经济状况、不同职业背景的家庭的获得感、幸福感、安全感更充实、更有保障、更可持续，是提升大学生

“原理”课学初印象的根本前提。这个美好生活，不仅仅是物质文化更丰富，而且包括民主、法治、公平、正义、安全、环境等方面日益增长的要求。访谈中，一位来自于富裕家庭的经管专业大学生就提出，如果城市时不时碰到沙尘暴，空气质量问题没解决，即便马克思主义理论逻辑多么深刻圆融，他都对“原理”课没有信心，没有兴趣，更不会使之成为信仰，理所当然就没有学习上的投入。这是大学生的肺腑之言，也指示了增强主流意识形态认同的根本解决之道。

（二）有必要根据大学生学科差异进行分类教学

由于学科门类的差异会影响“原理”课学初印象，所以可以根据不同的学科分类教学。对理工农医类，重在“原理”课与自然科学及其研究方法相结合，重在世界观和方法论教育。对经管法等类，任课教师则要有理论自信，在深厚的马克思主义基本理论素养基础上，发掘并娴熟运用马克思主义的中国话语，多展开问题讨论式教学，让西方话语体系下的经管、行管专业在与马克思主义的思想交锋和对话中做到以理服人。对艺体类，则要降低“原理”课的抽象性，多与现实结合、与中国结合，加强“原理”课的趣味性博取他们眼球，推动他们从感性认知入手上升到理性认知。

（三）狠抓大学生党团员培养是突破口

中国共产党是时代的先锋、民族的脊梁，高校党团员则是大学生中的模范和表率。要关注学生党员的政治素养、学习状况、生活作风等，让他们在全体同学中带头读原著、学原理、究根本，引领教学班级学风转变。

红色故事进思想政治理论课辅助教材路径探析*

洪　燕[①]

（四川旅游学院马克思主义学院，四川成都，610071）

摘　要：红色故事是红色文化资源的重要表现形式，具有文化传承价值功能和政治教育价值功能，同时具有聚合性、直接性、经济性优势，将其植入思想政治理论课辅助教材，转化为教学资源具有现实意义。在遴选红色故事时要以社会主义核心价值观为主旨，突出理想信念教育、中国精神培育和地域特色。将红色故事植入教材过程中，须准确定位教材范围，做到科学衔接，认真设计开发校本教材。

关键词：红色故事；思想政治理论；辅助教材；路径

红色文化具有独特的价值功能，是高校开展思想政治教育的优质资源。红色文化资源表现形式多样，对其进行挖掘、利用，将其转化为教学资源，发挥其育人功能，是高校思想政治理论工作者的重要使命。"红色故事"作为红色文化的一种特殊表现形式，采用古老的叙事方式，具有质朴和亲切的特点，与高校青年学生的认知规律相契合，将其植入思想政治理论课辅助教材，是红色文化育人价值功能得以发挥的重要途径。

一、红色故事的内涵及功能

红色故事是红色文化资源的一种特殊表现形式。目前理论界虽然对红色文化已经形成了一些共识，但对红色故事这一表现形式却未在内涵上做出明确的

* 基金项目：四川大学生思想政治教育研究中心"红色文化'三进'大学生思想政治教育的机理及实践研究"，项目编号：CSZ18051。

① 作者简介：洪燕（1970—），男，籍贯贵州省玉屏侗族自治县。四川旅游学院马克思主义学院教师，讲师。研究方向：思想政治教育理论与实践。

界定，因此有必要对红色故事的内在规定性进行探讨。厘清红色故事的内涵，应把握“故事”的一般性规定。关于“故事”的定义，鲜有人关注，相关资料也很少。一般认为故事指通过叙述的方式讲一个带有寓意的事件或往事。由此定义可以看出，“故事”具有三层含义：首先，叙事是故事的基本形式；其次，故事的内容应为一个事件或者往事；最后，故事讲述的事件或者往事须“带有寓意”。“故事”的这三个规定性中，“带有寓意”这一规定性无疑是核心，是“故事”最本质的规定性，并非对所有鸡毛蒜皮的过往的叙述都可以称之为“故事”。构成“故事”的往事或者事件，应当是重要的往事或事件，并且“带有寓意”，即能表达某种思想或阐释某种道理，对他人或者后世具有教育、警示等作用。正因如此，一些经典故事才得以广泛流传，甚至对中华民族的文化、心理、性格的形成都产生了重要影响，比如一些成语故事，即人们通常所说的典故，它们甚至对中华民族演进、文化形成、民族精神铸就都具有重大作用。

红色故事比“故事”具有更加严格的规定性。红色故事属于红色文化的范畴，其内涵在故事主体、时空、依据等方面须以红色文化的内涵为依托。关于红色文化的定义，目前理论界大多认同中国红色文化研究会会长刘润为教授于2013年11月14日在《人民日报》发表的观点，即“广义上的红色文化就是中国共产党领导人民在革命、建设、改革进程中创造的以中国化马克思主义为核心的先进文化”。基于此，可以认为红色故事作为红色文化的一种表现形式，它所讲述事件的主人公应为共产党人或人民群众，它发生的时空亦应限定在“中国共产党领导人民在革命、建设、改革进程中”，在思想内容方面也应是以中国化马克思主义为核心的，具有先进性。除此之外，红色故事还应具有“故事”本身应具备的一般规定性。至此，综合前面的分析，可以对红色故事的内涵做出如下界定：即“红色故事是中国共产党在马克思主义指导下，领导人民在中国革命、建设、改革进程中发生的带有寓意的事件或往事”。

红色故事具有文化传承价值功能和政治教育价值功能。前面对红色故事内涵的分析已经表明，红色故事并非单纯的叙事，它当然具备“故事”所蕴含的相应“寓意”，从而具有相应的价值功能。首先，文化传承价值功能方面。红色故事是在马克思主义中国化的革命、建设、改革过程中发生的，是马克思主义或中国化马克思主义与中华优秀传统文化共同作用的产物。在革命、建设、改革过程中涌现出的可歌可泣的先进人物，他们一方面受马克思主义思想的影响，具有坚定的共产主义信仰，站在广大人民群众的立场，坚持人民群众利益至上原则；另一方面他们都有着一颗热爱祖国、矢志不渝的赤诚忠心，天下兴亡、匹夫有责的担当情怀，视死如归、舍我其谁的牺牲精神。这些红色故事不仅是中华民族优秀文化传统和红色文化精神的体现，同进也是对中华民族优秀文化传统和红色文化精神的传承，激励人们开拓创新，英勇奋进。通过在青年学生中讲述红色故事，可以使红色精神和中华民族优秀文化得以代代传承。

其次，政治教育价值功能方面。红色故事的政治教育价值功能可以从四个方面来理解。其一是理想信念教育功能。红色故事中有一个共同的特点或灵魂，就是故事中的主人公都有着坚定的理想信念，特别是对共产主义的坚定信仰。这种信念成为我党不断战胜艰难困苦，取得最后胜利的精神支柱。新中国的成立，就是一个个革命者靠着坚定的理想信念支撑并最终取得胜利的结果。邓小平曾指出："根据我长期从事政治和军事活动的经验，我认为，最重要的是人的团结，要团结就要有共同的理想和坚定的信念。我们过去几十年艰苦奋斗，就是靠坚定的信念把人民团结起来，为人民自己的利益而奋斗，没有这样的信念，就没有凝聚力，没有这样的信念，就没有一切。"① 正因为有了"共同的理想、坚定的信念"的引领，才会有革命乐观主义、排除万难去争取胜利的精神。通过重温红色故事，青年学生可以感受到故事主人公的精神力量，进而树立起中国特色社会主义的共同理想，坚定共产主义信仰。其二是先进道德教化功能。人无德不立，道德是做人的根本，而教化是个人道德养成的重要方面。红色故事作为马克思主义与中国优秀传统文化共同作用的产物，其内核的重要方面就是中华民族传统美德和无产阶级道德规范。在当下，利用红色故事对青年学生进行道德教育，可以撼动其内心，促进其良好道德的养成，红色故事确属难得的优质适用教育素材。其三是创新能力培养功能。纵观人类发展历程，创新的作用可谓举足轻重，这已成共识。培养青年学生的创新能力，关系青年学生自身前途，更关系国家和民族的命运。中国共产党带领导中国人民所走的"农村包围城市、武装夺取政权"的中国革命新道路，就是不墨守成规、敢闯敢试的经典案例。青年学生通过对红色故事的学习领悟，可以有"亲身经历"之感，从中受到感染、熏陶和教育，从而树立创新意识，培养创新能力。其四是健康人格陶冶功能。红色故事通过对中国革命、建设、改革过程的情景再现，可以增进青年学生对中国国情的了解，明白当前的幸福生活来之不易，从而懂得加倍珍惜。同时，革命先烈和先进人物所展示出的光荣传统、优良作风、英雄气节等，充满血肉感和体温，让当年的火热历史，有了日常生活的肌理感受，对于陶冶青年学生情操，塑造健康人格大有裨益。

---

① 邓小平文选（第3卷）[M]，北京：人民出版社，1993：190.

二、思想政治理论课辅助教材的内涵与类别

红色故事“进思想政治理论课辅助教材”是红色文化“进课堂”“进学生头脑”的起始环节，也是红色文化发挥育人功能的重要前提和基础。只有准确界定“思想政治理论课辅助教材”的内涵与类别，才能夯实红色故事“进课堂”“进学生头脑”基础，为红色故事发挥文化传承价值功能和政治教育价值功能提供有效保障。

1. 思想政治理论课辅助教材的内涵。红色故事进思想政治理论课辅助教材，首先要解决的路径问题，就是对红色故事拟进的教材进行准确界定，即红色故事究竟要进什么教材。本文标题中虽然已经明确指出红色故事进“思想政治理论课辅助教材”，但“思想政治理论课辅助教材”仍然是一个比较宽泛的概念，具有不确定性。众所周知，从广义上的“教材”的外延很广，甚至包括非正式出版的辅导书籍，凡是有利于学习者增长知识或发展技能的材料都可称之为教材，而狭义的“教材”往往是指教科书。“思想政治理论课辅助教材”的称谓表明其不是教科书，故非狭义上的“教材”。同时，该教材的性质及其目的决定其内容具有相当的严肃性，因而在形式上必须与内容保持一致，不能太过随意，应当为正式出版的辅助教材为宜。因此，“思想政治理论课辅助教材”宜采取“校本教材”形式。基于此，笔者认为，“思想政治理论课辅助教材”，是指各高校设计开发的，旨在对青年学生进行马克思主义理论教育，党的路线、方针、政策教育，爱国主义、革命传统教育和理想信念教育的校本教材。

2. 思想政治理论课辅助教材的类别。在当前，全国高校通用的思想政治理论课教材是“马工程”教材，是狭义上的思想政治理论课教材。“马工程”教材作为全国通用的教科书，是进行思想政治理论教学的蓝本，具有相当的权威性。“马工程”教材的这一特点使得其编纂或修订均有着严格的程序，这决定了将红色故事直接植入“马工程”教材在客观上不具备可操作性。所以红色故事“进”“马工程”教材，在方式上只能是编写类似“马工程教材辅助读本”校本教材，即由相关课程的授课教师根据教学内容，选择与教学内容相关的红色故事，为相关教学内容提供实证支撑，以增强教学内容的生动性和说服力，从而达到增强教学效果的目的，这是思想政治理论课辅助教材的类别之一。

除了“马工程教材辅助读本”校本教材这一类别之外，红色故事要“进”的教材，还包括以“红色文化资源”为研究对象的校本教材。这类教材是指各

高校设计开发，以“红色文化”为研究对象，对青年学生进行爱国主义、革命传统教育和理想信念教育的校本教材。党的十八大以来，习近平同志多次强调“要把红色资源利用好、把红色传统发扬好、把红色基因传承好”。当前，对红色文化的研究已经比较普遍，也产生了较为丰富的成果，将“红色文化”提升为一门学科的呼声日渐高涨。2018 年 4 月，四川旅游学院马克思主义学院秉承“课程思政”指导思想，开设了“红色四川”选修课程，并酝酿编写“红色四川教程”校本教材；2018 年 5 月，浙江理工大学马克思主义学院发起召开了“红色文化学科建设首届学术研讨会”，启动了“红色文化”学科建设，“红色文化学”相关教材可谓呼之欲出。所以，红色故事要“进”的另一类别的思想政治理论课辅助教材，还包括类似“红色四川教程”与“红色文化学教程”之类的校本教材。

3. 红色故事在思想政治理论课辅助教材中的合理定位。红色故事不论“进”哪一类别的思想政治理论课辅助教材，都需要合理把握红色故事“进”教材的“度”，即进行合理定位。红色故事“进”教材不能搞成“红色故事”汇编读本。如果把红色故事“进”思想政治理论课辅助教材，狭隘地理解为单独编纂红色故事汇编读本，就“矮化”了教育对象，与高校学生的认识水平不适。另外，红色故事“进”教材只能是“进”，不能作为教材的主体，不能成为主角，喧宾夺主。红色故事作为马克思主义理论指导下的鲜活实践，既要对辅助教材中的相关理论观点起到反映和支撑理论的作用，同时又不能破坏教材的理论体系，实现和谐统一。“红色故事”在教材中的角色，都应当是马克思主义理论、红色文化、精神、基因的现实观照，其作用应当是彰显马克思主义理论、党的方针政策、红色精神的科学性、生动性和说服力。

三、红色故事进思想政治理论课辅助教材的比较优势

本文前面关于红色故事功能的内容，已经从该维度论述了红色故事进教材的必要性。事实上，红色故事进教材还具有明显的比较优势。比较优势是一个经济学术语，“是指一个生产者以低于另一个生产者的机会成本生产一种物品的行为”①，本文引入比较优势一词，旨在说明红色故事基于由于自身特点，将其植入思想政治理论课辅助教材，较之于其他红色文化形式，在育人价值功能方面具有独到且无法比拟的优势，比如经济性、实效性等。通过与其他红色

① 曼昆．经济学原理——微观分册［M］，北京：北京大学出版社，2012.

文化形式对比，红色故事进思想政治理论课辅助教材，具有以下比较优势：

1. 红色故事进教材具有聚合性优势。红色文化包括物质文化和精神文化两种类型，有的也将其概括成“人、物、事、魂”四种形态。物质文化类型表现为遗物、遗址等革命历史遗存与纪念场所；精神文化类型表现为包括井冈山精神、长征精神、延安精神等红色革命精神等。由于中国革命具有特殊性，走的是农村包围城市、武装夺取政权的道路，加之长期处在敌强我弱状态，革命足迹遍布全中国，从而使得绝大部分以实物形式存在的红色文化资源，在空间上分布广，且大多处于偏僻落后的地区，呈“零散性”特点。以实物形式存在的红色文化资源的这些特性，不利于红色文化资源的充分利用，极大地限制了其育人功能的发挥。红色故事进教材则可以突破时空限制，将发生在不同地域、不同时间的一个个经典故事进行聚合，可以通过人物讲事迹，通过事迹讲历史，透过故事悟精神，透过精神教育人。红色故事这种集“人、事、魂”三种形态于一体的特点，是对红色文化的“集聚”和“凝练”，将其植入教材，形成聚合优势，可以克服红色资源的“零散性”缺陷，更好地发挥红色资源的育人功能。

2. 红色故事进教材具有直接转化优势。红色文化是众多教育资源的一种类型，与教学资源不是同一个概念，不能等同。红色文化要成为教育资源，进而成为教学资源，有一个不断转化的过程。红色故事虽然也是红色文化的一种形式，只是一种教育资源，但它又与其他红色文化资源形态不同，由于它本身就蕴含着相应的“寓意”，可以说是教学资源的“初成品”，在进入思想政治理论课辅助教材过程中，只需稍微进行加工，便可以成为现实的教学资源，具有可以“直接转化”的特点和优势，直接发挥其育人功能。以其他形态存在的红色文化资源却不具有这种优势，还必须对其进行充分的挖掘、转化，才能成为教育资源和教学资源。我国红色文化资源非常丰富，各地对红色文化资源的开发利用可谓如火如荼，但红色文化的教育价值功能发挥效果并不明显。当前，不少青年学生对党的历史不了解，也不感兴趣，不认同红色文化，“很多大学对大学生进行红色文化教育，往往只停留在去红色资源地参观游览、看革命题材影片等较浅层面”[①]，甚至有人认为“红色文化已经过时”“红色资源无用”，究其根源就是红色文化没有很好地实现向“教育资源”和“教学资源”的转化，或者说转化工作没有与时俱进。譬如：当下我国社会的主要矛盾已经转化

① 徐朝亮 周琰培利用红色文化提升大学生思想政治教育成效［J］继续教育研究，2009（7）：98.

为“人民日益增长的美好生活需要和不平衡不充分的发展之间的矛盾”，青年学生的生活状况、思维方式都发生了很大的变化，有很多人认为“艰苦奋斗的时代已经过去了”，“艰苦奋斗已经变得毫无价值”。事实上，“艰苦奋斗”这一优良作风仍然具有强大的生命力和必要性，但是如何将红色文化中表现“艰苦奋斗”的内容与当今中国实际进行合理对接，对“艰苦奋斗”做出令青年学生信服的符合逻辑的转化、解读就非常关键，而红色故事则可以有效解决这个问题。

3. 红色故事进教材具有经济性优势。如前所述，我国红色文化资源在空间上分布广，且大多处于偏僻落后的地区，呈“零散性”特点，这给红色资源的利用增加了难度，限制了红色文化价值功能的发挥。加之各地对红色资源的开发利用有偏重经济价值功能之嫌，使得红色文化资源教育价值功能发挥成本高企。比如，组织学生听报告会，或者参观革命历史纪念馆、革命历史遗址、红色博物馆等，必须支付讲座费、交通费、门票费等。高企的教育成本无形中也限制了高校开展红色文化教育的规模和程度，使得一些高校在开展红色文化教育方面，只能是蜻蜓点水式地做做样子，失去了开展红色文化教育的内在动力，最终的结果就是红色文化教育效果大打折扣。红色故事进思想政治理论课辅助教材，则有效地克服了红色文化其他形式在开发利用过程中的种种弊端。将红色文化资源有效“浓缩”“聚合”到教材中，使青年学生在重温红色故事的同时，受到红色精神的感染、熏陶、教育，极大地节约了育人成本。不仅如此，从受众方面来讲，红色故事进思想政治理论课辅助教材，可以使全体学生受到红色精神教育，从而最大限度地扩大红色文化教育规模和程度。

四、遴选红色故事进思政课辅助教材的基本原则

红色故事进教材的关键是选择什么样的红色故事进教材。中国共产党领导人民在中国革命、建设、改革进程中，涌现了无数可歌可泣的英雄人物和动人事迹，极具教育意义。但每个故事所体现的精神或意义可能有所不同，影响也有大有小，因此必须对红色故事进行精心遴选，挖掘出比较典型、具有教育意义、影响广泛的故事进入教材，才能真正发挥红色故事的价值功能。基于此，笔者认为，在遴选红色故事的过程中，对遴选工作应坚持的原则做出规定，是比较好的方法，这种方法既有路径的指引作用，同时又不失灵活性，给相关工作者留出了较大的选择空间。

1. 以社会主义核心价值观为主旨。社会主义核心价值观是当代中国精神

的集中体现，凝结着全体人民共同的价值追求，是社会主义核心价值体系的内核。当前，我国正处在经济转轨和社会转型的加速期，思想领域日趋多元、多样、多变，各种思潮此起彼伏，各种观念交相杂陈，不同价值取向并存，培育和践行社会主义核心价值观，是有效整合我国社会意识、凝聚社会价值共识、解决和化解社会矛盾、聚合磅礴之力的重大举措。红色故事进思想政治理论课辅助教材，目的在于发挥其育人价值功能，因此，在遴选红色故事时，应把有助于培育和践行社会主义核心价值观作为首要标准，真正实现社会主义核心价值观的价值统领和指引作用，即“始终把握一根思想主线，那就是围绕培育和践行社会主义核心价值观”①。

2. 以理想信念教育为首要任务。青年一代是国家宝贵的人才资源，是民族的希望、祖国的未来，肩负着人民的重托、历史的重任。青年一代有理想，国家就有前途，民族就有希望，对青年学生进行理想信念教育是思想政治理论教育工作者的第一要务。中国共产党领导人民进行革命、建设和改革的历史，就是中国人民不懈奋斗追求民族独立和人民解放、实现国家富强和人民幸福的历史，就是中国人民“寻梦、追梦、圆梦”的历史，也是为理想信念的奋斗史。在这个过程中，存在着大量的为共产主义理想而奋斗的红色故事，具有深刻的历史内涵、文化内涵、精神内涵和思想内涵，是对青年一代进行马克思主义信仰、中国特色社会主义共同理想教育的优质素材。譬如长征过程中，一串串感人的红色故事铸就了伟大的“长征精神”，具有相当的说服力。习近平在纪念红军长征胜利 80 周年大会中指出的：“长征是一次理想信念的伟大远征。崇高的理想，坚定的信念，永远是中国共产党人的政治灵魂。”

3. 以培育中国精神为重点。中华民族悠久辉煌的历史文化孕育了中国精神，涵养了伟大的民族精神和时代精神。中国精神是兴国之魂，是支撑中华民族生生不息的强大精神力量，是实现中华民族伟大复兴的精神动力和精神支撑。鲁迅曾说：“惟有民魂是值得宝贵的，惟有他发扬起来，中国才有真进步。”因此，在遴选红色故事时，要着眼于对青年一代中国精神的培育。民族精神的核心是爱国主义，它包括伟大创造精神、伟大团结精神、伟大奋斗精神、伟大梦想精神，时代精神的核心是改革创新，体现这些精神的红色故事可谓比比皆是，它们是无数革命先烈用汗水、鲜血和生命铸就的，需要青年一代继续传承和弘扬，只有这样，民族才有希望。

① 韩玲，李正兴. 高校思想政治理论课教师如何讲好“红色故事”［J］思想理论教育导刊，2017（2）：111.

4. 以突出地域红色文化为特色。我国红色文化资源分布广泛，各地都有丰富的红色文化资源。在遴选红色故事时，各高校要以当地红色文化资源为依托，尽可能地挖掘本地区较有影响力的红色故事，彰显地方特色。以四川为例，有的是革命老区，有的是长征经过的重要省份，有的是众多革命先驱、烈士、伟人的故乡，可谓资源丰富、得天独厚。选红色故事突出地方特色，不仅有着开发研究的便利条件，同时也可以使青年学生产生一种亲切感，从而更容易实现红色故事的育人功能。此外，从增强教育教学效果的角度来看，依托当地红色文化资源，各高校可以结合本地实际开展实践教学，使青年学生感知本地革命文化的魅力与独特性，增强民族自豪感、自信心和凝聚力，培养他们热爱本地革命文化的感情，进一步发展和传承优秀的革命文化传统和优秀民族精神。

五、开发思想政治理论课辅助教材的步骤与方法

教材属于教学资源硬件，在教学过程中的作用不可替代。前文已经述及红色故事要“进”的思想政治理论课辅助教材主要有两类，即：“马工程教材辅助读本”校本教材，以及类似“红色文化学教程”等校本教材。开发设计这两类教材，大致上需要按步骤抓好以下三个阶段的工作：

1. 需求与可行性评估阶段。需求与可行性评估是启动红色故事进思想政治理论课辅助教材工作的第一步。这需要承担思想政治理论课教学工作的部门担纲成立课题组，对“红色故事进思想政治理论课辅助教材”的需求与可行性进行评估。课题组应当组织有关人员对学生的学习需求、学校的发展需求、社会的人才需求开展调查研究。这部分内容实质是需求性研究，一方面解决开发设计校本教材的必要性问题，另一方面也要解决教材的针对性和个性化问题，使教材具有相应特色，也能符合师生需求。课题组还应当对开发设计思想政治理论课辅助教材的可行性进行评估。这主要涉及各高校的科研水平、师资力量、经费保障等方面。同时还要评估分析学校所在地的教材资源，如学校编纂相关教材的优势、环境优势如博物馆、纪念馆、展览馆、革命遗址等场所。相对而言，开发设计“马工程教材辅助读本”校本教材的难度较小，更具有可操作性，而开发设计“红色文化学教程”校本教材难度相对较大，因为将红色文化作为一门新兴学科的相关工作尚处在起步阶段，具有较大的挑战性，对学校的科研水平、师资队伍和经费保障等要求较高。不过可以先易后难、先行先试，不必苛求一步到位，比如采取“红色四川教程”的形式，在教材中植入红色故事。

2. 组织与编写阶段。需求与可行性评估结束后，开发设计思想政治理论课辅助教材就进入到“组织与编写”环节，这是红色故事进教材的核心工作阶段。在该阶段，第一步是成立思想政治理论课辅助教材编写小组。教材编写小组是思想政治理论课辅助教材开发设计工作的组织者和实施者，也是红色故事进教材的组织保障。校本教材的编写是一项严肃又科学的工作，教材编写小组要建立一套有效的管理制度，以确保教材编写的有序、科学和规范。第二步是制定辅助教材编写方案。教材编写小组要集中全体成员的力量和智慧，制定辅助教材编写方案。辅助教材编写方案包括教材的结构、特点、模式、目标、要求、方法、安排等。在制定编写方案时，要科学把握红色故事的思想性、教育性、知识性。第三步是教材编写小组合理分工，落实辅助教材编写方案。小组成员要在吃透教材的基础上，根据不同类别教材的情况，精心设计教材与红色故事的对接点，做到红色故事与教材的科学衔接，实现红色故事与教材的和谐统一，力求开发出高水平的思想政治理论课辅助教材。

3. 有序有效实施阶段。思想政治理论课辅助教材编写完毕后，要发挥红色故事的育人功能，关键在于教材的实施，也就是如何“进课堂”“进学生头脑”的问题。一般说来，思想政治理论课辅助教材编写完毕，即意味着红色故事进思想政治理论课辅助教材的工作的完结，但是教材编写的目的在于实施，而且编写教材本身有一个不断完善的过程，需要在实施过程中获得各种信息的反馈来加以改进，所以实施阶段仍然属于教材的开发范围。至于如何有序有效实施，各校可以因地制宜，采取适当方法加以落实。

结语：红色故事是红色文化资源的重要形式，具有文化传承价值功能和政治教育价值功能。较之于其他形式的红色文化资源，红色故事具有聚合性、直接性、经济性的特点，是优质教学资源。将红色故事植入思想政治理论课辅助教材时，要准确界定红色资源拟进的思想政治理论课辅助教材的内涵与类别，合理定位。在遴选红色故事时要以社会主义核心价值观为主旨，以理想信念教育为首要任务、以培育中国精神为重要内容，突出地域特色，并在此基础上认真设计开发思想政治理论课辅助校本教材。

高校心理健康教育中家校合作的现状分析及对策思考*

翟冬雪①

（成都医学院，成都，610083）

摘　要：高校的心理健康教育是大学生素质教育与安全教育的重要内容，当前我国高校大多忽视了家庭因素对学生心理健康的重要影响而片面关注高校自身的教育作用，本文探讨了在构建大学生心理健康教育中家校合作机制的重要性，分析了在当前我国高校心理健康教育中家校合作的开展现状及存在的问题，并在此基础上提出了高校推进心理健康教育家校合作机制建设的对策措施。

关键词：高校；家校合作；心理健康教育

随着社会经济的快速发展和生活环境的不断变迁，当代大学生在生活、学习、情感与适应就业和人际关系等各方面的复杂性增强，近年来大学生群体中出现心理问题、心理障碍的数量不断增加，学生的精神失常、非正常死亡现象给高等学校的安全稳定工作及大学生正常的学习成长造成不良影响，因此高校必须巩固心理健康教育中的薄弱环节，提高心理辅导能力。

通过分析，不难发现，我国高校的心理健康教育存在着一个非常薄弱的环节，即家庭参与的缺失，家长缺乏必要的心理知识，不懂得心理健康教育的技巧与方法，家长、学生心理保健意识较弱②。家长不够重视子女的心性成长，

---

* 基金项目：四川大学生思想政治教育研究中心项目“‘互联网+’时代提升高校心理辅导能力的家校合作模式探索”（18S022）。

① 作者简介：翟冬雪（1989—），女，满族，河北承德人。河北师范大学教育学硕士，基础心理学专业。研究方向：教育心理、认知心理。目前任职于成都医学院，专职辅导员。

② 李斌，邵蕊．家校合作在大学生心理危机干预中的作用研究［J］．北京教育（德育），2012（4），56—58.

不能主动地、正确有效地对子女进行心理疏导，甚至还可能因为亲子沟通不畅或教育方法不当而加重孩子的心理负担，导致其产生心理困扰、心理障碍甚至发展为心理疾病。可见，高校的心理健康工作是一项系统而全面的工程，家庭对于大学生心理监控的预防和维护发挥着重要的作用，良好的家校合作可以促进家庭教育优势的发挥，高校的心理健康工作指导家庭的心理教育，反过来家庭教育也能强化和支持学校教育，最终实现家校双方优势的相互利用和相互补正①。在互联网技术飞速发展的今天，如何充分利用互联网的优点服务高校大学生心理健康教育已然成为重要的研究方向，特别是在“互联网+”背景下通过学校与学生家庭分工合作提高大学生心理素质、预防和解决大学生心理问题就显得尤为重要。

一、家校合作的基本理论概述

家校合作的实质是在教育过程中学校与家长的双向互动交流活动，一方面，学校教育要服务于家庭教育，接纳、鼓励、引导家长参与到学校教育中来；另一方面，家长也需要积极主动地为学校教育提供支持与配合。开展家校合作是为了促进家庭教育与学校教育的优势互补，以使学校教育能够对家庭教育发挥良好的指导作用，反过来家庭教育又能强化与支持学校教育。因此，家校合作要以学生为出发点和中心，以提高教育质量、完善教育措施、促进学生的全面发展为最终目的②。此外，家校合作还必须积极争取社会各方力量的参与，因为家庭、学校和社会三个方面在学生的教育过程中分别发挥着各自的重要作用，任何一方面的缺失都有可能对整个教育系统的运行产生不利影响，只有三方面做到互相配合、协调合作，方能保证整个教育系统的良好运作。因此，家校合作不仅要求学校和家庭两方面的参与合作，也需要鼓励社会力量的参与配合③。

当前，各个国家、不同教育阶段的学校及教育学者已意识到学校教育中开展家校合作的重要性，随着不断发展的家校合作理论，为开展相关实践提供了全面而有力的支撑：

---

① 赵娟，徐彩意．心理健康教育家校合作现状调查与对策研究［J］．教学与管理，2015：44－46.

② 赵娟，徐彩意．心理健康教育家校合作现状调查与对策研究［J］．教学与管理，2015：44－46.

③ 张丽竞．国内外中小学家校合作研究综述［J］．教育探索，2010：158－159.

第一，20世纪80年代美国学者科尔曼提出了社会资本理论，理论中所谓的社会资本是指内在于社区组织和家庭的一整套资源，而教育层面的社会资本主要分为两个部分："家庭外社会资本"与"家庭内社会资本"，这些资源虽然各有不同，但都有助于促进儿童或青少年的认知发展及社会发展①。科尔曼深入调查分析了美国社会资本不同的三类学校：教会学校、私立学校和公立学校，结果发现，就读于社会资本较高的教会学校中的学生，其辍学率显著低于社会资本相对较低的私立学校和公立学校的学生，其学业成绩也明显高于另外两类学校的学生。由此可见，学校与家庭和所在社区之间增加沟通与联系，可以增加教育层面的社会资本进而提高教育功效，使学生得到更好的发展。社会资本理论的提出，使得学校认识到家校合作的重要性并开始加强与学生家长及所在社区的沟通合作，也促使家长和社区组织积极提高学校教育的参与度，可以说在很大程度上促进了美国家校合作的发展扩大。

第二，美国学者爱普斯坦在科尔曼的社会资本理论和 Bronfenbrenner 的发展生态学理论的基础之上提出了重叠影响阈理论，Bronfenbrenner 的生态学理论认为，人的发展受到个体与生态环境之间的互相作用与影响，而个体的生态环境又是由家庭、社区、学校及社会大环境等层次与结构不同的系统所构成的一个有机整体②。生态学理论指出了学校、家庭与社会组织在个体的教育过程中存在交互作用，但忽略了这些不同层次与结构的系统对学生所产生的整体影响。爱普斯坦基于此提出了重叠影响阈理论，他认为家庭、学校与社区三方在学生的教育过程中目标一致、任务共担，同为学生成长发展的重要依托，只有三方之间保持紧密联系和高质量的互动，对学生的教育产生重叠的作用与影响，才能发挥整体的优势作用，有效促进学生的发展与成长。

第三，20世纪70年代产生的权变管理理论也大大推动了家校合作相关的理论发展。权变管理理论的核心是力图研究组织的各个子系统和子系统之间的相互联系，以及组织和它所处的环境之间的联系③。基于权变管理理论，教育系统作为社会大系统内部的一个子系统，与社会大环境和社会的其他子系统之间都有着高度紧密的联系性。随着人类教育从封闭向开放的不断发展，近些年来人们逐渐意识到构建家庭、学校与社会三位一体的教育模式的重要性，教育离不开三者的共同参与、相互配合与整合协调。而且在当今社会影响教育的因

① 贾莉莉．美国家长参与学校教育研究［D］．北京：北京师范大学，2005．

② 陈铮．中美中小学家校合作的比较研究［D］．武汉：华中师范大学，2004．

③ 杨文士，张雁．管理学原型［M］．北京：中国人民大学出版社，1994：61．

素复杂多变，整个社会对儿童和青少年的教育要求不断提高，仅靠学校教育单方面的力量显然难以实现教育的目标，而必须加强学校与家庭和社会系统的联系和沟通，三者的资源共享和协调配合才能合力促进学生的全面发展和教育的不断进步。

二、构建大学生心理健康教育中家校合作机制的重要性

大学生的心理健康教育工作，是一项需要学生家长直接参与并密切配合的工作，只有高校教育与家庭教育形成合力，方能真正对学生的心理健康发展起到促进作用，继而全面提升大学生的综合素质。高校与家长的沟通与合作是提高大学生心理健康教育工作质量的重要条件：首先，每个孩子最初的教育都来源于家庭，血缘关系使家长与子女间形成十分亲密的感情联系，家长能够通过天然的亲情对子女进行有效的引导、熏陶，子女也会因为亲缘纽带和依恋关系而更容易接受家长积极情感的感染和影响，从而有助于培养学生良好的心理健康素质①。另外，父母与孩子朝夕相处，非常熟悉孩子的性格特点与成长背景，相比教师更容易发现孩子的心理困扰和问题，也更容易从实际出发，就地取材，对学生开展灵活而有针对性的心理疏导和教育，从而克服针对性不强、不够及时或顾此失彼等学校心理辅导中易出现的问题。其次，构建大学生心理健康教育的家校合作机制，有助于最大限度地发挥高校的优势，高校会综合地运用心理学、教育学以及其他相关学科的理论和技术对学生进行心理健康教育和引导，过程中会将提高学生心理素质、发展学生心理机能的目标贯穿始终，对于学生在学习和生活中出现的心理困扰与问题，也会采用科学的方法与途径进行化解和疏导。可以说，高校心理工作教师掌握着比学生家长更为专业全面的理论知识和更加系统科学的教育方法，因此通过运行良好的家校合作机制，有助于高校充分发挥自身优势，有组织、有计划、科学系统地指导学生家长进行孩子的心理健康教育，帮助重智育、轻心理教育的家长走出相应的教育理念误区，同时帮助家长学习科学系统的教育和心理知识，提高家长对孩子开展心性教育的能力水平。再次，高校心理健康教育工作，除了涉及一般性的学生心理问题，也会经常涉及大学生心理危机的干预。出现严重心理问题的大学生较容易发生意外情况，这种情况下高校和学生家长之间保持密切联系与良好合作，能够保证学生心理危机干预工作的顺利开展，保证高校及时与家长沟通学

① 陈凤梅. 浅谈心理健康教育中的家校合作［J］. 广西教育学院学报，2008（6），57-61.

生的心理状态与行为表现，双方形成合力，共同应对和处理危机事件。此外，在大学生心理危机干预过程中常涉及转介、治疗、陪护等环节，需要作为学生监护人的家长签署相关意见①。因此，为了促进大学生的心理健康发展，培养和塑造健全的人格，顺利高效地开展大学生心理危机干预工作，必须推进和建立健全高等学校心理健康教育的家校合作机制。

高校开展心理健康教育家校合作的意义重大而深远，然而，目前国内只有少数几篇文章探讨了大学生心理健康教育中的家校合作问题，比如高飞（2012）的研究指出："90后"大学生群体的自主意识很强，需要建构有针对性的"学校主导、家庭参与"的家校合作新机制，他还分别从如何建立家校合作制度、有效发挥学工部门的保障作用以及加强辅导员老师与学生家长的互动沟通三个方面具体阐述了建立家校合作机制的方法与原则②；赵晨光（2016）指出现阶段高校在大学生心理辅导的过程中普遍偏重对学生心理问题的矫正和干预，而对学生积极情绪体验和良好心理品质的培养却相对缺乏，因此他提出了以积极心理学为理论基础的教育模式构想，采用个案、小组等工作方法，以问题预防及长足发展为主的家校合作互助模式可促使高校提高心理辅导能力③；李斌和邵蕊（2012）研究指出在大学生的心理危机干预过程中家校合作的作用重大，高校要在培养学生的心理素质的同时，通过多方式多渠道开展家校间的沟通交流，整合家校社会多方资源，并延伸学生心理危机的预后处理，建立健全家校合作联动机制④；余洁（2012）指出构建家校合作机制对大学生心理危机干预存在重要意义，对当前高校的心理危机干预工作以及家校合作中存在的问题进行了分析，并且提出了强化合作理念、完善合作制度及拓宽家校合作渠道等具体措施⑤。在高校教育实践中，我们也不难发现，大多数家长对孩子的心理健康教育缺乏应有的重视，大部分心理问题的干预处理得不到学生家长的积极配合，因此，探索高校心理健康教育的家校合作模式，提高大学生

① 余洁. 论大学生心理危机干预及家校联动机制的建立［J］. 长沙铁道学院学报（社会科学版），2012，13（1）：246－247.

② 高飞. 构建大学生心理健康教育新机制——来自家校合作的视角［J］. 山东商业职业技术学院学报，2016，16（1）：91－93.

③ 赵晨光. 基于"家校合作互动"理念的高校大学生心理健康教育模式探索［J］. 高教学刊，2016（6）：251－252.

④ 李斌，邵蕊. 家校合作在大学生心理危机干预中的作用研究［J］. 北京教育（德育），2012（4）：56－58.

⑤ 余洁. 论大学生心理危机干预及家校联动机制的建立［J］. 长沙铁道学院学报（社会科学版），2012，13（1）：246－247.

心理辅导工作的针对性与实效性，是提升我国高校心理健康辅导能力所面临的一个尚待解决的重要课题。

三、当前我国高校心理健康教育中家校合作的现状及存在的问题

第一，学生、家长与高校对心理健康教育中的家校合作都存在不同程度的认识偏差。

相关调查研究显示，参与调查的两百名大学本科生中，大一到大四不同年级的大学生均存在不同类别的心理困惑，其中有40%的大学生表示在与家长的沟通中存在问题，但是只有31%的大学生认为有必要开展心理健康教育方面的家校合作，有45%的大学生虽认识到家校合作的重要性但对其能否有效发挥作用持怀疑态度，另有24%的大学生对家校合作的开展持反对态度①。可见，有相当一部分大学生对学校和家长直接的交流沟通不愿理解、不愿配合，教育实践中我们也常感受到，大学生容易对老师与家长的沟通产生抵触情绪，认为老师与家长沟通是管理中小学生的模式，而作为已经是成年人的大学生，更应该做到自我管理和自己处理问题，家长的介入不但无法解决问题，还可能因为家长的担心和唠叨适得其反②。

家长对家校合作的心理教育的认识同样存在偏差，调查显示，只有不到5%的学生家长十分认同而且非常愿意参加到家校合作中，80%以上的家长认为可以参加到合作行动中来，另外还有15%的家长因为没有时间等原因而对家长参与的心理教育合作活动持反对的态度，能够做到主动和学生的心理老师或辅导员联系沟通，或者是能主动参与大学生心理健康教育的家长仅仅有4.65%③。究其原因，客观上大多数学生进入大学后与父母的时空阻隔拉大，导致父母对子女的教育和管理职能淡化；主观上父母认为将孩子送到远在他乡的高校，就已经把孩子交予了老师和学校，学校应该对孩子在校期间的学习、生活和身心健康等各方面负责，而且有相当一部分家长认为自己的学历低、知识不足，而老师才是教书育人的专家，十分信任和依赖老师对子女的培养教

① 李斌，邵蕊．家校合作在大学生心理危机干预中的作用研究［J］．北京教育（德育），2012（4）：56－58．

② 粟晏．高校校家互动的现状、原因及对策研究［J］．教育与职业．2011，18：173－175．

③ 李斌，邵蕊．家校合作在大学生心理危机干预中的作用研究［J］．北京教育（德育），2012（4）：56－58．

导。进入大学后多数家长对孩子的关心主要集中于学业、生活和经济，而对孩子的情感和心理状态的关心较少，加之我国长久以来心理健康知识的传播和普及不到位，很多家长对心理疾病有偏见，讳莫如深甚至抗拒、回避，缺乏正确的认识，不能够正确对待，甚至会隐瞒子女的心理病史，或因担心涉及休学、退学问题而谎报病情，不支持、不配合高校的心理健康教育和危机干预工作。家长不支持、不配合，是导致大学生在校园自杀的重要原因之一①。

高校方面，虽然绝大部分心理教师和学生管理工作者认识到大学生心理健康教育的家校合作十分重要，但仍有少部分高校教师对家校合作存在认识上的偏差，认为到高校求学的大学生通常是来自全省、全国各个地区，空间和时间上的阻隔使得教师与学生家长的沟通多是通过电话进行联系，非常不方便，效果也不显著，而且高校教师普遍认为家长缺乏心理学、教育学知识，对子女的心理问题无法做到正确认识和妥善对待，再加上高校的人力和物力有限，因而不重视、不积极甚至放弃与学生家长的沟通联系。此外，还有一种看法，认为高校的心理健康教育中的心理危机干预工作，直接涉及学生的生命安全，属于“高危工作”，承担的责任十分重大，因此一旦发现心理问题严重的在校生，为了减少学校处理危机事件的压力，应尽力说服家长办理休学或退学，将问题学生带走。

第二，高校心理健康教育的家校合作制度尚待完善。

家校合作的大学生心理健康教育本应是一项由高校主导，学生家长积极参与的有组织、有计划的工作，但是当前绝大部分高校缺少心理健康教育家校合作的整体工作规划，几乎没有学校的心理健康教育制度和工作计划之中包含有家校合作的相关内容，即使有一些学校在心理健康教育工作中对家校合作有所提及，也是设计不够全面、内容不够详尽且可操作性不强的，可以说并未真正搭建起有效开展家校合作的平台。总之，当前我国高校心理健康教育的家校合作制度还未健全，随意性很强，容易导致实施的过程中出现计划不周、准备不足和组织不力等情况，最终影响整个工作的顺利开展。

第三，大学生心理健康教育的家校合作实践活动有待改进。

当前我国高校的心理健康教育工作中还未搭建起家校顺畅沟通的平台，学生父母与辅导员或心理教师的沟通甚少，平时即使交流也主要限于学业成绩和在校表现；学校与学生父母的沟通大多是因为学生在校身体有恙、违规违纪、

① 廖深基. 提升大学生心理危机干预水平探析［J］. 福建农林大学学报（哲学社会科学版），2009，12（6）：100—103.

受到学业警示或其他突发事件而不得不与父母联系，双方间的沟通甚少涉及学生的心理健康、人际交往或道德品质。在心理问题干预的实践中，家庭的介入往往是在学生出现了突发心理疾病、自杀自伤、人际冲突等比较严重的心理危机状况之后被动参与进来的，因而被动性和临时性较大。并且，高校所能掌握的信息不够全面细致，而学生家庭的各方关系往往比较复杂，无法全面把握，导致高校在开展心理健康教育的家校合作工作时灵活性和效率性欠缺。此外，我国的家校合作还处于即时的阶段，属于“救火”式而不是“防火”式[①]。大学生心理健康教育的家校合作同样如此，过于重视问题出现后的解决，而不是问题出现前的预防，而且家校合作的方式也相对单一，流于简单的电话沟通或书面通知，心理危机出现的情况下才进行短期的合作，总之，以上种种问题都有待在今后的家校合作实践活动中不断改进。

四、高校推进心理健康教育家校合作机制的对策措施

第一，加强合作理念，转变认知偏差。

强化学校与家长之间的合作意识，使双方在教育理念上达成共识，是家校合作工作顺利推进的前提条件和根本基础。学校与家长都应进一步明确心理健康教育的重要意义，认识到大学生的心理健康教育是素质教育的重要组成部分，也是学生全面发展的基础和保障。另外，家校双方也应明确开展合作的重要性，意识到双方良好合作、发挥各自的优势是保证学生心理健康的重要条件，一方面，高校要切实承担起心理健康教育中家校合作的主导任务，充分发挥心理教师、辅导员、班主任在家校合作工作中作为指导者和组织者的作用，做到主动和学生家长沟通交流，鼓励家长积极主动地参与到学校的心理健康教育工作中来，通过电话、网络、面对面沟通等多种方式向家长传输心理学、教育学的基本知识，及系统、科学的心理健康教育方法，帮助家长树立合作理念，使双方联合起来共同提升大学生的心理素养、预防心理疾病、干预心理危机。另一方面，家长和学生也要转变认知偏差，家长要将关注点从智能教育方面扩展到德育、素质教育、心理健康教育等各个部分，更要认识到父母应成为大学生心理健康教育的监护人和参与者，而不仅仅担任旁观者的角色，要与学校分工合作地对孩子进行心理健康教育。

① 余洁. 论大学生心理危机干预及家校联动机制的建立［J］. 长沙铁道学院学报（社会科学版），2012，13（1）：246－247.

第二，健全合作制度，切实推进家校合作的开展。

建立健全大学生心理健康教育的家校合作制度，是顺利开展家校合作工作的有力保障，为了避免家校合作流于形式、过于随意，高校应根据自身的实际情况建立科学而有效的家校合作制度，从而鼓励、指导并规范家长参与学校心理健康教育的行为。首先，需要进一步明确高校心理健康教育制度的相关政策要求，充分贯彻落实心理健康教育政策中关于利用各方面力量的要求，促进学校和家庭形成合力，将建立健全心理健康教育的家校合作机制全面纳入学校的学生工作制度框架中去，为大学生心理健康教育的家校合作工作提供政策保障和制度依据。其次，针对高校当前普遍存在的心理健康教育专业人员不足和物资短缺的问题，高校的学生工作部门应提高心理健康工作专业人员的数量与质量，同时加大财力物力投入，为心理辅导专业人员提供开展家校合作的工作津贴，组织相关技能培训与学术讲座，保障网络平台与相关技术支持，为家校合作的开展提供人才保障和物资保障。再次，高校的学生工作部门和心理健康教育中心应该联合起来，制定一套切实可行的心理健康教育家校合作工作体系，将此项工作分工明确具体，落实到人，并且将此项工作作为考核和评价相关工作者工作业绩的重要指标，切实推进家校合作工作的开展。

第三，拓宽合作渠道，保证家校联系通畅。

首先，鉴于高校的生源来自全国各个地域，家校合作受到时间和空间上的双重限制，传统的家校联系形式如家长会、老师家访等联系渠道比较受限，而互联网却能够不受空间限制来进行信息交换，而且使用范围广、使用成本低，可以实现人与人、人与信息的互动交流。因此在“互联网+”的大背景下，高校应努力拓宽家校合作的新渠道，充分利用网络资源，开发 QQ、微信、微博等联系渠道与家长进行沟通交流；同时开发网络课堂、家校论坛、网络心理热线等合作渠道，保证大学生心理健康教育的家校联系通畅。此外，在不断开发家校合作新渠道的同时，也需要充分利用电话、信函等传统的联系渠道，可通过定期的家长座谈会、定期家访等常规的合作方式，有针对性地向学生家长反馈学生的心理健康问题，保证家长能够及时掌握孩子的心理健康状态，从而与学校专业人员密切配合，共同进行心理教育和危机干预。

总而言之，心理健康是时代的主题，优化大学生的心理素质是大学生、家长和高校需要共同面对的时代课题，高校的心理健康教育工作不仅需要高校自身的努力，也需要学生家长的配合与支持，建立健全高校心理健康的家校合作制度，加强高校与家长之间的交流合作，共同促进大学生心理素质和综合能力的提升，是新时代、新形势对人才培养提出的必然要求。

论高校哲学社会科学工作者开展学术研究的理论构图*

雷　伟①

（四川南充，西华师范大学，637000）

摘　要：描绘新时代高校哲学社会科学工作者开展学术研究的理论构图，必须始终坚持马克思主义这一根本主线，在学习上、行动上和实效上永葆马克思主义的鲜亮底色，必须始终服务于师生员工需要这一核心旨趣，紧紧依靠广大师生员工深入开展学术研究，必须始终面向具体实践需要这一最终指向，紧密结合我国历史发展实际、高校办学实际和哲学社会科学学科专业实际，努力创造无悔于时代的辉煌学术业绩。其中，主线是根本，旨趣是前提，指向是目的，分别聚焦“坚持什么做”“具体做什么”和“为什么这样做”，这三个方面构成一个联系紧密而不可分割的辩证整体，共同架构新时代高校哲学社会科学工作者开展学术研究的理论图谱。

关键词：新时代；马克思主义；师生群众；实践需要；辩证逻辑

高校哲学社会科学工作者的学术研究水平反映着高校的思维能力、精神品格和文明素质，是高校发展总体水平和核心竞争力的重要指标。我们的高校要建成世界一流大学，绝不能忽视哲学社会科学的重要作用，绝不能忽视哲学社会科学工作者的重要作用。办好中国特色社会主义高校，培养社会主义合格建设者和可靠接班人，需要哲学社会科学工作者在理论和实践上接续探索，用与时俱进的鲜活理论指导不断发展的实践。在这一过程中，哲学社会科学工作者

* 基金项目：2018 年四川省教育厅项目“美育维度下的大学生思想政治教育研究”（CSZ18033）；2018 年南充市社科联项目“微信场域内大学生价值观教育引导理路研究——以南充三高校为例”（NC2018C008）；2017 年西华师范大学基本科研项目“优秀辅导员培育的谱系学研究”（17F016）。

① 作者简介：雷伟（1986－），女，汉族，山东花平人，硕士研究生，主要从事大学生思想政治教育研究。

在高校哲学社会科学发展中扮演着不可替代的重要作用。然而，目前国内学界对高校哲学社会科学工作者的研究并没有引起足够的关注和应有的重视，研究成果偏少且研究主题分散，关注点零星。为此，以高校哲学社会科学工作者开展学术研究为对象进行理论构图，尝试揭示其学术研究需要坚守的主线、秉持的主题、研究的目标指向，进而呈现这一学术构图的逻辑架构，无疑是加强高校哲学社会科学研究的新的理论增长点，必将为新时代高校哲学社会科学繁荣和发展产生积极意义。

一、主线：始终葆有马克思主义的鲜亮底色

坚持马克思主义的指导地位，是高校哲学社会科学工作者开展学术研究的鲜亮底色，也是贯穿其学术研究过程始终的主线。坚持马克思主义的指导地位，不仅看学习，更要看行动，最终看实效，这就要求必须从根本上学懂弄通，知其要义、懂其精髓，同时要确保见诸行动、落到实处，最终见到实效、看到结果。

首先，看学习。学习是行动的先导。高校哲学社会科学工作者开展学术研究必须先学一步、深学一层，带头学、深入学、学深入，要走在非哲学社会科学学科专业同仁的前面，做到率先垂范、以身作则，为其他学科专业人士进行学习树立“典范”“榜样”和“样板”，确保学到深入去、学到点子上、学出真知来，形成带动效应。要系统学，以马克思主义三大组成部分为重点，结合个人从事学科的专业实际，从哲学、政治经济学到科学社会主义，分别列出专题进行系统学习和研究，抓住重点、分清主次，做到各部分学习内容的融汇贯通。要原汁原味学，学原著、学原文、学原理，以文本为主要学习对象，逐字逐句逐段进行分析和研读，运用体验式学习法，身临其境体味文本产生的原初语境，真切把握文本的本真内涵，从文本中感受真理的魅力，获得前进的力量。

其次，看行动。行动是学习的实现。高校哲学社会科学工作者开展学术研究要保持良好的行动状态，守得住定力、沉得住气，“审时度势、深思熟虑、尊重规律，该稳的要稳住，该进的要进取，把握好工作的节奏和力度”[①]，努力把学习内容转化为具体工作中的鲜活实践；要集中精力，认准了就干、看准了就上，善始善终、善作善成，真正把行动落地落实；要把行动当作追求，行

① 习近平新时代中国特色社会主义思想三十讲［M］，北京：学习出版社，2018：330.

动顺利时戒骄，不顺时戒躁，坚韧不拔、百折不挠，始终保持清醒有为的精神面貌和良好状态，以钉钉子的精神抓好学习安排和行动计划的落实。要秉持好的行动方法，一步一个脚印地务实行动，努力在现实环境的变化中求新、在新中求进、在进中求好；要边行动边总结，以问题为导向，找弱项、寻短板，减少盲目性，增强有效性；要尊重客观规律，抓主要矛盾和矛盾的主要方面，分清主次、区分缓急，以重点牵动整体、带动全局。

第三，看实效。效果是学习的目的、行动的升华。在思想指导上面向马克思主义取得实际成效，“既要体现在深入学习上，更要体现在贯彻落实上；既要有认识上的新提高，更要有运用上的新成果”①，这就需要高校哲学社会科学工作者开展学术研究过程中必须从意识形态角度检测学习实效，坚持马克思主义在意识形态领域的一元化指导地位，从这一角度审视学习成效是面向马克思主义的根本原则和底线要求。要从教育者的角度检测学习实效，高校哲学社会科学工作者身处高校这一特殊空间，根本使命是服务于人才培养，这就必然要求站在教育供给方进行学术研究，以最终服务于高校教育教学，服务于立德树人的根本任务。要从自觉自为的角度检测学习实效，坚持以马克思主义为指导，必须内化于心、入脑入心，切实转化为理论自觉和行动自觉，自觉把正确的政治方向和学术研究导向结合起来，自觉把马克思主义的“道理”和学术研究的“学理”结合起来。

二、旨趣：始终服务师生员工的需求

坚持马克思主义为指导，是高校哲学社会科学工作者开展学术研究理论构图的主线。在此基础上，我们需要从研究主题要义维度上进入高校哲学社会科学研究的内部，揭示其学术研究的理论旨趣。换句话说，就是要坚持以师生员工为中心，“永远要有逢山开路、遇河架桥的精神，锐意进取，大胆探索，敢于和善于分析回答现实生活中的和群众思想上迫切需要解决的问题”②，全面回答好开展学术研究“为什么人”的重要命题。

一方面，紧紧依靠师生员工开展学术研究。师生员工之所望，学术研究之所向。要准确把握师生员工是高校发展“剧作者”，也是“剧中人”的主体角色和地位，切实在学术研究的旗帜上写上师生员工的名字，真正做到依靠师生

① 习近平，干在实处　走在前列——推进浙江新发展的思考与实践［M］，北京：中共中央党校出版社，2006：13.

② 习近平谈治国理政［M］，北京：外文出版社，2014：21.

员工做学问、依靠师生员工拿笔杆子。要坚持把师生员工对美好学习生活环境的向往作为学术研究的出发点和落脚点，牢固树立以师生员工为中心的研究理念，拜师生员工为师，向师生员工学习，时刻不忘强烈的忧师生员工、爱师生员工、为师生员工、惠师生员工之心，关注师生员工的需要需求，回应师生员工热点难点，全心全意、真心实意把实现好、维护好、发展好广大师生员工的集体诉求和根本利益作为学术研究的根本生命线。要在做好冷板凳的前提下，适时适量适度走出书斋、走向生活、走进师生，到师生员工的日常学习生活中用脚丈量研究的深度、广度和尺度，从师生员工学习生活实践中获得学术研究灵感，从师生员工的学习生活实际中汲取学术研究涵养。只有紧紧依靠广大师生员工，才能使学术研究更接地气、葆生机、显活力，否则高校哲学社会科学工作者的学术研究就会失去水源供给，失去生命力、影响力和感染力。

另一方面，始终为了师生员工做好学术研究。高校哲学社会科学工作者的学术研究绝不能仅仅局限于为个人服务、为少数人服务，必须牢固树立为师生员工做研究的学术理想和人生追求，尊重师生员工的主体地位，尊重师生员工的创新创造，主动把个人学术研究同国家和民族发展、同高校教育教学发展、同人才培养具体实践联系在一起，努力在为师生员工的服务中实现学术研究的价值。必须始终坚持研究为了师生员工，为了师生员工开展研究，从师生员工中来、到师生员工中去，问研究选题于师生员工、问研究思路于师生员工、问研究对策于师生员工，切切实实通过学术研究服务于师生员工。必须面向师生员工的需求推出研究成果，努力把理论研究、把学术文章写在高校事业发展的大地上、写在师生员工现实需要上，集中精力研究一些师生员工看得见、摸得着、感受得到的民生问题，切实以理论研究推动师生员工学习、生活和工作条件的改良改善，使学术研究成果始终保持师生员工的立场和学习生活的温度，以实实在在的研究成果为高校改革发展做出应有的积极贡献。

三、指向：始终面向具体实践的需要

上述是从理论视角上建构的高校哲学社会科学工作者开展学术研究的主线和主题。从学术构图的视角来看，从总体上研究高校哲学社会科学工作者开展学术的理论逻辑之后，就需要从理论指导实践、理论服务于实践的角度将这一逻辑细致完整地呈现出来。

第一，紧紧依托我国的具体实际开展研究。“绵延几千年的中华文化，是中国特色哲学社会科学成长发展的深厚基础”①，要从我国悠久历史发展中汲取研究营养，中华文明历经长时间的岁月沉积和发展积淀，涌现了不计其数的思想大家，留下了伟大而丰厚的文化遗产，七千年历史文明留下的精神遗产，是高校哲学社会科学工作者开展研究的丰富养料，只有依据这些智慧、大胆吸收这些智慧并用好用活这些智慧，才能有效开展学术研究。要从我国的时代发展中汲取营养，深切把握我们已经从“未发展起来”进入“发展起来以后”这一新阶段的新环境、新的发展条件及其带来的新变化，深切把握我们面临的新的社会主要矛盾，全面完整准确理解人民日益增长的美好生活需要和不平衡不充分的发展之间矛盾的精准内涵，深切把握我们从站起来、富起来到强起来的新目标，脚踏实地为实现中华民族伟大复兴贡献力量。依托我国具体实际，不仅包括国内实际，也包括我们身处的国际实际。为此，也要从我国所处现实国际语境中汲取营养，深切把握我国的发展理念、发展道路、国际话语权的力量和分量，我们所倡导的天下为公、求同存异、和合共生等思想取向所显现的独特价值，努力当好世界舞台上“中国好声音”传播者。

第二，牢牢扭住我国高校的办学实际进行研究。要坚持为人民服务的高校办学经验总结，在正确的高等教育观、人才培养观、大学生成长成才观、教育教学规律观的指引下，时刻坚守培养社会主义合格建设者和可靠接班人的使命，为培养知大理、明大任、担大责的身心健康的高素质专门人才贡献哲学社会科学工作者的力量。要坚持为党治国理政服务的高校办学经验总结，用新时代中国特色社会主义奠定学术研究的理论基础，用社会主义核心价值观为指导开展研究，多层次、多领域发出高校哲学社会科学工作者的声音。要坚持为巩固和发展中国特色社会制度服务的高校办学经验总结，正确认识世界和中国，科学看待国内外形势，增强制度自信，以新时代新的精气神投入学术研究，自觉把个人理想追求融入中国梦，切实为中国特色社会主义事业传播正能量。要坚持为改革开放和社会主义现代化建设服务的高校办学经验总结，努力在改革开放和社会主义现代化建设伟大实践中创造更多有质量、有热度、有温度的原创性哲学社会科学研究成果。

第三，紧密结合所从事学科专业特点做好研究。哲学社会科学是一个涵盖诸多学科分类的范畴，高校哲学社会科学工作者要把握哲学社会科学发展的整体规律，认真分析哲学社会科学与自然社会科学的差异，在比较中梳理哲学社会科学的历史脉络、演进形态、形成体系、发展趋向、分类标准、职责功能及

① 习近平谈治国理政，第2卷［M］，北京：外文出版社，2017：339.

其对经济社会发展的价值和意义，为做好具体研究奠定学理基础。在此基础上，根据所从事的具体学科专业特点，把握哲学社会科学发展的一般规律和具体学科的特殊规律之间的辩证关系，实现宏观与微观的有效对接，采取易于传播和分享的手段和形式，进行形象化解读、故事化表达，深入浅出地开展好本领域学术研究各项工作，努力研究出特色、研究出水平，让研究成果“大众化”和“化大众”，为师生群众所掌握、所喜闻乐见。同时，积极借鉴和吸收其他一切学科专业的研究优长，融入所从事学科专业领域，真正让本领域的学术研究从“书斋里的学问”变成“实践中的指南”，创造既有数量又有质量，既有高度又有温度，既饱含理论气质又不失实践秉性的成果。

四、结语

最后，我们需要追问的是：高校哲学社会科学工作者开展学术研究理论构图的逻辑基点是什么？当然，这一理论构图的考量基点可以从多个方面或层次展开，但我们认为重要的是围绕主线、旨趣和实践，也就是说，开展这种构图必须明确坚守一条主线，明确围绕一个主题，明确指向一种需要或具体实践需要。

我们说，主线是“坚持什么做”，旨趣是“具体做什么”，指向是“为什么这样做”，三个方面是一个联系紧密而不可分割的辩证整体。其中，旨趣是前提，主要强调高校哲学社会科学工作者开展学术研究的主题，核心是紧紧依靠师生员工开展学术研究，始终为了师生员工做好学术研究。主线是根本，高校哲学社会科学工作者开展学术研究必须始终坚持马克思主义这一贯穿全部的主线，真正把这种坚持落实到学习上、行动上和实际效果上。指向是目的，理论最终要指导并服务于实践，这是开展学术研究的价值和意义所在。高校哲学社会科学工作者只有牢牢把握马克思主义这一主线，紧紧依靠并服务于广大师生群众，紧密结合我国历史发展实际、高校办学实际和哲学社会科学学科专业实际，才能创造无悔于时代和师生群众的辉煌学术业绩。

正是遵循这种辩证逻辑，高校哲学社会科学工作者才能在开展学术研究过程中练就政治强、业务精、作风好的过硬本领，才能成为先进思想的倡导者、学术研究的开拓者、社会风尚的引领者、党执政的坚定支持者。高校哲学社会科学工作者要认真审视这种辩证逻辑的原初内涵和内在关联，紧扣高校哲学社会科学研究中的“发展困惑”“成长烦恼”，以勇立时代潮头的魄力，以精通古今变化的学养，以勇发思想先声的担当，坚定肩负起为党和人民述学立论、建言献策的伟大使命，为打造高校哲学社会科学研究高地做出新的更大贡献。

基于360指数的生命教育大数据分析研究

李贵兵[①]

（西华师范大学政治与行政学院，四川南充，637002）

摘　要：本文借助360指数平台，以“生命教育”为搜索关键词，对生命教育进行大数据分析。通过分析研究发现，公众对生命教育的整体关注不断加强，但是更多的关注的是“生命教育是什么”、如何开展生命教育班会等层面的内容，30～49岁的人群对生命教育的关注度最高，东部地区对于生命教育的关注度高于中西部地区。因此，需继续加强对青少年的生命教育，在教育中要注意教育形式的创新，要加强生命教育的实证研究和死亡教育研究。

关键词：生命教育；360指数；大数据

“全部人类历史的第一个前提无疑是有生命的个人的存在”[②]，人的生命是宝贵的，对人进行生命教育是必要的。20世纪60年代，美国学者杰·唐纳·华莱士率先提出生命教育思想，并进行生命教育实践，其后的几十年间，英国、澳大利亚、日本、我国的港澳台地区先后开展了生命教育。20世纪90年代后期，生命教育进入我国大陆，并逐渐受到重视，2010年7月，国家发布的《国家中长期教育改革和发展规划纲要》明确指出要重视生命教育，为生命教育的发展指明了方向，进一步推动了我国生命教育的实践与理论研究进程。就全社会而言，生命教育的关注度如何？哪些人在关注生命教育？这些人在关注生命教育的哪些方面？从中反映出我国生命教育存在哪些问题？这些都需要我们进行具体深入的研究。但是若用传统的方法对上述问题进行全国范围内的调查，因其涉及面太广，需要耗费大量的时间、人力、物力、财力，难度太

① 作者简介：李贵兵（1987—），男，安徽宣城人，助教，法学硕士，主要从事马克思主义理论与思想政治教育研究。

② 马克思恩格斯选集（第1卷）[M]. 北京：人民出版社，1995：67.

大。2015 年 11 月，中共中央在第十三个五年规划的建议中明确提出，“实施国家大数据战略，推进数据资源开放共享”，将大数据理念引入生命教育研究中是时代的必然。现有的大数据网络平台如 360 指数等具有免费、开放度高、数据量大等优势，能够为研究提供重要的数据支持，为解决上述问题提供了现实可能性。

一、数据来源

互联网是现代社会信息的集散地，使用互联网搜索引擎获得自己想要的相关信息也是网民们最常用的获取信息的方式。2018 年 8 月 20 日，中国互联网络信息中心（CNNIC）在京发布第 42 次《中国互联网络发展状况统计报告》显示，截至 2018 年 6 月 30 日，我国网民规模达 8.02 亿，互联网普及率为 57.7%，其中使用搜索引擎用户规模达 6.56 亿，使用率为 81.9%。①

360 搜索是奇虎 360 公司开发的综合搜索引擎，是国内第二大搜索引擎。360 指数是以使用 360 搜索引擎的用户发出的海量搜索数据为基础的数据分析分享平台，平台拥有“变化趋势”“需求分布”“用户画像”等功能模块，用户可以通过搜索关键词的方法直接获得关注度、关注趋势、曝光量、相关搜索词等相关数据。360 指数能够对海量数据进行分析，为大规模调查研究提供了现实可能性，弥补了抽样调查等调查方式的不足，真正实现了对研究对象的大数据分析，能有效契合最早洞见大数据时代发展趋势的数据科学家之一的维克托·迈尔-舍恩伯格所说的“样本=总体”的要求。

本研究基于 360 指数平台，以“生命教育”为关键词，对获得的数据进行分析并得出相关结论。

二、数据分析

1. 关注趋势变化

本文选取了 2015 年 1 月到 2018 年 6 月的生命教育的整体关注变化趋势（图 1）。从图中可以看出，近三年来，公众对生命教育的整体关注度尽管略有波动，但整体呈上升趋势。为便于直观统计，本文分别抓取了 2015 年、2016 年、2017 年和 2018 年上半年的关注趋势平均值（图 2），数据显示，2015 年

① 中国互联网络信息中心（CNNIC）. 第 42 次中国互联网络发展状况统计报告［EB/OL］. http://www.cnnic.net.cn/hlwfzyj/hlwxzbg/hlwtjbg/201808/P020180820630889299840.pdf.

的关注趋势平均值为 57，2016 年的关注趋势平均值为 69，2017 年的关注趋势平均值为 114，2018 年上半年的关注趋势平均值为 147，呈明显的上升趋势。这表明，社会公众对于生命教育的关注度在不断加强，并且还会继续加强。

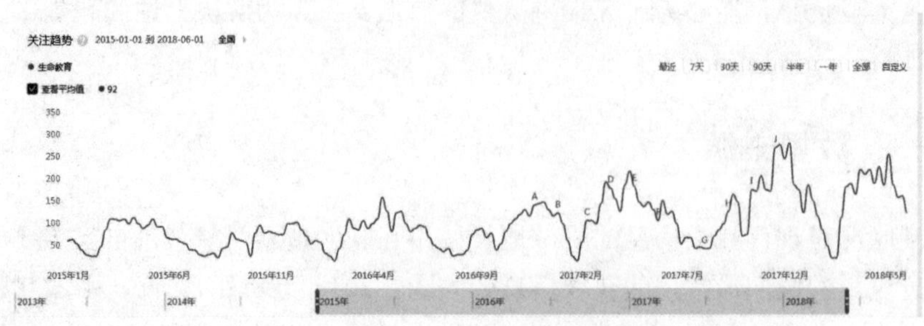

图 1　生命教育的整体关注变化趋势

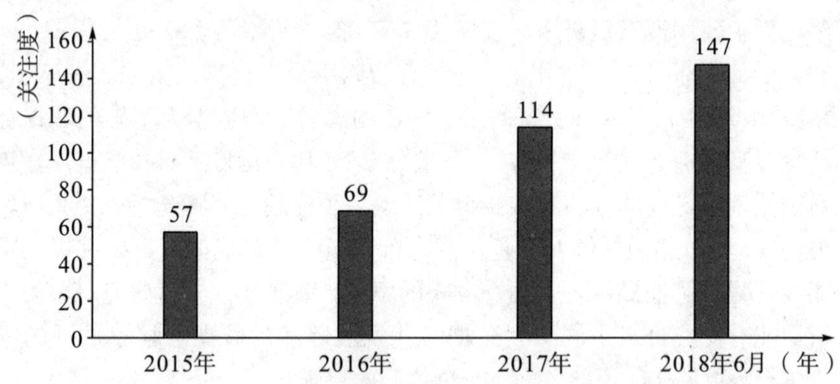

图 2　生命教育年度关注变化趋势

2. 人群属性

从性别来看，关注生命教育的人群中，女性占比 52%，男性占比 48%，女性对生命教育的关注略多于男性。从年龄分布来看，30～49 岁的人群最关注生命教育最多的人群，总共占 83%，其中 30～39 岁的人群占 51%，位居第一，其次为 40～49 岁的人群，占 32%，位居第二；19 岁及以下人群、20～29 岁的人群和 50 岁及以上人群对生命教育的关注度较低，分别占 3%、8% 和 6%。

3. 地域分布

从关注度地域分布的省市排名来看，广东对于生命教育的关注度最高，紧随其后的是北京、浙江、上海、吉林等省市，分别位列第二位至第五位，湖北、云南、西藏、甘肃等位列后四位。若从我国七大地理分区来看，华东地区对于生命教育的关注度最高，华南和华北地区紧随其后，西北地区对生命教育的关注度最低。总体而言，东部地区对于生命教育的关注度高于中西部地区。这从一个侧面表明，社会经济的发展水平影响着大众对生命教育的关注程度。

4. 需求分布

从公众对生命教育关注的具体需求内容来看，搜索生命教育的人主要关注的是与生命教育相关的主题班会 ppt 或者教案，以及什么是生命教育，生命教育的意义，生命教育的论文等内容，其中，“生命教育教案”“生命教育主题班会”“生命教育 ppt 课件”等是生命教育中上升最快的相关搜索词，是生命教育近期需求的热点。这反映出公众对生命教育还缺乏必要的了解，在实际操作的过程中表现出明显的“拿来主义”心态，理论和实践操作层面的挖掘相对较少，并且从中可以看出主要是从事教育行业的群体在关注生命教育，其他群体对于生命教育的关注度较低。同时大多数人会选择使用中国知网、百度、知乎、微信等网络平台搜索生命教育的相关内容，其中中国知网的关联度最大，这表明关注生命教育的多为教师尤其是高校的教师等知识层次相对较高的人群。

三、结论与启示

（一）生命教育关注度整体向好

上述大数据统计显示，公众对生命教育的关注度持续加强，这与线下的一些调查的结果也是相吻合的。有调查显示，对于处于青春期（年龄段为 11、12 岁—17、18 岁）的孩子的生命教育上，61.9%的父母“经常会”或“偶尔会”对孩子进行生命知识的教育，68.8%的父母“经常会”或“偶尔会”教给孩子一些最基本的生存技能，64.6%的父母“经常会”或“偶尔会”对孩子进行挫折教育。[①] 有 54.8%的大学生的家庭偶尔会谈到死亡问题，只有 18.26%的大学生的家庭从不谈论死亡问题。[②] 青少年对生命的态度整体表现更加积极，对于生命的意义，对于生活中经历的挫折、苦难，对于死亡等均有一定程度的认识[③]。

---

① 李连英. 家庭青春期生命教育的现状与对策研究 [J]. 济宁学院学报，2018 (8)：105-110.

② 李亚文. 当代大学生生命教育现状及对策研究 [D]. 华东师范大学，2018：45.

③ 彭文波，唐媛，马合婧. 青少年的生命态度特征与启示 [J]. 内江师范学院学报，2008 (2)：1-6.

社会经济的快速发展是公众对生命教育的关注度持续加强的最主要原因。如果说以前我国经济的发展更加注重效率，更多是以人的大量付出为代价的话，今天则更加注重的是社会经济发展中人的获得感。随着生活水平的提高，今天的人更加意识到了生命的意义，他们对安全、健康等的关注超过以往，更加懂得生命的宝贵，在教育中融入生命的意识越来越强、呼声越来越高。关于生命教育的理论研究不断发展，研究成果不断涌现，出现了叶澜、刘济良等一批生命教育研究专家。当然，这与国家的一系列政策导向是分不开的，十九大明确指出，新时代我国社会的主要矛盾是人民日益增长的美好生活需要和不平衡不充分的发展之间的矛盾，强调必须坚持以人民为中心的发展思想，不断促进人的全面发展，[①] 要让人民有更多的获得感。

（二）对青少年的生命教育亟待加强

从年龄的层次来看，19 岁及以下人群对生命教育的关注度较低，导致这一现象的原因是多方面的。这一年龄段的人群有很多是接触不到网络的，其他的虽然可以接触网络，但是接触的时间总体不多，并且该年龄阶段的人群的身心特点决定了他们在网络上会很少关注与生命有关的内容。与此同时，这一年龄段的人群大多数正处于学龄阶段，学习的压力大、生活的阅历不足、青春期的迷茫等使得他们对于生命的思考并不多，这使得他们的生命观念很不完整，导致青少年的生命教育现状并不乐观。

这些年青少年自杀[②]、自伤[③]、杀人[④]、故意伤害[⑤]等案件并不鲜见，青少年对自身和他人的生命权利珍视不够，在一些情况下容易产生不理智的行为。这除了与青少年本身的身心发展不成熟等原因之外，教育的功利化、工具化是一个非常重要的原因，基础教育关注分数，高等教育关注就业，生命教育在这种功利化、工具化的氛围中被淹没了。因此，无论是学校还是青少年的父母，都需要从只关注青少年的成绩、就业等的单向度关注，转到关注青少年的全面

① 党的十九大报告学习辅导百问［M］. 北京：学习出版社，党建读物出版社，2017：15.

② 南方周末. 初三女生自杀事件［EB/OL］. http：//www. infzm. com/content/141205.

③ 林明婧，厉萍，卢庆华. 青少年非自杀性自伤的研究现状精神医学杂志［J］. 2018（1）：67－70.

④ 百度百科. 3·27 四川师范大学杀人案［EB/OL］. https：//baike. baidu. com/item/3%C2%B727%E5%9B%9B%E5%B7%9D%E5%B8%88%E8%8C%83%E5%A4%A7%E5%AD%A6%E6%9D%80%E4%BA%BA%E6%A1%88/19525260? fr=aladdin.

⑤ 最高人民法院网. 最高法公布发生在校园内的刑事犯罪典型案例（福建）［EB/OL］. http：//www. court. gov. cn/zixun－xiangqing－15568. html.

发展上来，补足青少年生命教育的短板。

（三）生命教育仍需系统推进

综合而言，推动我国的生命教育向前发展，一方面要深化对生命教育的理论研究，增加理论供给，另一方面要丰富生命教育的形式，增强生命教育的有效性。

1. 深化生命教育研究

目前，国内对于生命教育的逻辑起点、内涵界定、内容体系、实践路径等进行了比较深入的研究，跨学科研究也在不断展开。但是目前国内关于生命教育的研究存在着“实证研究、行动研究较少”“死亡纬度研究篇幅很少”的问题。[①] 因此，要深化生命教育的理论研究，增加理论供给。

一是要深化对于生命教育的内涵的挖掘，现代意义上的生命教育开始于20世纪，随着社会的变迁必然要求生命教育的概念和相关理论的变迁，当社会进入到今天所谓后现代时期，此前的生命教育的概念必然会不适应今天社会发展的世纪要求。二是要深化对影响生命教育有效性甚至威胁到生命发展的各类因素的研究，包括“废柴”“葛优躺”“丧文化”“佛系青年”等社会中流行的颓废心态，蓝鲸自杀游戏、直播平台自杀直播、各类富含暴力因素的网络游戏等不良网络文化，校园欺凌，抑郁、躁狂等心理疾病，“男儿有泪不轻弹”“以牙还牙、以血还血”等社会亚文化，以及其他因素如药物滥用、艾滋病等。三是要加强生命教育个案研究，包括典型做法的研究，对个案生命教育的反思研究等。四是要深化死亡教育的研究，要让教育对象充分认识死亡的本质，调整对于死亡的消极态度，积极对待死亡，并对自己的生活进行理性审视，形成积极的生活态度。

2. 丰富生命教育形式

教什么确定之后，剩下的就是怎么教的问题。教育形式的选择对于能否达成预期的教育效果至关重要。教育形式的选择既与教育内容、教育主体有关，又与教育对象有关。今天的许多青少年早已远离了宏大叙事，正如哈桑所言，它不再对精神、价值、终极关怀、真理、美善之类超越价值的事物感兴趣，却沉醉于形而下的卑微愉悦之中[②]。他们更易于倾听自己内心的声音，更喜欢沉

---

① 葛莹莹. 关于我国生命教育研究的评述——基于文献分析的视角［J］. 江苏社会科学 2017（1）：267－272.

② 朱立元. 当代西方文艺理论［M］. 上海：华东师范大学出版社，2005：381.

醉于自己构建起来的各种小圈子，漠视圈子以外的任何东西。但是从 360 指数的大数据分析看，目前的生命教育主要停留在就生命教育谈生命教育的说教层面，主要是以班会等课堂教育的形式为主，这种做法往往是蜻蜓点水、泛泛而谈，效果不明显。因此，丰富与完善生命教育的形式和内容迫在眉睫。

丰富生命教育的形式首先要解决的教育理念的问题，要摒弃教育功利化、工具化的倾向，要把教育对象当作一个完整的人，关注人及人的生命，将生命教育当作是一个为了人、发展人的事业，而不是功利化、工具化教育的一个可有可无的陪衬。

具体而言，丰富生命教育的形式，一是要构建丰富多彩的线下教育形式。可以通过组织学生参加探险、露营等活动，参加扶贫助困公益活动，参加亲友的追悼会等仪式，参观监狱戒毒所等场所，[①] 让学生在体验式教育中获得对生命的认识，更深层次感悟生命的意义。一般而言，一件事情参与者的参与程度越高、卷入度越深、为此付出越多，就越容易为自己的付出寻找借口，越容易相信自己做的事情是对的、是有意义的，并且会在今后的一段时间用获得的意义指导自己的行为。二是要推动生命教育与网络的深度融合，要善于运用新媒体让生命教育活起来，利用大数据，精准分析教育对象现实生命需求为导向的生命教育，实现生命教育内容的精准推送、精准供给。

① 陈铁. 科学发展观视野下的大学生生命教育策略构建［J］. 黑龙江高教研究，2012（4）：129－132.

职业道德教育与大学生思想政治工作研究

互联网思维下高校学生事务工作的创新探索

——以新加坡南洋理工大学“少管多理”模式为启示

谭　笑①

（西南交通大学电气工程学院，四川成都，611756）

摘　要：高校学生事务与管理是育人工作的重要平台，伴随经济全球化、文化多元化、教育国际化，国内高校的学生事务工作也在不断地更新理念。李克强总理曾提出“互联网+”概念，意味着互联网与传统行业进行融合，打破了传统的思维模式和行为方式，成为社会发展的巨大变革力。目前互联网已不仅是一种技术，而上升为一种思维范式，已逐渐融入高校思想政治教育。笔者以世界一流大学——南洋理工大学的学生管理模式为例，汲取国外高校先进管理经验，以“互联网+”教育为背景，探析适合国内高校学生事务管理的新做法。

关键词：学生事务；少管多理；模式

互联网已成为影响教育事业改革发展和人才培养质量的“最大变量”，给高校学生工作带来了巨大挑战。笔者从事高校辅导员工作，有幸参与国家留学基金委国际学生管理研修项目，赴新加坡南洋理工大学学习。三个月的课程内容丰富，由宏观层面到微观层面，涵盖新加坡的独立自治发展、新加坡优秀高校的办学经验及国际化发展、学生事务工作、校友工作、人际沟通与领导力培养、英语技能等多方面内容。以下笔者结合辅导员工作特征，以“学生事务管理”为主题，探析世界一流大学的优秀做法，为国内高校的学生工作梳理国际化理论经验和改进措施。

---

① 作者简介：谭笑（1989—），女，四川自贡人，硕士研究生、助教，西南交通大学电气工程学院辅导员，负责学生国际化事务、来华留学生日常管理、大学生科技活动中心管理等工作。主要研究方向：学生思想政治教育、国际化管理、大学生创新创业。

一、互联网思维对高校学生管理工作带来的机遇和挑战

1.1　新加坡高校的“互联网思维”

新加坡是世界上最大最繁忙的港口之一，也是全球通讯和信息技术的领先者，东南亚发达国家之一。互联网行业在新加坡发展迅猛，如今的区块链技术更是首当其冲，成为全球区块链氛围最浓厚的国家之一。不仅是在商业领域，在高等教育领域也逐渐发挥其作用。“区块链技术最早是比特币（P2P形式的数字资产和支付系统）的底层数据库，区块链的优势是信息存储安全、不可更改。这项技术出现后，教育技术领域开始重新考虑学生资料的储存方式”①。学生的资料可以实现安全共享，包括在线学习工具、课外活动、工作经历和教育经历等。通过共享资料，可以帮助各个高校更合理地设计课程、完善学分制度、就业引导。

1.2　中国高校的“互联网思维”

《国家中长期教育改革和发展规划纲要（2010－2020年）》明确指出：“信息技术对教育发展具有革命性影响，必须予以高度重视。”高校信息化建设已步入“互联网+”阶段，必须做出整体思考和规划，用互联网思维推进校园治理、推动教育管理现代化、促进高等教育教学的创新与变革②。“互联网思维”最早由百度公司创始人李彦宏提出，指在（移动）互联网、大数据、云计算等科技不断发展的背景下，对市场、用户、产品、企业价值链乃至对整个商业生态进行重新审视的思考方式。将其移植于高校学生事务工作领域，有以下特征：用户至上思维——树立以学生为本的管理理念；数据驱动思维——探索精准分类管理模式；迭代思维——推动管理方法创新；平台思维——构建协同育人机制。

二、新加坡南洋理工大学学生事务的管理模式

2.1　学生事务的定义与内涵

学生事务是指大学内部特定组织或特定人员，为促进大学生全面发展，实

① Wendy：区块链技术对高等教育的影响，https：//www. 8btc. com/article/89765.

② 孙志明：以“互联网+”思维促进教育教学的变革与创新，http：//www. jyb. cn/theory/jysd/201607/t20160715 _ 665827. html.

现高等教育目标，保障正常的学校教育，所做的“非学术性”事情，以丰富学生校园生活，促进学生成长成才的组织活动。

学生事务的职责内涵包括：(1) 以育人为本，全面发展学生的综合素质、创新思维与创新能力，推行学生自行管制及自我负责的意识建设；(2) 通过学生事务与学生社团建设的联系与认同，提升社团生命力及使命感；(3) 加强校园文化建设；(4) 强化学生社会实践、道德情操、回报母校，提倡积极的人生价值和崇高的献身精神；(5) 增广学生的国际视野，做一个“国际人”。

从定义和内涵可以看出，新加坡高校学生事务工作是以学生为主体，是高校高级内部事务的重要组成部分，强调师生之间的交流互动，分享彼此的经验和认识，培养感情和丰富体验，拓展彼此的眼界和视野。我国高校学生事务强调“以学生为本”，把立德树人作为教育的根本任务。辅导员队伍是高校管理学生事务的第一抓手，涵盖思想理论教育和价值引领、党团和班级建设、学风建设、心理健康教育与咨询、网络思想政治教育、校园危机事件应对、职业规划与就业创业指导、理论和实践研究九大职责。

2.2 学生事务的服务理念及角色扮演

学生事务管理提倡“少管多理”原则，不硬性管教学生，而是理性引导，达到管理与服务的统一协调。

高校学生事务管理的部门涵盖学生处、招生处、就业指导处、海外教育处、心理咨询中心等机构，属于高校有机体的重要位置。高校有机体由学生、教师、家长、社区等综合因素构成，共同协助每一位学生获得充分的成长与全面的发展。

新加坡高校学生事务管理者的工作角色有三方面：维持稳定、促进发展、提供支援。

(1) 维持稳定。维持稳定良好的校园环境，让学生能放心求学问，发挥潜能，谋求发展。针对学生关心的热点或焦点问题，及时进行教育和引导，化解矛盾与冲突，处理有关突发事件，维护校园的安全与稳定；(2) 促进发展。促进学生全面的自身发展，让学生对社区有归属感，对社会有责任感，对职业有拼搏与专业感；配合大学整体的硬件与软件发展，增强学生对学习与工作的吸引力和感染力；(3) 提供支援。帮助学生养成良好的道德品格，引导学生养成良好的心理品质和自尊、自爱、自律、自强的优良品格，增强学生克服困难，经受考验，承受挫折的能力；落实好对经济困难学生的资助工作，组织学生勤工助学，开展就业指导和服务工作。

2.3 学生事务管理模式特征

（1）以任务为导向。以学校办学愿景目标为任务，创建矩阵式组织结构。矩阵结构是一种既有纵向联系，又有横向联系；既讲分工，又讲协作，有效地把组织管理中的垂直联系和水平联系、集权化和分权化结合起来的，以工作任务为目标的组织结构。南洋理工大学的学生管理体系以教务长和专门负责学生生活的副教务长为一把手，下分学生社区服务处、学生事务处、就业与实习指导处、招生与财务援助处、教务处、全球教育计划处、学术治理与支援等机构，各部门间协同合作，减少行政权力对开展学科交流的阻碍，学科组织的边界变得灵活和松散，有利于师生的思想创新、公平竞争，也更有利于学生管理者对学生进行教育、管理工作。

（2）以问题为焦点。基于学生个人成长规律，将学生未来面临的问题进行分类管理，设置专属管理者帮助学生解决问题，成立学生事务管理体系。我国高校辅导员工作的九项职责即思想理论教育和价值引领、党团和班级建设、学风建设、学生日常事务管理、心理健康教育与咨询工作、网络思想政治教育、校园危机事件应对、职业规划与就业创业指导、理论和实践研究，与新加坡南洋理工大学此分类方式有相似之处，但我国高校的学生事务管理体系侧重管理者和学生的双向成长。

（3）以需求为目标。学校将自身的管理目标和学生自我发展目标相结合而形成统一的成才目标，并且让学生明确自己的任务，给予学生宽松的空间进行自我管理、自我教育、自我成才，进而达到目标管理的要求。具体做法是学生入校后，学校的管理者根据国家对人才的需要，对学生的成才培养要求确立了一个既定的管理目标。同时，根据学生的个性特点和自身发展要求，管理者将之与学校目标相结合进而形成了一个统一的成才目标。这种目标既考虑了国家、社会发展的需要，又兼顾了学生的特点和发展。

三、对我国高校学生事务管理工作的启示

1. 以“学生为本”，树立“少管多理”的学生工作理念

互联网时代下，全球信息交流迅速，国内大学生的思想、性格、家庭环境及行为模式呈多样性、特殊性发展。来华留学生人数每年递增，语言水平、宗教信仰、学习能力等方面标准不一，高校学生工作者面临多样化挑战，不仅要掌握国内学生思想动态，还应具备跨文化学生事务管理经验。南洋理工大学学

生事务处对国内学生、国际学生统一管理，充分尊重和了解学生的所思所想，树立学生自我管理、自我约束、自我成长的服务理念，弱化行政人员或教师的管理角色，避免用领导者的权力把控学生、影响学生。工作人员与学生建立分享者、支持者和帮助者的信任关系，根据学生发展的不同特点调整管理方法，让学生自主思考、发现问题和解决问题，最大化发挥学生的自主性、创造性和积极性，促使高校学生健康而全面发展。

2. 构建“矩阵式”学生管理工作体系，实现协同育人机制

我国高校学生管理工作体系普遍以学校党委学生工作部为依托，建立学校党委学生工作部—院系党委（分管学生工作副书记）—院系辅导员队伍为载体的工作团队。与学生工作相关的部门多以传达通知、布置任务、年终考核等方式，“督促”院系学生事务工作的完成，形成上下级任务关系，不利于高校学生管理工作者的专业性、职业性、长期性培养。高校应重视学生事务工作的协同分工，确立学生工作一把手工程，引入“矩阵式”工作体系，加强学生事务工作的水平联系和垂直协同，将学生工作纳入各部门的工作职责与考核内容。

3. 增强大学生的社会责任意识，培养学生公民思维

大学是培养青年社会主义核心价值观的重要场所，社会主义可靠接班人不仅要具备丰富的专业知识、良好的人际交往能力等硬件能力，更重要的是对国家的发展有一颗奉献之心、为国为民的情怀。国内高校学生事务管理者应时刻牢记“立德树人、理想信念教育”这一核心任务，将国家思想政治教育目标实现于工作中，探索学生社会主义核心价值观教育的有效途径。结合南洋理工大学的学生事务管理架构，搭建学生与学校、社会的交流平台，如学生参与学校发展交流会、社区帮扶、公众比赛，以学生的角度发现社会问题，献言献策，以学生的能力服务于社会，让学生关注社会，将专业的思维运用于现实生活，收获帮助他人、建设母校、服务社会的责任感，这些都具有借鉴意义。

4. 学生事务管理队伍的国际化建设

我国高校学生管理包含来华留学生和国内学生两部分，前者一般归口于国际教育学院或国际处来华留学生办公室，后者以党委学工部和院系学生工作组为主。南洋理工大学及国外一流高校并未将国际学生与国内学生分区管理，均由学生事务处负责。学生的寝室分配，大一学年学校统一分配，大二学年采取学生自主申请，以学生成绩、参与文体活动、社团的积极性为综合指标，鼓励学生跨学科、跨国籍为室友，增强国际交流意识。国内高校国际学生与中国学生之间的交流普遍较弱，长期从事中国学生管理的工作者与国际学生交流甚少，容易形成“国际学生找国际处”的理解误区。随着我国来华留学生日益增

多，学校应重视学生管理者的国际化素质和国际化能力考核，定期组织国际化能力培训、英语学习、出国交流研修等培训课程，设置国际化工作激励政策，鼓励更多教师和行政人员参与国际化建设。

5. 推动智能化信息建设与网络安全教育

国内高校学生人数多，管理基数大，传统的信息化建设如微信群、QQ 群交流已不能满足学生的发展需求。提高信息化建设质量，保障学生信息数据的安全是高校智能化信息建设的前提，如根据校园一卡通的日常使用，了解学生的生活状态，发现隐性问题，采取合理的方式引导学生；根据学生的学业成绩、文体活动参与性等综合表现，提供量化数据作为评奖评优的参考依据，避免主观性评价和繁琐的人工计算方式。高校应重视智能信息化建设的资金投入、软件开发，提升学生工作成效，用科学的方法处理学生管理工作难题。

大数据在高校思想政治教育工作中的应用研究*

张玉奇①

（西南科技大学，四川绵阳，621000）

摘　要：大数据时代已经来临，并对高校思想政治教育工作产生重要影响，这为其提供挑战的同时，也带来了发展机遇。高校思想政治工作，如何化挑战为机遇，积极主动应用大数据技术于学生思想政治教育工作之中，是当前高校思想政治教育工作面对的重要课题。本研究通过问卷调查的方式，对四川省16所高校中的思想政治教育工作应用大数据技术现状进行分析，并提出了两者紧密结合和深度融合的措施和建议。

关键词：大数据；信息时代；高校思想政治教育工作；应用

引　言

在信息技术快速发展的今天，大数据时代已经来临，大数据技术已经对经济、社会等各个方面产生重要渗透和影响，对于高校思想政治教育工作同样产生影响，对其提出挑战的同时，也带来了发展机遇。化挑战为机遇，积极主动应用大数据技术于学生思想政治教育工作之中，提高高校思想政治工作的针对性和实效性，是高校思想政治教育工作创新发展的必然趋势，具有十分重要的理论意义和实践价值。

---

* 基金项目：2018年四川省大学生思想政治教育研究中心一般项目（项目编号：CSZ18022）

① 作者简介：张玉奇（1979—），女，蒙古族，内蒙古赤峰市人，副研究员，法学硕士。主要研究方向：思想政治教育。

一、大数据时代的高校思想政治教育工作面临的机遇和挑战

对于高校思想政治教育工作而言，大数据技术对其影响十分巨大，大数据特征在高校思想政治教育工作中已经得以体现。具体而言，大数据时代，高校思想政治教育工作面临的机遇和挑战主要在以下几个方面：

（一）大数据时代的高校思想政治教育工作的机遇

1. 大数据技术有助于提升高校思想政治教育工作的实效性

高校在开展思想政治教育工作的时候，可以借助于大数据技术独特的数据和技术优势，创新高校思想政治教育工作模式和思想，不断培养高校思想政治教育工作者和学生的数据思维，通过具备大数据思维的思想政治教育平台的构建，实现高校思想政治教育工作平台的开放化、立体化，也有助于优秀数据文化的建设，从而更好地提升高校思想政治教育工作的时效性。并且，高校思想政治教育工作在内容和方法上，都开始更加具体化、准确化和数字化，通过大数据技术的应用，将有效提升高校思想政治教育工作的成效，也容易“对症下药”，使学生对思想政治教育工作更容易接受。

2. 大数据技术有助于增强高校思想政治教育工作的针对性

在大数据时代，每个大学生的个性化特征和个性需求也都得到充分关注，从而为他们的个性化教育保证了前提条件。在开展思想政治教育工作的过程中，大数据有利于对学生日常学习和生活中形成的数据进行搜集和获取，对学生的个性化需求进行分析，并为其个性化需求提供思想政治教育支持和服务，对学生的需求进行科学合理引导。例如，中国科学技术大学在开展贫困生思想政治教育工作过程中，就根据学生校园卡消费数据进行分析，建立贫困学生家庭条件困难预警系统，当发现贫困学生在一定时期内的消费支出减少，学校思想政治教育教师将会开展专访活动，对学生近期的学习和生活情况进行了解，并给予相应的支持和辅导，从而提高高校思想政治教育工作的实效性。

3. 大数据技术有利于高校思想政治教育的双向互动

当前，面对着大学生就业压力不断增加的情况，高校思想政治教育工作中应用大数据技术，对学生的就业需求进行充分了解，并通过校招企业和校招岗位的匹配性，对学生进行挑选，并把就业信息及时高效推送给相关的大学生，从而减轻学校学生就业压力，为思想政治教育工作被更多的师生接受奠定基础。而且，通过大数据技术的应用和大数据平台的搭建，建立企业和人才之间

的良好互动关系，不仅可以为企业提供优秀的大学生，而且也可以有效解决企业中的人才匮乏问题，有助于企业人才培养体系的搭建。

（二）大数据时代的高校思想政治教育工作面临的挑战

高校思想政治教育工作在大数据时代，如果没有做好充分准备和有效应对，将可能出现数据素养欠缺、数据处理不足、数据隐私保护不严等问题，从而对高校思想政治教育工作提出了新的挑战。

1. 数据素养对高校思想政治教育工作的挑战

数据素养，主要是指对于数据的采集、分析、管理、应用等方面的能力，以及对于数据生产、管理和发布过程中所遵循的基本规范和要求等。在对大数据时代还没有做好充分准备的情况下，有关方面可能就会存在数据素养欠缺的问题。一方面，对于大数据的重要性存在认识不足的问题，根据中国互联网信息中心所发布的《中国青少年上网行为研究报告》，我国大学生使用笔记本电脑、智能手机等终端设备，每周上网时间超过 35 个小时之多，留下了大量的学习生活、信息交流、娱乐社交等信息，但是都没有得到有效的搜集、存储、分析和应用，从而使数据资源价值很难发挥。不产生价值的数据，反而可能成为数据垃圾，从而导致高校思想政治教育工作中的数据素养欠缺的问题。另一方面，由于高校思想政治教育工作者在日常学生思想政治教育工作中，对于大数据的常识比较陌生，通过和学生谈心交流中形成的一些直观的数据，也没有有效利用起来，过于强调以情感人、以理服人，但是没有做到“以数据分析，以事实说话”。

2. 数据处理对高校思想政治教育工作的挑战

大数据时代，如何对瞬息万变、真伪难辨的大数据进行处理和分析，是高校思想政治教育工作所面临的重要难题。第一，多源异构的数据，无形之中增加了高校思想政治教育工作中的数据采集难度，特别是这些数据来源于网络、自媒体、政府部门等多个渠道，从而使高校思想政治教育工作数据形式呈现出结构化、半结构化，甚至是非结构化的多种复杂形态，如何对这些与学生学习和生活数据进行筛选和分析，成为高校思想政治教育工作需要面临的重要难题。第二，面对着海量的数据内容，如何对其进行数据挖掘，具有很大的难度。数据采集和整理过程中可能出现错误，或者是基于不同目的，获取的数据可能存在不准确、不真实、真伪难辨等问题。并且，实时动态数据更新也提高了高校思想政治教育工作中的数据处理难度。高校思想政治教育工作在大数据时代，为了更好地解决学生的思想问题，就要在数据处理中遵循“一秒钟原则”，也就是说，必须要以最快的速度提取数据，并进行数据分析和发掘，从而提升思想政治教育工作的即时性。

3. 数据伦理忧患对高校思想政治教育工作的挑战

任何事物，都有其两面性。大数据在推动社会发展和经济进步的同时，也出现了数据鸿沟、隐私保护等伦理问题，高校思想政治教育工作同样也面临着这样的问题。在自媒体无处不在的大数据时代，学生日常的生活和学习所留下的“痕迹”，都已经被大数据这“第三只眼”所记录和监视着，从而形成了无所遁形的“数字监控体系”，个人信息高度透明，从而使大学生的个人隐私数据可能被泄露或者被不法分子恶意使用，例如一些学生日常消费过度透支的数据，被一些网贷平台恶意使用，并趁机对这部分学生群体开展网贷，从而对学生的学习和生活都产生了极为严重的后果。

4. 数据安全对高校思想政治教育工作的挑战

在大数据时代，大国竞争和博弈的重要领域就是核心大数据，信息资源已经成为重要的社会财富。数据主权和数据安全，已经成为新的社会高度关注问题。一些国家凭借着自己所拥有的互联网网络安全技术优势，掌握着大量的数据。“棱镜门”事件，充分暴露出数据安全的重要性。因此，大数据时代的高校思想政治教育工作必须要以丰富的大数据为基础，但是如何加强对这些数据安全管理，成为当前高校思想政治教育工作所面临的重要挑战。

二、大数据时代的高校思想政治教育工作问题分析

为了了解高校思想政治教育工作中的大数据技术应用状况和存在的问题，本课题组通过问卷调查的方式，对四川省 16 所高校开展问卷调查和实地访谈，主要从数据素养、数据管理、数据应用等相关角度，对高校思想政治教育工作中的大数据技术应用以及高校思想政治教育工作队伍的大数据素养开展研究。

（一）调查方法和步骤

本研究通过发放电子调查问卷和纸质调查问卷的方式，共发放了 500 份调查问卷，其中回收问卷 483 份，经对问卷进行初步统计和分析，获取有效问卷 466 份，问卷有效回收率达到 93.2%，符合调查问卷有效回收要求。

（二）基本信息统计描述

基于研究需要，对被调查对象基本信息进行统计，如表 1 所示。

表 1：被调查对象基本信息统计表

信息情况	类别	数量	占比
性别信息	男	259	55.6%
	女	207	44.4%
身份信息	学生	328	70.4%
	教师	138	29.6%
学历信息	本科	263	56.4%
	硕士	140	30.0%
	博士	63	13.5%
专业信息	文科类专业	253	54.3%
	理工科类专业	208	44.6%
	体育艺术类专业	32	6.9%

（三）被调查情况的分析

本研究在进行问卷设计的时候，主要从以下几个方面，对大数据技术在高校思想政治教育工作中的应用情况进行了分析。

1. 关于高校师生大数据素养问题的分析

在对四川省 16 所高校师生开展的《大数据在高校思想政治教育工作中应用的调查问卷》中，专门设置了以下问题："您是否了解大数据技术?""您是否认为大数据技术对现代社会具有一定影响作用?""您是否认为大数据技术在高校思想政治教育工作中具有应有地位?"

调查结果显示，34.1%的学生和 68.3%的教师在学习和生活中，有接触过大数据技术，并且也对大数据技术的基本应用有所了解；在对大数据技术的作用了解方面，37.9%的学生和 64.2%的教师认为，大数据技术对于现代经济社会发展具有重要影响作用；但是，关于大数据技术在高等教育中的应用，35.3%的学生和 17.4%的教师，并不认为大数据技术对于高校思想政治教育工作具有一定的应用价值。

由此可见，虽然大数据技术已经在现代经济社会中得到了很好的应用，而且在 2018 年 11 月的第五届世界互联网大会发布的《世界互联网发展报告 2018》和《中国互联网发展报告 2018》显示，2017 年，我国数字经济总量达 27.2 万亿元，数字经济对 GDP 增长贡献率达 55%。但是，仍然有较大一部分学生和教师，在数据素养方面较为欠缺，对大数据不了解，了解不深不透，从而很难使大数据及时在高校思想政治教育工作中得到有效应用。

2. 关于大数据技术在高校思想政治教育工作中应用情况的分析

在调查问卷的第二部分，是关于大数据技术在高校思想政治教育工作中应用情况的调查，主要设置了以下问题：“你认为大数据技术在学校思想政治教育中的应用，可以提升工作效果吗?”“你们学校在日常学生思想政治工作中，是否有应用大数据技术?”“你认为大数据技术在学校思想政治教育中，主要可以哪些方面开展应用?”“你认为你们学校的思想政治教育工作中，大数据应用还存在哪些不足?”

调查结果显示，72.5%的学生和87.4%的教师认为，在高校思想政治教育工作中应用大数据技术，可以有效提升思想政治教育工作的效果。虽然如此，但是得到的结果显示，四川省16所高校的思想政治教育工作中，很少有大数据技术的应用。只有14.8%的学生和33.1%的教师认为，在学校的学生思想政治教育工作中，已经初步应用了大数据技术，但是大部分的学生和教师并不认为，在本校的学生思想政治教育工作中，已经有大数据技术得到很好利用。对于学生和教师而言，在高校思想政治教育工作中应用大数据技术，可以对学生日常生活中的消费、借贷、娱乐等情况进行监管，对学生计算机网络应用、学习时间、学习进度、学习效果等方面的情况开展分析，为学校思想政治教育工作者提供数据支持，提高学生思想政治教育工作的效果。学生和教师普遍认为，在学校的学生思想政治教育中应用大数据技术，宣传教育力度不够，导致学生对大数据技术了解不深不透，大数据技术未能和高校思想政治教育工作紧密结合起来。

3. 关于对大数据技术在高校思想政治教育工作应用趋势的分析

在调查问卷第三个部分，主要是对大数据技术在高校思想政治教育工作中应用趋势和问题的调查问卷，主要设置了以下问题：“你是否认为，大数据技术有必要和高校思想政治教育工作进一步紧密结合起来?”“你认为在高校思想政治教育工作中应用大数据技术，可能会出现哪些问题?”

调查结果显示，89.3%的学生和94.6%的教师认为，高校思想政治教育工作要想提高工作有效性，就必须要借助于大数据技术的应用。但是，基本上所有的被调查者都认为，必须在大数据技术在高校思想政治教育工作应用的过程中，防止出现学生隐私泄露和数据安全问题。

三、大数据技术在高校思想政治教育工作中的创新应用

大数据时代的高校思想政治教育工作转型发展，必须要创新性地把大数据

技术应用于高校思想政治教育工作之中，在坚持高校思想政治教育工作基本原则和指导思想不动摇的基础上，在高校思想政治教育方法、教育形式和教育内容上进行创新，主要做好以下几个方面的工作。

1. 在高校思想政治教育工作中植入大数据思维

大数据，不仅是一个新概念，更是一种新的工作视野、工作视角和工作思路，要牢固树立大数据技术应用的观念，做好大数据技术管理和应用的顶层设计。特别是要在高校学生思想政治教育日常工作中，在制度层面，对大数据和高校思想政治教育工作结合的原则和目标、机制和职能、组织和人员进行统筹，全面部署。高校大数据平台的建设，不仅是对教学研究数据的存储，而且还有学生日常生活数据的存储，对于高校思想政治教育工作而言，更是要把这些平台数据打通，实现数据共享，从而避免高校各个部门建设的信息系统资源的数据资源出现碎片化和割据化的孤岛效应，真正实现高校数据信息的共建、共享、共融、共用，从而为高校思想政治教育工作的开展奠定扎实基础。并且，要在大数据技术层面，牢固树立应用为先的指导思想，在大数据平台搭建、数据的搜集和管理、数据导入、数据应用等方面实现标准化，为数据、平台和应用“三位一体”的大数据平台机构架构实现，做好思想创新、观念转变、手段创新。

2. 全面提升高校师生的大数据素养

对于大数据时代的高校思想政治教育工作创新，特别是在日常工作中加强大数据技术的应用，其前提和基础是要全面提升学生工作者和学生群体的大数据素养，使所有的人员对于大数据技术有全面掌握和了解，支持两者融合创新。第一，要加强高校师生对大数据技术的了解，在社会和校园内营造认识大数据、掌握大数据、喜欢大数据的良好氛围，可以通过各类宣传活动和专题讲座活动，开展大数据专题宣传教育活动，重点宣传大数据技术发展历史、现实应用价值，使学生对大数据的了解更深更透。其次，树立大数据技术应用于学生思想政治教育的意识。信息技术革命的重点始终是在技术方面，随着各种大数据技术的发展，信息和数据本身的价值更是得到了充分体现，甚至有“得数据者得天下”的提法，具体到高校思想政治教育工作中的大数据，无论是在开展思想政治教育理论课程教学过程中所产生的各类大数据，还是在考试考察和网络互动中获取的数据，在学生日常生活中产生的娱乐社交和消费记录数据，在校园文体活动和社团活动中产生的数据，这些数据本身可能是参差不齐和支离破碎的，其应用价值和意义都不大，但是通过对这些数据的整合和整理，最终都将可以为学生思想政治教育工作所用。

3. 强化高校大数据人才队伍培养

大数据技术应用于高校思想政治教育工作之中，对于高校思想政治教育工作者的大数据素养要求更高，也就是说，大数据时代的高校思想政治教育工作者，不仅要具备思想政治教育良好的理论素养和精彩的教学方法，而且还要有深厚的大数据应用和分析能力，借助于大数据挖掘技术，熟练使用智能算法、云计算和大数据方法，对海量的思想政治教育信息和数据进行处理。但是，在对四川省16所高校学生思想政治工作者开展的实地访谈中发现，大部分思想政治教育人员学科背景基本上都是思想政治教育、马克思主义理论、法学、哲学、心理学等相关人文社会科学类专业，其学科背景对于他们开展学生思想政治教育具有天然的优势，但是面对大数据技术和高校思想政治教育工作的结合与融入，则可能会出现无所适从的问题，望“数”兴叹，无能为力的感觉较为强烈。

为了更好地顺应大数据时代的高校思想政治教育工作的创新和转变，改变高校思想政治教育工作与大数据技术结合不紧密的现状，主要采取以下措施：第一，要不断充实高校大数据研究和管理人员队伍，对于那些具有理工科类背景的院校，则可以立足于学校的资源优势，密切开展专业技术人员和思想政治教育人员的沟通合作，组建一个跨学科融合的高校思想政治教育工作队伍。第二，对现有的高校学生思想政治教育工作人员开展大数据培训，重点对大数据发展历程、大数据的逻辑结构、运行机制和实际应用等方面知识进行普及，加强高校学生思想政治教育工作者的大数据学习，培养他们的大数据思维，增加大数据意识，提升大数据素养，从而为高校思想政治教育工作和大数据技术的有效结合应用奠定基础。

4. 加强大数据技术应用，为高校思想政治教育工作精准化提供技术支撑

我国传统思想政治教育一般偏重于定性研究，在实际工作中也偏重于理论传授和理论说教，而对于思想政治教育的客体，即学生的感情、思想、诉求和心理需求等，则很少进行数据化分析和实证研究。大数据技术在高校思想政治教育工作中的应用，可以有效提高思想政治教育工作的时效性，把传统的难以进行量化的思想和感情相关数据进行搜集、整理、分析和处理，对这些数据背后所蕴含的信息进行深度挖掘，最终以定量实证和可视化的方式，对学生的思想动态和感情特征进行分析，从而为思想教育提供及时、全面和准确数据支撑，更为精准地做好学生的思想政治教育工作。

5. 加强对大数据时代的高校思想政治教育工作的制度保障

对于大数据技术和高校思想政治教育工作的有效结合和创新发展，必须要构建相应的保障体系。第一，从国家层面上，必须要加强对数据的立法体系的建设和完善。我国直至现在仍然没有针对大数据应用和管理的专门法律法规，

而在现实工作中，无论是国家信息安全，还是个人隐私数据保护，都需要有专门的法律法规给予保障，只有从国家层面上做好大数据保护的顶层设计，才能为高校思想政治教育工作和大数据技术的有效结合提供根本依据。第二，从高校的视角上来看，高校也要组建相应的工作制度，由学校领导牵头成立大数据中心，学生工作部门、教学部门、网络管理部门等相关单位共同参与其中，对高效实施大数据管理的方案和计划进行明确，对相关部门的职责加以明确，并为其提供相应的制度保障和经费保障。第三，从社会角度来看，高校在开展思想政治教育工作的过程中，主动和政府部门、学生家庭、社会管理组织等进行工作联动，实现全程管理、全方位育人，最大限度地搜集和整理与学生生活和学习相关的思想动态数据，为高校开展学生思想政治工作提供数据和资源。第四，要在大学生思想政治教育工作中应用大数据技术，还要加强大学生自身的法制教育、责任意识和安全意识，自觉防止信息外泄，但是也要合理保护个人隐私，提升大数据时代的高校思想政治教育工作的主体自觉性。

四、总结

总之，大数据时代的高校学生思想政治教育面对着更加复杂的形势和环境，机遇和挑战并存，虽然在对学生学习和生活中的数据进行搜集和整理，可能会涉及隐私保护和数据处理、数据安全保护等诸多难题，但是大数据技术应用于学生思想政治教育工作的发展趋势已经无法阻挡。高校学生思想政治教育工作必须要充分发挥大数据技术优势，培养师生大数据素养，构建高校学生思想政治教育工作大数据应用平台，做到多维联动和互动，对大数据信息进行精准推送，不断提升高校思想政治教育工作的实效性和科学性。

新时代高校辅导员日常思想政治工作的不平衡性分析*

张馨艺①

（西南石油大学土木工程与建筑学院，四川南充，637001）

摘　要：随着新时代的到来，高校辅导员工作的不平衡性日渐突出，主要表现为：队伍建设的不平衡性、工作内容的不平衡性、工作路径的不平衡性。引起不平衡性的原因主要在于：高校辅导员工作职责定位的复杂、辅导员角色认同度低、辅导员的自我认知不到位。要解决不平衡性的问题，需要在三方面进行改进；一、增加辅导员数量，严格按照国家要求的师生比来配置。二、加强思想引领，发挥育人功能。三、创新工作方式，提升工作效能。

关键词：高校辅导员；不平衡性；队伍建设；工作路径；工作内容

习近平总书记在党的十九大报告中指出：中国特色社会主义进入新时代，我国社会主要矛盾已经转化为人民群众日益增长的美好生活需要与不平衡不充分发展之间的矛盾。这一重大政治判断，对于深刻理解新时代中国特色社会主义建设面临的主要问题和解决路径具有非常重要的意义。在新时代，高校辅导员日常思想政治工作在培养担当民族复兴大任的时代新人中发挥着不可替代的作用。但随着时代的变化，辅导员工作在满足大学生对思想政治工作的美好需求上还存在一定差距，究其原因，不平衡性是导致这种现象发生的重要原因。因此，要提升辅导员工作的感染力和影响力，增强大学生在思想政治教育中的获得感，帮助学生树立正确的世界观、人生观、价值观，做到爱国、励志、求真、力行，就必须解决好工作中的不平衡问题。为此，本文就辅导员工作中的

* 基金项目：教育部 2016 年度高校示范马克思主义学院和优秀教学科研团队建设项目——“行业（石油）类高校思想政治理论课建设研究”（16JDSZK038）阶段性成果。

① 作者简介：张馨艺（1991－），西南石油大学土木工程与建筑学院辅导员。主要研究方向：大学生日常思想政治工作。

不平衡性问题谈谈自己的看法，抛砖以引玉，希望引起大家对这个问题的关注。

一、新时代高校辅导员工作不平衡性的表现

不平衡，是指对立着的矛盾双方力量对比上的不对称和不均衡。一般说来，在一个相对稳定的系统中，事物矛盾之间的平衡是相对的，不平衡是绝对的，不平衡是引起矛盾变化的根本原因。事物发展中的不平衡是一种常态，但这种不平衡如果发展到很严重的程度就会打破相对稳定的发展状态，上升成为制约事物发展的主要因素，成为影响事物发展的主要矛盾。

在高校配置辅导员是中国高校体现社会主义性质的重要表现形式，中华人民共和国成立以来，高校辅导员在大学生日常思想政治工作中发挥了重要作用。特别是改革开放以来，无论是队伍建设、工作内容、工作方式还是工作效果等方面都取得了明显的成效。十八大以来，以习近平同志为核心的党中央高度重视大学生日常思想政治工作，对辅导员工作寄予了厚望，提出了新的要求。纵观近些年来高校辅导员工作，总体来看在满足大学生思想政治工作新要求方面是适应的，但也存在不平衡的问题，主要表现在以下三个方面。

（一）队伍建设的不平衡性

教育部颁发的《普通高等学校辅导员队伍建设规定》（以下简称“规定”）中指出，辅导员是开展大学生思想政治教育的骨干力量，是高等学校学生日常思想政治教育和管理工作的组织者、实施者、指导者。辅导员应当努力成为学生成长成才的人生导师和健康生活的知心朋友。从角色定位来看，辅导员扮演着学生日常思想政治工作的组织者、实施者和指导者角色。组织者是思想政治活动的策划者和协调者，实施者是具体落实党和国家对大学生日常思想政治工作要求的执行者，指导者则是对大学生学习和行为的引导者，在此过程中，辅导员要让自己成为学生成长成才的人生导师，成为学生健康生活的知心朋友。辅导员的角色定位赋予了辅导员重要的工作职责，决定了辅导员在学校思想政治工作中的重要地位，这支队伍的建设对于高校培养社会主义建设者和接班人具有非常重要的作用。然而，当前辅导员队伍建设中的不平衡现象已经成为进一步深入推进队伍建设的阻碍性因素。

不平衡从本质上看是一个系统中矛盾对立双方力量对比的差异，是对立面之间张力的不平衡。在辅导员与学生构成的相互作用系统中，辅导员工作的目

标指向与学生对辅导员工作的需要指向之间形成了相互的牵引力，即张力。决定辅导员与学生之间张力平衡的根本性因素是辅导员工作与学生需求之间的平衡，表现为辅导员工作满足了学生成长成才的需要，而实现这种平衡要受两个因素决定，一是是否有足够数量的辅导员来开展工作，二是辅导员是否有能力来完成这项工作。

从目前高校辅导员队伍建设的情况看，第一表现为数量不足。按照“规定”对辅导员队伍数量配置的要求，辅导员队伍配置比为 1∶200，按照这个比例，许多高校都很难达到这个要求。根据教育部 2015 年的统计，高校专职辅导员已超过 13 万。[①] 虽然有 13 万的辅导员队伍，但与不断增长的学生人数相比仍然显得不足。在辅导员数量整体偏少的情况下，许多辅导员工作强度大，一人面对几百学生，很难把辅导员工作落地落细落小落实，工作效能大打折扣。第二是能力恐慌。近年来，各高校在辅导员的招聘上都提高了要求，教育部和各省、市、自治区对辅导员队伍建设也给予了高度重视，搭建了许多辅导员培养培训的平台和通道。通过近些年来的工作，辅导员队伍在学历结构、知识结构和能力素质方面都得到了极大的提高。但面对当前主要由在网络化时代成长起来的这一代，如何处理好网络与传统思想政治工作的张力平衡，提升学生的网络媒介素养，许多辅导员感到无能为力。同时，我国当前既处于重要战略机遇期，同时也是处在矛盾凸显期，发展中的一些矛盾和问题也将投射到学生身上，如何帮助学生形成正确的社会认知和自我定位，对辅导员的能力和素质提出了很高的要求。许多辅导员在面对社会转型带来的问题时感到无所适从，表现出能力缺场。辅导员的能力恐慌以及缺场与学生需求之间的矛盾尤为突出，已经成为影响队伍建设的重要因素。

（二）工作内容的不平衡性

根据“规定”要求，辅导员工作职责主要包括思想理论教育和价值引领、党团和班建设级、学风建设、学生日常事务管理、心理健康教育与咨询工作、网络思想政治教育工作、校园危机事件应对、职业规划与就业创业指导、理论和实践研究等十个方面，这十个方面是辅导员工作的基本要素，构成了辅导员工作的完整体系。但从实际情况看，辅导员在十大工作内容上的用力不均，呈现出不平衡状态。

从辅导员工作职责的十大要素看，思想理论教育和价值引领是辅导员的核

① 冯刚. 改革开放以来高校思想政治教育发展史 [M]，北京：人民出版社，2018：429.

心工作，是辅导员成为学生成长成才的人生导师和健康生活知心朋友的决定性工作，是十大工作要素的龙头和抓手，对其他工作起到导向和引领作用。思想理论教育和价值引领做好了，可以起到牵一发而动全身的效果。然而，从许多高校辅导员的工作现状分析，忙于保姆式的日常事务管理而忽视思想理论教育和价值引领成为常态，结果眉毛胡子一把抓，抓不住重心和要害，影响了辅导员工作的效果。

在十大工作要素之中，心理健康教育与咨询工作也成为制约辅导员工作的短板。近些年来，大学生中出现了许多因心理问题而走向极端行为的案例，大学生的心理问题再一次引起全社会的广泛关注。辅导员对大学生的心理教育与咨询，对于学生走出心理困境，乐观面对人生具有非常重要的作用。但受学科专业背景、工作意识与时间等因素的限制，辅导员对学生心理问题的关注度与学生心理健康需求之间往往并不平衡，辅导员对学生心理疏导的功能不能得到有效发挥。

（三）工作路径的不平衡性

随着网络技术的飞速发展，线上（网络）与线下的结合成为思想政治工作的必然要求，特别是随着“00 后”逐渐成为大学生群体的主要人群，对网络思想政治工作的需要与实际开展情况之间表现出明显的不平衡性。

“00 后”在网络上又称为“Z 世代”，是进入大学的最新一代人。这一代人真正可以称为是在网络时代成长起来的一代。与“80 后”“90 后”不同，随着信息技术特别是网络技术的发展，这一代人从小就接受来自网络的多元信息，互联网成为这一代人获取知识的重要方式。而移动互联网技术的发展又催生了手机在他们生活中的不可或缺性，手机成了他们须臾不可分离的工具。信息的多元化与海量性使他们很多时候感到难以筛选和甄别，而各种不良信息又不断干扰他们的正常生活。因此，直面网络化和信息化带来的冲击，正视在网络时代成长起来的这一代在信息接收方式上的变化，加强网络思想政治工作就势在必行。

近年来，各高校在网络思政工作已取得显著成绩，特别是易班的建立对于探索网络思想政治工作的新模式产生了重要影响，向学生传递了网络正能量。然而，从全国范围来看，和网络思想政治工作有关系且具有影响力的全国性平台并不多，与许多社交网站和手机 APP 的影响力相比，这些网站总体影响范围和影响力有限。因此，如何通过网络平台继续开发更多的新功能来适应他们的需要，去学习及尝试走入他们的网络社交，从而更好地开展网络思想工作是摆在当前辅导员面前亟待解决的问题之一。

二、新时代高校辅导员工作不平衡的原因

1953年，清华大学建立了高校政治辅导员制度，时至今日，高校辅导员的职责早已不仅限于思想政治工作方面，而是扩展到了学生管理工作的方方面面，辅导员的工作职责和身份角色也随之多样化。辅导员是高校管理队伍的重要组成部分，是学校规章制度的执行者，维护者，同时又是学生学习生活的服务者，学生健康成长的引路者，是高校《形势与政策》课教学的主要承担者。同时，不同身份的人对于辅导员的工作期待也不一样，如高校管理部门认为，辅导员作为管理者，应该严格维护学校规章制度，而学生往往则容易对学校管理制度产生逆反心理，希望获得他们认为的自由宽松的学习生活环境，家长又对辅导员管理教导学生产生了许多期待。在这种多重身份和多样职责前提下，辅导员常常在角色认同之间产生冲突，进而导致工作履行上的不平衡性。

其次，辅导员角色认同度低。在大学生教育和培养上，辅导员是主要力量，学校、专业老师、学生家长乃至社会各界都对辅导员提出了很高的要求。辅导员几乎要处理大部分与学生相关的事务，会与相当多的部门进行联系，而学校每个部门与学生的联系往往都要通过辅导员来实现。长此以往，许多辅导员在岗位认知上就把自己的岗位等同于学校的一个部门，把自己等同于各机构的“秘书”，是部门的传声筒，是具体事务的执行者，而没有精力去做自己本应该担任的思想政治教育工作者、学习辅导者①，一旦出现问题，各方面都会认为是辅导员的工作失误。同时，由于辅导员从事的都是最基层的工作，每天直接面对学生，处理学生学习生活中的各种事务；面对学校各个部门，落实学校的各种规章制度；面对学生家长的期待，传递学生学习生活的各种信息。辅导员的这些工作繁琐而量大，很多时候费力不讨好，导致许多辅导员普遍认为得不到工作的成就感和获得感，工作积极性低，自我认同度低，影响工作效能的发挥，从而导致许多辅导员把辅导员岗位作为一个过渡性岗位，在有机会轮岗时就跳出辅导员队伍转为机关工作人员或者教师，使得辅导员岗位人员变动频繁，队伍稳定性差。

再次，许多辅导员自我认知不到位。辅导员作为学生成长的引路人，其使

① 王成军.“双重身份”与“多重角色”：高校辅导员职业发展的困境与出路［J］.扬州大学学报（高教研究版），2015，19（01）：54－57.

命光荣，责任重大。辅导员工作面对学生日常思想政治工作的方方面面，工作复杂，难度较大。但无论如何，辅导员必须以高昂的热情，积极的态度，娴熟的技能，宽广的胸怀去面对自己的工作。然而，在实际工作中，某些辅导员的职业认同感不高，对工作的理解不到位，特别是在对十大职责的理解上，许多人对思想价值引领本身的理解不准确，因而很难在学生思想价值引领方面有大的作为，思想政治工作不能触及学生的灵魂，缺乏有效的思想引导，其工作效能大打折扣。

三、解决辅导员工作不平衡的对策思考

当前，辅导员工作既面临着良好机遇，又存在着严峻的挑战。如何把握辅导员的职业特点、结合辅导员工作不平衡的现实困境，找准方向，改变不平衡性，是当务之急。

（一）增加辅导员数量，严格按照国家要求的师生比来配置。

从我国高校学生工作的实际需求来看，教育部关于辅导员队伍配置的标准具有现实必然性。一方面，高校要完成培养社会主义合格建设者和可靠接班人的根本任务，必须有一大批具有良好学科专业背景，热爱思想政治工作的专门化人才队伍，除思想政治理论课作为大学生思想政治教育的主渠道以外，大学生日常思想政治工作是大学生思想政治教育的主阵地，辅导员队伍是大学生思想政治工作的专门化队伍，必须要加强这支队伍的建设。另一方面，学生成长成才需要有辅导员对其进行思想价值引领和心理辅导与咨询，学生在学期间需要有教师的陪伴，辅导员的工作在这个方面具有不可替代的优势。

十八大以来，以习近平同志为核心的党中央从培养社会主义建设者和接班人的高度赋予了高校思想政治工作新的内涵，把思想政治工作作为扎根中国大地办大学，体现社会主义大学的重要特征。辅导员作为大学生思想政治教育的重要骨干力量，必须全面贯彻党对于高校思想政治工作的方针政策。而要把思想价值引领贯穿教育教学全过程和各环节，辅导员数量必须要达到要求，才能在最大程度上完成对学生们的思想理论教育和价值引领。

（二）加强思想引领，发挥育人功能

当前，国内外形势正在发生深刻且复杂的变化。十九大报告指出，人民有信仰，国家有力量，民族有希望。当代大学生要成为社会主义建设者和接班

人，必须具有远大理想和抱负，必须具有正确的世界观、人生观和价值观。作为新时代的思想政治教育工作者，辅导员应当顺应时代要求，努力提升大学生思想政治工作的时代感和感染力。

首先，要加强十九大精神和习近平新时代中国特色社会主义思想的教育。通过教育引导，使学生准确把握十九大精神以及习近平新时代中国特色社会主义的科学内涵，把握时代特征，认识自身使命，为实现“两个一百年”奋斗目标，实现中华民族伟大复兴而努力奋斗。

其次，要加强思想教育，帮助学生树立中国特色社会主义的道路自信、理论自信、制度自信、文化自信。加强社会主义核心价值观教育，帮助学生树立正确的“三观”。加强中国梦教育，帮助学生树立远大理想和目标，把个人奋斗与国家富强、民族振兴和人民幸福结合起来，在实现中国梦的伟大实践中实现自己的人生价值。

再次，加强学生的形势与政策教育。通过当前形势和时代特点的教育，帮助学生了解世情，准确把握时代特征，在风云变化的时代中明辨是非。通过经济社会发展教育，帮助学生了解国情民情，准确把握中国发展阶段和发展的历史方位，并找准自己的人生定位。

（三）创新工作方式，提升工作效能

在新的历史时期，高校辅导员工作面临着新任务和新要求，面对工作环境和工作对象发生的新变化，辅导员必须创新工作理念和工作方式，进而提升工作效能，才能从根本上解决辅导员工作的不平衡性问题。

首先，必须秉持以生为本的理念，以学生的成长成才为目标导向，引导学生德智体美劳的全面发展。辅导员工作是直接面向学生的工作，培养社会主义建设者和接班人的需要和学生对思想政治工作的需求是这项工作产生的现实基础，尊重学生、关心学生和服务学生是辅导员工作必须遵循的工作准则。通过辅导员的工作让思想政治教育渗透到学生生活和学习的方方面面，根植到学生的内心深处，充分调动学生的积极性和主观能动性，使他们自觉提高思想水平和政治素养。

其次，必须坚持差异化理念。大学生日常思想政治工作是高校思想政治工作的重要组成部分，辅导员队伍是思想政治工作队伍中重要的一员，辅导员队伍建设的成效关系到高校思想政治工作的成败得失，也关系到学生的健康成长。各高校应该在辅导员队伍建设上采取差异化策略，在资金、平台和时间上保证辅导员队伍的引进与提升，从政策上保证辅导员队伍建设的顺利进行。另

一方面，辅导员工作要坚持差异化原则。在遵守思想政治教育、教书育人和学生成长成才规律的基础上，根据学生的个性、年级、专业、思维和心理需求，有针对性地利用各种教育方式和手段。特别要关注特殊群体学生，有针对性地开展教育工作，取得显著的工作效果。

再次，丰富工作形式，加强网络思政。《关于加强和改进新形势下高校思想政治工作的意见》指出，要加强互联网思想政治工作载体建设，加强学生互动社区、主题教育网站、专业学术网站和“两微一端”建设，运用大学生喜欢的表达方式开展思想政治教育。大学生是各类新媒体的接受者、使用者，更是舆论信息的传播者。辅导员必须学习好、利用好各类新媒体平台，要站在学生的立场上去看待新兴的社交媒体，尊重和理解他们的兴趣爱好和沟通方式，从而在虚拟的社交环境中引领学生的价值观，营造一个良好的网络舆论空间。

最后，线下的工作方式也要不断适应新一代大学生的思想和心理特征，要形成适应学生成长，学生乐于接受的工作模式和工作方式。要构建大学生大学生思想政治工作“三全”模式，包括教师、管理者、服务人员和学生自身积极参与到育人中来；要建设全方位育人氛围，让学校工作的每一个方面都种好责任田，守好一段渠；要建设全过程育人体系，把育人渗透到学生成长的各个环节。在学校形成人人参与，全方位出击，全过程跟进的整体育人体系和育人环境，为辅导员工作的顺利开展提供强有力的支持和保障，为满足学生成长成才的美好需求提供坚实基础。

总之，着力解决辅导员工作中的不平衡性问题应当成为当前加强和改进大学生思想政治工作的重要抓手。各地高校应努力建设一支思想素质好、业务能力强的辅导员队伍，充分发挥大学生日常思想政治工作的主阵地作用，加强思想引领，创新工作方式，努力开创高校学生思想政治工作的新局面。

老子医德观对医学生职业道德素质建设的启示*

杨　洋①

（川北医学院，四川南充，637000）

摘　要：医学生是未来的医务工作者，肩负着“救死扶伤，治病救人”的神圣使命，他们的职业道德素质直接影响着医患关系的发展方向，也是我国整体社会道德水平和精神文明程度的重要体现。老子的医德观言简意深，是医学生职业道德素质建设的理论源泉，对医学生培养高度规范的医德品质和树立高尚的职业道德理想具有深远意义。

关键词：老子；德育；医学生；职业道德

医务工作不同于其他行业，他们的业务水平和道德素质关乎人们的健康甚至生命，“关乎千家万户的幸福和生活质量，关乎全社会的和谐发展”②。医学生正处在三观形成的重要时期，极易受到拜金、享乐等消极价值观的影响。老子的医德观对医学生树立“法治”“一视同仁”“廉洁”“诚信求实”等职业道德有重要启示。

一、医学生职业道德素质现状

医学生的职业道德素质具有独特的职业性，思想上要有坚定的政治信念；业务上要有专业的服务能力；在行医过程中还应具备较强的操作分析以及沟通表达能力；而良好的心理素质，也是医学生职业道德素质的具体体现。

---

* 基金项目：2018 年度四川大学生思想政治教育研究中心一般项目，“老子德育思想与医学生职业道德教育研究”，编号：CSZ18043。

① 作者简介：杨洋（1987－），男，陕西汉中人，硕士。主要研究方向：思想政治教育理论与实践。

② 雷敏．我国新型农村合作医疗保险资金绩效审计研究［D］．黑龙江大学，2014：20.

随着改革开放的不断推进和社会改革的逐渐深入，经济社会发展出现了空前繁荣。但在市场经济的冲击下医疗体制改革进程中医疗活动市场化和商业化色彩过于浓厚，导致部分医疗行为畸形发展。例如，通宵排队挂号；没关系找不到床位；“背病离乡，远赴他处就医；医务人员的收入与经济效益挂钩、开单提成、医疗设备、医药用品收受回扣抬高了就医成本，虚高的药价转嫁给患者，以药养医、过度医疗”①；部分医务工作者态度不友善；收受红包、贿赂不正之风此消彼长。诸如此类的现象给见习和实习医学生的价值取向及道德观念形成了强烈刺激，使他们开始对“医学生誓言”产生怀疑。一些同学的价值选择和趋向开始功利化，学医的初衷不是为了“健康所系，性命相托”，而是认为学医可以赚到更多的钱。虽然大部分医学生都认为职业道德极其重要，但是在涉及一些具体问题的时候又偏向于采取现实的态度，在道德评价方面出现了双重标准。“近年来，尖锐的医患关系矛盾不断演化成一场场恶性医闹事件，医疗纠纷已经成了全社会广泛关注的焦点。”② 要从源头上改善医患关系，笔者认为必须从医学生的职业道德素质教育出发。一些医学院校只注重医学专业技能和专业知识教育，弱化了医学生道德情操的培育和人文素养的积淀。

医学生未来所从事的职业是崇高而神圣的，生死攸关，性命相依，医学生的职业道德素质影响着他们能否在医务工作岗位上尽职尽责。加强医学生职业道德素质建设是十分重要的，老子的医德观玄妙隽永，对医学生高尚的职业道德素质培养和提高有积极意义。

二、老子医德观的内容

老子的医德观从“俭”的价值观出发，立足“重人贵生”的生命观，致力于“慈、让”的医患观，践行“严谨审慎”的行医观，对医务工作者职业修养的提高具有极其重要的借鉴意义。

（一）重义轻利的价值观

在现实的医疗过程中一些医务人员借助职务之便的贪腐行为，使得救死扶伤的医务人员在患者和人民群众中的公信力正在逐步减弱，使得医务工作者救死扶伤的崇高荣誉正在遭受轻蔑。

① 赖萍：中国传统医德视阈下的医学生职业道德教育研究［D］. 新疆医科大学，2012：11.

② 刘凌：当前医患关系矛盾与医学生医德医风教育的改革与创新［D］. 华东师范大学，2009：1.

老子曰："甚爱必大费，多藏必厚亡。"[①]（《老子》第四十四章，以下只注章数）老子认为医务人员的道德修养，应当注重奉献社会，发扬社会主义的人道主义精神，轻名弃利，甚至重义忘利，节制私欲。十八大召开以来，在"反腐倡廉"的号召下，查处的医疗腐败案件层出不穷。老子警示医务工作者在花花绿绿的物质世界中，要树立正确的价值观，自觉遵纪守法，努力提高业务水平和道德修养，造福大众。

（二）重人贵生的生命观

在医务工作者的高亢誓言中，字字句句都体现出对生命的敬畏和重视。早在两千年前的老子在书中讲道："道大，天大，地大，人亦大。"（二十五章）"'道'作为老子思想的核心和本原，将'人'放在了与'道、天、地'同等重要的地位"[②]，可见老子对个体生命的价值极其重视，"重身、贵生、爱身、惜生"是老子对待生命个体的基本态度和一贯主张。

（三）慈和让的医患观

"慈。"老子曰："我有三宝，持而保之。一曰慈。"（六十七章）在老子的"三宝"中，"慈"位列第一，医务人员的慈就是对所有的患者一视同仁的关爱。这种关爱是一种是促进医患关系和谐的伟大感情，无论对患者的病情还是对医务人员的工作及生活都大有裨益，医疗机构的人文关怀氛围也逐渐成为衡量医疗质量水平的重要内容。又曰："慈，故能勇。"慈爱能够成就勇气，这种勇气因为宽容、仁爱、无私而变得力量无穷。作为医务工作者甘愿为患者奉献自己的爱心，同情、关心和体贴病人是高尚医德的体现。

"让。"老子曰："江海之所以能为百谷王者，以其善下之，故能为百谷王。"（六十六章）医技精湛和医德优良的医务工作者不应给患者盛气凌人的气势，而使患者感到负担，患者才能对医务工作者产生敬爱。患者也应友善，不要妨碍医务工作者行医，医护人员才能对患者不产生厌弃。

老子推崇"谦让"的精神，并不是软弱地一味退让，而是在揭示百炼钢成绕指柔的道理，"揣而锐之，不可长保"这里讲的"谦让"是一种柔能胜刚的毅力。医务工作者只有以平和的态度、踏实稳健的风格做事才会获得患者的信任，才能掌握正确处理医患关系的方法。

---

① 饶尚宽：《老子》译注［M］. 中华书局，2015：1.

② 罗祥相. 自爱不自贵——老子生命观思想辩正［J］. 人文杂志，2012（05）：33.

（四）诚信的职业观

在老子的医德观中十分重视“诚信”，他既把医患之间的互信看作是职业道德素质提高的成果，又将其视为改善医患关系的方法。

老子曰：“信不足焉，有不信焉。”之所以患者不信任医生或对信任心存看法，是因为曾经发生过被欺骗的事件。综观医患关系恶化的医闹事件，大多数都是因诚信问题而起。为了多收取费用，明明是国产药品却谎称是进口的，明明是普通的疾病可以药到病除，却要夸大实情过度医疗。老子提出：“信者吾信之，不信者吾亦信之。”（四十九章）讲诚信的人我信任他，曾经犯过诚信错误的不守信的我给予他改正的机会也信任他，这样便可实现诚信。

（五）慎终如始的诊疗观

世界上找不出两片相同的树叶，更何况有着复杂机理的人，患者的病情千差万别，个体差异复杂，老子的医德观在诊断方面十分强调遵循规律、谨慎行医，并且贯穿整个过程。

虽然说治病要迅速，但不能急功近利，贪功冒进。老子曰：“企者不立，跨者不行。”（第二十四章）跨着大步想走快点，却反而慢了下来。治疗疾病过程中用药用量过猛想尽快治好，有时可能会使病情更加严重。诊疗疾病时，需仔细观察了解症状，治疗开药，不可有丝毫的差错。“图难于其易，为大于其细。天下难事必作于易，天下大事必作于细。”（六十三章）老子要求医务工作者治病救人要从容易之处入手，从细微之处开始，不能急于求成急功近利，以免适得其反。

三、老子医德观的启示

（一）清静恬淡，抛弃私欲

面对医疗活动中的物欲满盈，声色诱惑，老子曰：“名与身孰亲？”（四十四章）一时虚名、一己之利与生命的价值哪一个更重要？名利和生命相比，应该如何取舍？老子用发问的方式说明了过分看重名利，贪得无厌，必然会带来巨大危害，甚至会身败名裂。

那么，如何做到清心寡欲。老子曰：“重为轻根，静为躁君。”（二十六章）只有淡泊宁静排除一切私心杂念才能够专心一志，不受干扰地准确把握患者的病情特征，从而对自己的行为进行积极的影响。“轻则失本，躁则失君。”（二十六章）不排除干扰审慎地判断病情，轻举妄动就意味着对生命的不负责任。

静水流深，宁静致远，老子强调："致虚极，守静笃。"（十六章）这里的虚并不是头脑中的虚空，而是一种"空"无杂念的心境。静，则是指自觉地克服"欲念"等不理性因素的干扰，用理性的态度去判断是非曲直。

故有言："罪莫大于可欲，咎莫大于得。"（四十六章）过多的欲望，会招致罪患，过分贪得，会使人犯错。人若怀有"可欲、可得"之心，则贪念自生。"是以圣人去甚、去奢、去泰。"（二十九章）圣贤之人质朴淳厚，反对奢侈，不崇尚奢侈的生活自然不会被名利等身外之物迷惑。作为未来的白衣天使，医学生在学习阶段就应该锻炼自己在生活起居、待人处事上"少私寡欲"的态度，抛弃私欲，才能远离祸端，才能不断增强关心病人生命，竭力挽救病人生命的责任心，才能为增进人类健康和推动医学科学发展产生积极影响。

（二）贵生知止，尊重规律

虽然老子"贵生、惜生"，但是老子反对"厚生、贪生"。老子曰："夫唯无以生为者，是贤于贵生也。"（七十五章）不刻意地追求自然生命的人，胜于那些过于注重贵养生命的人。生命的价值大小取决于社会属性而非自然属性即生命长短。纵观历史，历代皇帝都在追寻长生不老的途径，可又有哪位逃过了生老病死的自然规律。

如今，随着人们生活水平的不断提高和物质条件的逐渐富裕，对待生命的态度反而有了功利化的倾向。一方面，患者贪生开始关注各种"养生"，各大药店最醒目最昂贵也最畅销的当属"保健品"；另一方面，医疗活动的过于市场化加之患者的这些心理和行为，使得过度医疗现象时有发生，"包括过度检查、过度治疗（包括药物治疗、手术治疗和介入治疗等）、过度护理"①。老子曰："生之徒，十有三；死之徒，十有三；人之生，动之于死地，亦十有三。夫何故？以其生生之厚。"（五十章）人的生命长短与每个人的身体特征和机能有着复杂的联系，有的人长寿，有的人短命，有的人本来可以长寿却自己走向了死亡，因为奉养过度了。在这里，老子说明了过度医疗不是治病救人，而是戕害生命，要求人们不要靠着索取外物来保养自己，对待生命应该尊重规律，顺应自然而行。故又曰："执大象，天下往。往而不害，安平泰。"（三十五章）面对病魔谁掌握了规律，谁就获得了生的权利，生命将平和安泰。老子还指

① 刘哲. 关于医疗体制改革的分析与思考（一）国家战略与医疗事业的关系［J］. 新丝路（下旬），2015（07）：25.

出："知足不辱，知止不殆，可以长久。"（四十四章）只有那些不过度追求自然生命，懂得休止的人才能保持生命的长久。医疗活动的科学性和严谨性，要求医学生学会尊重规律。

（三）医者善仁，温和可亲

老子以其敏锐的洞察力，认识到世间万物千姿百态、千差万别，个体间存在着差异性，说道："夫物，或行或随，或嘘或吹，或强或羸，或载或隳。"（二十九章）作为医学生应树立对待病人"不分民族、性别、职业、地位、财产状况，都应一视同仁"的思想。

老子曰："五色令人目盲"（十二章）在纷繁复杂的物质世界中，权、财、物、情等会使人蒙蔽双眼，难辨是非。在医疗过程中，大多权高位重、财厚物丰的患者总是能够在第一时间得到专家们最好的医治，入住特护病房，无论是医生还是护士都百般耐心细致，笑脸相迎，有的甚至卑躬屈膝地嘘寒问暖。而贫困的患者遭到厌烦、嫌弃甚至忽略的事件时有发生。老子说："是以圣人抱一，为天下式。"（二十二章）每个人在社会中的地位高低不同，这样的差异会使一些人对自认为地位低下的人不屑一顾，甚至略带鄙视。而老子认为，对待每一患者，都应采取平等、柔善之心。

经过对近年来恶性医患关系事件的回顾，在最直接的医患关系主体中，有患者的无知也有医务人员的过错，态度的友善程度决定了事件的升级发展，双方是否谦让决定了事件的结果。在老子看来，守柔、至仁、至善的修身方法，对改善医患关系至关重要。

老子说："居善地，心善渊，与善仁。"（第八章）警示医患双方"安心处于应处于的地位，心像深渊一样平静，以友善之心对待对方"①。从某种角度来讲，患者是带着病痛来寻求医务工作者帮助的，在医患关系中，由于信息不对称，遇到事故时，患者既没有专业知识，又不能获得证据，大多数时候处于弱势地位，医护人员应具有和蔼的态度、端庄的举止；患者也应理解医护人员的不辞辛劳，以诚恳的态度就医，互谅互惠。"'善者吾善之，不善者吾亦善之。'（四十九章）无论患者品行善良与否"②，医者都应以善良之心去对待。老子相信只要对待万物一律平等，那么天下就充满了友善。"是以圣人常善救

① 杨洋．浅谈社会主义核心价值观在中国传统文化中的渊源——老子篇［J］．社会与法治，2015（05）：5.

② 杨洋．浅析老子思想中蕴含的教育方法［J］．经营管理者，2015（08）：5.

人，故无弃人，是谓袭明。”（二十七章）名医大医总是善于挽救病人，所以没有被遗弃的患者，这才是高尚医德的表征。这就要求医学生在职业道德修养锻炼中学会容忍病人，具体问题具体分析，在把握每个患者特殊性的同时更要一视同仁，才能成为优秀的医务工作者，受人敬仰。

老子以“水”比喻人心，主张在处理医患关系时要像水一样柔善，保持沉静自然。“上善若水，水利万物而不争，处众人之所恶。”（八章）高尚的医德的就如同水一样，善于以柔和的方式来化解矛盾而不与患者相争。

（四）付出诚信，收获信任

面对不履承诺的现象，老子曰：“夫轻诺必寡信，多易必多难。”（六十三章）医学生未来所从事的工作具有其自身的复杂性，患者病情因个体差异也存在多样性，医务工作者不能随便对患者许诺，要将自身业务水平高低与病人病情的复杂程度相结合。“其精甚真，其中有信。”（二十一章）医术精绝，诚心救人，正所谓大医精诚，说到做到自然赢得信任，承诺是建立在高超医术和对病情足够把握的基础之上的。说了做不到轻易承诺必然失去信任，故老子又曰：“多言数穷，不如守中。”（五章）

古今中外，“诚信被视为是医务工作者的基本信条，历来也是医学生职业道德素质教育的重点内容”①，只有提高诚信意识、践行诚信规范，才能从根本上缓解医患冲突，平息社会矛盾。医术精湛，言行一致才能得到患者的信任，遵守承诺，践行约定才能受到患者的敬仰。

（五）德法结合，依法治医

1988年12月15日卫生部发布了《医务人员医德规范及实施办法》；1998年6月26日第九届人大常务委员会第三次会议于通过了《中华人民共和国执业医师法》；2009年又发布了教高［2009］4号《教育部卫生部关于加强医学教育工作提高医学教育质量的若干意见》。可见，无论是国家层面还是医学教育层面，对医学生的职业道德素质在法治上有着相当高的重视程度。

老子通过歌颂天道，来赞美法治，他说：“天网恢恢，疏而不失。”（七十三章）医学生要“学法、懂法、守法、护法、用法”，特别要学习与医疗卫生相关的法律法规，保证在未来的医疗岗位上任何医疗行为都合规合法。医疗机构和医务人员依法依规执业是保障人民健康和生命安全的基础，法治思维也为

---

① 郭丹，袁娲．浅议医学生诚信培养［J］．科技视界，2013：216.

医疗纠纷提供了正确的解决方式和途径。

（六）戒骄防矜，自知之明

老子曰："知人者智，自知者明，自胜者强。"（三十三章）人最大的敌人是自己，"了解别人的人是聪明的，了解自己的人才是高明的，战胜自己才算是真正的强者"[①]。故曰："知不知，上；不知知，病。"（七十一章）知道自己的不足，才能使自己更加完善，不自省不知道自己的缺点，就无法加强修身。所以，在学习阶段医学生要学会精诚合作，有团队意识，在以后的医疗活动中只有互相学习，博采众长，才能对病情做出谨慎的判断，更好地为患者服务。对待病情考虑应周详，三思后行，不可有丝毫的大意马虎，更不能自持聪明而不遵循规范，违规操作。一旦失误，可能置人死地，酿成悲剧。老子曰："不自见，故名；不自是，故彰。"（二十二章）不自以为是、自高自大，这样才能不做错事，才能赢得患者以及同仁的敬仰和认可。

审慎严谨的行医态度必然会促进医疗活动顺利进行，并取得优秀成果，有的患者痊愈后会给医疗单位或者医务工作者送锦旗以示感激之情。老子曰："果而勿伐，果而勿骄。"（三十章）取得了胜利要做到不自负、不骄傲自满、不得意忘形。这些都是医学生应该学习并内化的高尚品德。

老子医德观中"重义轻利"的价值观为医学生职业道德素质建设提供了价值选择的参考和指引，摆正了"道义"和"利益"的关系。"重人贵生"的生命观明确了作为医学生的使命和担当，推动了医学生职业价值的实现。以"仁慈"的态度和"谦让"的方法为基础的医患观为医学生职业素质的提高和正确处理医患关系提供了思想指导和合理途径。以"慎终如始"为原则的诊疗观彰显了医者精诚的谨慎态度，同时也表达了对患者知情权的尊重，满足了患者被尊重的心理需求。以"诚信"为基础的职业观对化解医患信任危机，重塑"白衣天使"的良好形象起到了积极作用。

医生在行医过程中应该把高尚的医德作为指导思想和行为准则。老子的医德观对新时代医学生的职业道德素质建设提供了具有积极意义的理论和智力支持，对医学生职业道德素质的提升和培养具有促进作用。只有不断加强医学生职业道德素质教育，才能使医生受到全社会普遍的敬重和拥戴，才能更好地实现医生救死扶伤的宗旨。

---

① 杨洋，赵桂英. 老子德行教育思想对当代大学生自身修养的启示［J］. 四川旅游学院学报，2015（07）：10.

论实践型道德知识及其与生活道德的有效融合*

王楷清　冯　丽①

（川南幼儿师范高等专科学校，四川隆昌，642150）

摘　要：道德知识是一个整合概念，是以道德和知识基本分野为前提的整合，包括认知型道德知识和实践型道德知识两大显性形态。实践型道德知识是一种关怀个体现实境遇的手段性知识或预案性知识，智慧性是其突出特征。生活道德源于生活，实践性是其突出特点，但也存在着理性道德知识缺乏的不足。实践型道德知识与生活道德的有效融合，不仅能够最大限度整合感性经验、形成道德智慧，更具有有效推动个体道德践履的现实意义与价值。

关键词：认知型道德知识；实践型道德知识；生活道德；有效性；融合

"但凡德育要谈'知识'，更多地被理解为对'生活'的背弃，而如果德育谈及'生活'，背后大都隐含着对'知识'的批评。"② 这基本反映了当下人们对生活道德（德育）与道德（德育）知识二者关系的态度。在大多数人的印象中，一个直接源于生活世界，联结于感性经验；一个是科学世界之上的再加工，是一种纯粹的理性知识。生活和道德之间似乎存在着天然对立的两极。但道德知识是否就是纯粹的知性知识？它和生活之间有无相互生成并转化的可能？由此问题出发，笔者对生活道德和道德知识的关系问题进行了再思考，以期能将两者有机融合。

---

* 基金项目：2018年度四川大学生思想政治教育研究中心立项课题"生活德育理念下高校德育课堂教学方式选择的实证调查与对策研究"（CSZ18063）；2018年度川南幼儿师范高等专科学校校级重点课题"生存向度下社会主义核心价值观融入高校师范生日常生活的路径研究"（CNYZ2018A01）。

① 作者简介：王楷清（1986－），男，汉族，河南鹤壁人，助讲，教育学硕士。研究方向：学校道德教育，课程与教学论等。冯丽（1984－），女，汉族，四川隆昌人，讲师，教育学硕士。研究方向：学前教育学。

② 钟晓琳，朱小蔓. 德育的知识化与德育的生活化：困境及其"精神性"问题［J］. 课程·教材·教法，2012（5）：91－98.

一、道德知识的两大形态

道德是一个实践问题，它以个体的自我实践为目标；知识是一个认知问题，它以个体对客观世界普遍规律的认识、理解为指向。道德知识是道德和知识彼此融合的结果，在固有惯性思维的影响下，我们常常以一种完整不可分的状态来理解和使用这一概念，以至于忽略了道德和知识存在基本分野的事实。

（一）道德与知识的基本分野

对于道德与知识存在基本分野的问题其实很早就为人们所关注。早在古希腊时期，苏格拉底“美德即知识”的观点，就开创了人们研究道德与知识关系的先河。随后其弟子柏拉图，更是将美德等同于知识，把道德知识引向了认知主义方向。亚里士多德很早就认识到了这一观念的问题所在，为此反复强调德性和知识两者的不同。在扬弃这一观念的基础上，他把德性划分为两类：“伦理德性”和“理智德性”。伦理德性是来源于人灵魂的欲望部分，靠风俗和习惯养成；理智德性是来源于人灵魂的理性部分，经后天的教导生成。此外，还有休谟关于能否由“是”推导出“应是”，能否由“事实”命题推论出“价值”命题等“疑难”问题的论述，皆有两者基本分野的踪影。

我国古代教育中，并不专门将道德知识或伦理知识称之为“知识”，儒家所说的“知”，通常作为一种实用的人生智慧。如《论语·为政》中说“知之为知之，不知为不知，是知也。”最后一个“知”同“智”，说明个体诚实的态度本身就是一种智慧。“道德知识”即“人生智慧”。这似乎不存在道德与知识的分野问题，其实这恰恰是由于传统伦理将道德与知识之间的关系协调至近乎完美的一种综合性表现。我国自古而今的伦理教育都有围绕“知与行”关系建构的传统，使得“知”始终服务于“行”，而“行”又始终生成和修正着“知”，“知与行”处于一种和谐的“合一”状态。但“合一”并不等于“同一”，它们还是以“分”为前提的，没有“分”，也自然不存在“合”。所以我国古代以“知”和“行”为形式所建构起的人生智慧依旧是以两者的基本分野为前提的。

（二）分野路径下道德知识的两种形态

道德知识作为一个整合概念，必然有道德融入知识，以及知识融入道德两种不同整合方式。前一种整合方式，使道德消融于知识，道德问题也随之成为了知识问题。它以科学理性的方式，让道德这一原本的实践问题变为了一系列有关道德的本质、规律以及形成基础等纯粹认知方面的问题。这种遵循西方认知主义传统所形成的道德知识，即认知型道德知识。此形态知识能够使个体获得有关道德世界完整的、本质的知识。但同时也由于缺乏对个体现实境遇的具体关怀，而难以推动道德实践，促进个体的道德成长。它既是苏格拉底所强调的德性知识，也是亚里士多德所认定的理智知识，更是知性德育范式所构筑的知性知识。

后一种整合方式整合所形成的道德知识则与前者大相径庭。道德本身就是一个实践问题，由知情意行四维度构成。道德的认知维度与知识之间具有天然的亲缘关系，很容易演变为道德知识。但这种演变却并非是一种单纯的知识由此到彼的变化，而是在道德实践范围内有节制、有限度的改组和改造。一方面融入道德后的知识，其在内容上虽也属于认知维度，但只是道德四维度之一，而并非全部，知情意行各维度有机融入其中。另一方面，融入后的知识，因具有关怀个体现实境遇的意义与价值。使得知识不再是一个纯粹的知识探求问题，而成为推动道德行为达成的重要有机环节。所以以知识融入道德为整合方式所形成的道德知识，必不同于认知型道德知识。它把道德作为个体现实境遇中的具体问题来看待，从而使这些道德知识具有极强的境遇适用性。这种遵循道德实践逻辑所形成的道德知识，即实践型道德知识。

二、实践型道德知识及其实践价值

有学者认为所谓道德知识即是“承载或表征主体际价值关系的符号。它不仅包括人们的道德观念系统，而且包括道德行为方式。道德知识不仅是群体类意识，也属于个体知识，它是一种整合性知识”[①]。既然是一种整合性知识，它就既有包含静态性的一面，也有容纳动态性的一面；它既表现为一种符号化的知识，也体现为一种对道德实践过程的推动。道德知识就是道德实践和知识呈现相融合的表达。实践型道德知识是以个体道德实践为指向、以直观体悟为方式所形成的致力于解决现实境遇中个体所遭遇到的道德问题、信仰危机、心灵困惑等实际问题的手段性知识或预案性知识。这种手段性知识并非一成不变，而恰恰相反，处于时刻的流动和变化之中，直到用所形成的手段性知识去恰当理解和解释当前所遇到的道德问题，才会继续保持平衡。道德智慧也在其

① 易连云，邓达．学校德育的知识基础与德育课程变革［J］．教育研究：2007（2）：17－21.

中孕育而生。当个体遭遇现实道德问题时，这类道德知识会自主搭建起其与现实问题的关联，通过对现实道德问题的处理，或深化或修正，以促进个体道德智慧的不断增长。

从中我们可以看出实践型道德知识与道德智慧之间具有天然的联系，实践型道德知识有利于个体道德智慧的形成，“智慧性”是其重要特征。一般而言，要形成道德智慧，一方面需要个体问题解决的活动经验作支撑，另一方面需要个体处理问题所秉持的理念、原则、依据、方式等保持在一种恰当的高水平的限度之内。如《菜根谭》中的劝诫语“不责人小过，不发人阴私，不念人旧恶，三者可以养德可以远害”就具有这种道德智慧。一方面个体在现实生活中都曾或多或少有过“责人小过”“发人阴私”“念人旧恶”等方面的经验，另一方面对日常生活中这三种常见情况，以“不责人小过……可以远害”的方式进行处理，具有“养德”“远害”的效用性。同时当个体深刻领悟这一处理方式的意义与价值，则具有推动个体进行道德实践的强大动力。

三、实践型道德知识与生活道德融合的内在理路

（一）生活道德与道德知识融合的惯性误区

生活论德育主张道德的生成应“源于生活，在生活中进行，并最终回归生活”，加强了道德与生活之间的关联，针对传统认知型道德知识的不足做出了自己的努力。但要关注生活，关注生活事件，关注生活意义，就难以兼顾系统理论道德知识的学习的“系统性”。为此有学者就说：“生活德育万能吗？要不要知性德育？”① 对此问题的思考，也说明了学者们已经看到了生活德育自身所存在的一定局限，也急需系统道德知识来加以辅助和补救的事实。但我们通常所说的道德知识即认知型道德知识，这种知识本身因不具有关怀个体现实境遇的价值，认知型道德知识和源于生活的感性经验之间即便是想结合，也不存在可以结合的桥梁。相较而言，以另一种形态存在的实践型道德知识，因其知识形成的目的就在于推动道德实践，致力于解决现实问题，使得它和感性经验之间存在着千丝万缕的密切关系。伴随着生活与道德关系研究的深入，会发现生活道德也确实需要知识，但这种知识并非认知型道德知识，与之相比，实践型道德知识更具有优势。

---

① 张忠华，李明睿．生活德育：我们研究了什么［J］．现代大学教育，2009（4）：33－38.

但当一提到道德知识，我们的第一反应依旧是客观的、普遍的、抽象的知性知识。这不得不说，我们在打开牢笼的同时，又给自己戴上了紧箍咒。我们通常说：知识可教，智慧可悟。传统的伦理知识，常入于口而化于心，其因直接关怀于个体的人生境遇和具体的现实问题，并探求最佳的“中庸”之道、为人处世的“分寸”，而具有智慧性。这种智慧性内容在个体掌握并实践之前，通常会以静态的符号化的知识形式存在于典籍之中，这些抽象符号化的知识在转化为个人智慧之前，依旧属于知识范畴，只不过天然具有实践性或智慧性的萌芽。所以实践型道德知识恰是生活道德依靠自身逻辑会自觉形成的一种道德知识。尽管现代道德领域对生活的关注是由批判知性知识而来，其对立面也确实是认知型道德知识，但认知型道德知识并不等于道德知识的全部，它只是道德知识所呈现形态的一种，我们不应当对道德知识范畴进行自我限定。

（二）实践型道德知识与生活道德的有机融合

生活德育的环境是真实的，即真实道德情境。当个体在真实道德情境中面对某个道德问题并着手解决时，道德的知情意行会以有机融合的方式通过环境综合作用于个体，并与个体的切身利益挂钩。与此相对，德育课堂教学场域所构筑的环境是虚拟的，即虚拟道德情境。既然是虚拟的，它就难以触发个体的切身利益，其作用发挥的最大限度也只是停留在解决道德问题的前端：提供道德认知，以及引发道德情感。所以有学者就认为，这类道德情境“不管多么复杂或者多么逼真，都具有‘游戏的’或‘戏剧的’性质”[①]。正是由于这种“游戏性”，使得任何有关道德的努力被都牢牢地锁定在了道德认知和道德情意范畴之内，而难以突破。知性德育选择以道德融入知识为整合方式来建构道德知识，因之过于关注于认知维度，最终使道德知识沦为了纯粹知识，演变为一种可供谈论，但并不一定要去实施的东西。当人们面对道德问题并启动解决道德问题的心理机制时，虽然有道德认知、道德情感、道德意志等多种复杂因素的共同参与，但由道德认识到具体道德行为的实现是问题解决的主流程，而道德情感和道德意志只是两者的伴生物，并且不能脱离两者而单独存在。[②]

生活论德育重点关注了道德情意两个维度，但这两个维度也只是道德知行的伴生物，它们并不构成道德问题解决的主流程。所以仅仅依靠课堂生活事件以对道德经验进行改组和改造而生成道德知识的做法，无论是其广度上，还是

---

① 傅维利. 真实的道德冲突与学生的道德成长［J］. 教育研究，2005（3）：13－16＋28.

② 傅维利. 真实的道德冲突与学生的道德成长［J］. 教育研究，2005（3）：13－16＋28.

深度上都有所不足。其广度不足体现在，面对充满着矛盾的、冲突的和复杂的生活时，无论生活事件的意义有着怎样的典型性和涵盖性，也难以满足个体对道德深层次把握的不足。其深度不足体现在，依靠生活事件整合经验的做法，即便个体在课堂上认同了某些道德规则或道德原则，也会在复杂的现实利益冲突中，因无法向更高层次性和体系性的道德内容诉求时而消解在生活之中。而实践型道德知识因其本身就是带有经验性的智慧知识，既关涉到了个体的现实利益诉求，也考虑到了整体的发展状况，是两者综合把握的一种最佳状态，实践型道德知识就在恰如其分地解决问题的最佳限度内对生活道德的不足进行弥补，并进行相互融合。

三、实践型道德知识与生活道德融合的实践探索

如果将道德知识等同于知性知识，在回归生活中因较难融合，很容易抛却道德知识。而将道德知识限定在情意维度，依靠生活事件整合经验的做法，又很容易消解在生活之中。寻求两者的融合，就成为我们走出当前困境的最佳选择。实践型道德知识和生活道德之间有着共通的基础——感性经验，具有一脉相承性。但实践型道德知识是否就是真正适合于生活道德的知识形态，这还需要实践型道德知识直面“生成与践履”的难题：一方面能够通过感性经验以生成实践型道德知识，另一方面又能将实践型道德知识迁移至生活并推动道德实践。

（一）实践型道德知识对“生成与践履”难题的突破

实践型道德知识的形成基础就是感性经验，两者之间具有天然的生成性。笔者认为，由外在的感性经验总结提炼并上升为内在的实践型道德知识，通常要经过四个紧密联系的过程：首先是直面道德情境的过程。个体由感性经验向道德知识建构提升时，需要大量且详细的有关道德冲突产生的背景、过程、结果和影响等方面的信息，而道德情境则能最大限度地提供这些信息。其次是道德的分析判断过程。借助于反省抽象，个体会对道德情境多方面信息进行综合分析和判断，并抽象出能涵盖并解释此情境的某种经验。再次是凝炼道德知识的过程。此阶段将经验及其抽象的动态过程予以静态转换，转换为静态符号化的道德知识。转换后的道德知识不再是一种历时态的解析的过程，而是一种共时态的形式和结构，一个具体的对象，一个抽象的整体，即过程凝炼为知识。最后是道德图式的形成过程。借助于上面三个过程以及对原有认知结构中相关

道德知识的整合，个体就会形成新的道德图式。经过如上四个过程的转换，感性经验不仅得以显性化、符号化，而且经过图式阶段的知识完善，形成了更具深层意义的道德知识。

道德践履的过程，即迁移道德知识以推动道德实践的过程。而要实现这种“推动”，就需要个体对道德规范、道德原则等知识性内容的意义进行深层次掌握。知性知识因内容过于抽象、概括、客观，难以链接于个体的感性经验，而无法建构起知识与人之间的意义联结，自然就不具备这种深层意义的拓展作用。实践型道德知识因可以将感性经验纳入自身并作为支撑和解析自身的材料而具有深刻理解道德规范、道德原则等知识性内容的效用。具体而言，即个体在感性经验材料的支撑下，以对道德知识情境适用的内容、范围、功用、效果、价值等方面予以分析、思考和鉴别，从而深层次地理解道德规范、道德原则等知识性内容。即便是在课堂虚拟环境中，这些知识性内容也可以最大限度地发挥道德认知层面的优势，直面现实生活中的道德困惑、利害取舍、利益选择等难题，通过这些知识所固有的境遇效用作用的发挥来对个体的道德实践进行引导和推动。所以，实践型道德知识能有效迁移知识进行践履。实践型道德知识的践履过程就是个体结合感性经验以深入解读、体悟和认同这些道德规范、道德原则等知识性内容并与之建立意义联结，进而迁移并推动道德实践的过程。实践型道德知识既依托感性经验得以生成，又依托感性经验得以深刻理解，并能推动个体自觉践履。可以说，实践型道德知识作为适合于生活道德的知识形态，能够有效应对“生成与践履”之难题。其走进课堂更具有有效指导教学的效用和价值。

（二）实践型道德知识的教学效用

在生活论德育理念的倡导下，“品德与生活”“品德与社会”的课程内容，以具有典型意义的生活事件串联而成。师生间借由对生活事件的对话、体验和反思，来整合、改造和提升个体的感性经验。这些经改造和提升后的经验性内容也归属于实践型道德知识的范畴，其教学方式是一种注重经验改造和提升的生成式教学，因其侧重点在感性经验，而并非实践型道德知识，就使得对道德规范、道德原则等知识性内容的掌握相对缺乏深层次的解读和体悟，而这在某种程度上也可以说是这些经验性内容的瓶颈所在，其存在着等同甚至消融于生活的可能。在现实情境中，事件本身不仅由众多复杂的具体细节构成，更是直接关涉了个人的切身利益。面对具体的事件，个体除了需要对事件的完整过程予以了解外，还需要对影响事件发展的现实背景、对象关系、具体场合等复杂因素予以充分考虑。可以毫不夸张地说，对事件的处理就是个体运用智慧的过程。而在课堂教学场域中，由于其内在的虚拟特质，使得其对生活事件的呈现总不可避免地要带有某种“失真性”。围绕生活事件而展开的对话、体验和反思活动若缺乏对生活事件复杂因素的考虑，生活事件本身就会“失真”。

对承继感性经验而来的实践型道德知识的确立，则会促使教学重心的转移，由关注事件转向重视知识。这种转向看似又走回了回归知识的老路，但这与只关注于纯粹知识性内容的知性知识不同，尽管感性经验与道德规范、道德原则等知识性内容之间也经过了一个由“直面道德情境”“道德分析判断”向“凝炼道德知识”“形成道德图示”的转换过程，但转换后的这些知识性内容依旧蕴含着与感性经验可随时结合的特性。正是这种可结合的特性的存在，使得个体对道德规范、道德原则等知识性内容的理解不会仅限于知识理解的表面，在感性经验材料的支撑下，个体能够对之全面解读、体悟和反思，即深层次地理解这些知识性内容。借由这种深层次的理解，个体的感性经验将不再是一种零散的、破碎的、单一的低层次经验，而是能与这种深层次的理解性相匹配的被筛选、整合和优化的高层次经验。同时，这些感性经验内容也会因有了固定的知识形态，而大大降低虚拟事件“失真性”的影响。当我们对虚拟事件所隐含的“失真”内容予以丰富和补充时，这些“真实”经验就会朝更加有利于个体对道德规范、道德原则等知识性内容的解读、体悟和印证的方向发展。实践型道德知识的课堂引入就是对感性经验最大限度的整合。

与生活论德育的目的一致，实践型道德知识的目的也在于：回归生活、建构生活。由此目的而展开的围绕知识性内容所进行的教学活动，也即是一种由知导行的道德践履活动。像我国古代的儒家伦理教育，以及西方历史上的宗教信仰，都是这种活动的典型，均极为重视道德的知识部分。前者构成了我国古代教育的核心，后者则在西方道德教育的历史上起到了中流砥柱的作用。而要由“知”导“行”，就需要个体自身建构起能够涵盖和处理现实生活中有关道德困惑、利害取舍、利益选择等难题的效用性知识。由上文可知，这种效用性知识，也即是结合感性经验，通过解读、体悟和反思等方式，帮助个体建构起的有着深层次理解意义的实践型道德知识。伴随着这种深层次的理解性，个体就会对这些知识性内容认同之，迁移之，并推动自身的道德实践。走进课堂的实践型道德知识，不仅能够最大限度地整合感性经验，更具有有效推动个体道德践履的现实价值。

国内学界关于“先秦儒家君子人格与大学生道德人格塑造”研究综述*

石　莹①

（西南交通大学，四川成都，611756）

摘　要：党的十八大以来，习近平同志就挖掘中华优秀传统文化德育资源以加强公民道德建设，扎实推进思想政治教育工作以实现高校人才培养目标等问题进行了科学系统的阐释。在此背景下，本文对国内学界关于儒家君子人格与大学生道德人格教育及两者内在关系的相关研究进行了细致的梳理，在总结既有研究成果的基础上，分析了相关研究存在的问题与不足，并尝试性地讨论了进一步研究的方向和重点。

关键词：先秦儒家；君子人格；大学生；道德人格；综述

党的十八大以来，习近平同志在诸多重要公开场合就中华优秀传统文化这一主题发表了一系列重要讲话，这些重要讲话构成了内涵丰富、逻辑严密的关于传统文化的思想、观念，习近平同志传统文化观是其治国理政思想的重要组成部分，为正确对待中华优秀传统文化指明了方向。同时，习近平同志特别重视优秀传统文化蕴含的德育价值，指出“深入挖掘和阐发中华优秀传统文化讲仁爱、重民本、守诚信、崇正义、尚和合、求大同的时代价值，使中华优秀传统文化成为涵养社会主义核心价值观的重要源泉”②；此外，当前思想政治教育环境发生了诸多变化，习近平同志对思想政治教育的地位、目标、任务、内容、原则和方法进行了科学的阐释。习近平同志思想政治教育观是习近平新时

* 基金项目：四川省高校人文社会科学重点研究基地：四川大学生思想政治教育研究中心科研项目“先秦儒家君子人格与大学生道德人格塑造”（CSZ18010）。

① 作者简介：石莹（1985—），男，汉族，山东省青州市人，讲师，西南交通大学马克思主义学院在读博士研究生。研究方向：优秀传统文化与大学生思想政治教育。

② 习近平. 习近平谈治国理政［M］. 北京：外文出版社，2014：164.

代中国特色社会主义思想的重要组成部分，对有效推进大学生思想政治教育，实现高校人才培养目标有着重大的理论和现实意义。

2018 年 9 月 10 日，全国教育大会在北京召开，习近平同志发表重要讲话，系统科学地阐释了建设新时代中国特色社会主义教育理论体系的重要意义和路径方法，为做好新时代教育工作提供了根本遵循。这次大会再次重申要把“立德树人”作为教育的根本任务，正如此前习近平同志多次强调的：育人的根本在于立德，要把立德树人的成效作为检验学校一切工作的根本标准。[①]“立德”强调的就是道德养成，就是要着力提升当代大学生的思想道德品质，教育的首要问题就是要培养和造就“德智体美劳全面发展的社会主义建设者和可靠加班人”，其中的重要一环就是“要在加强品德修养上下功夫，教育引导学生培育和践行社会主义核心价值观，踏踏实实修好品德，成为有大爱大德大情怀的人”。大会明确指出要把“完善人格”作为教育工作的总体要求和目标之一，这是对教育功能在新时代的全新定位。

因此，当前以习近平同志传统文化观和习近平新时代中国特色社会主义教育理论体系为指导，深入挖掘优秀传统文化蕴含的道德教育资源和时代价值，剖析当前大学生道德教育以及人格培养面临的紧迫问题，并最终在优秀传统文化创造性转化和创新性发展的基础上，探索两者结合的新途径，既是弘扬优秀中华传统文化、坚持文化自信的应有之义，也是深入推进新时代高等教育人才培养工作的现实要求。据此，本文将先秦儒家君子人格与大学生道德人格塑造相关研究做一系统性梳理，以期为后续研究提供扎实的学理基础。

一、关于先秦儒家君子人格的研究

（一）关于先秦儒家君子人格思想形成的理论基础的研究

研究先秦儒家君子人格思想，当从它的历史文化背景入手，考察其背后的理论基础和形成条件，才能准确把握先秦儒家君子人格思想的特征和要旨，这也是此类研究的着眼点。这一研究思路大致包括两方面的内容，具体来看：

一是对中国传统文化所处的大背景的理解和研究，这方面的研究为我们探讨儒家君子人格的具体思想，提供了宏观的时空背景。英国著名的历史学家汤因比提出了“挑战与回应”理论，即每一个民族的文化就是该民族对其生存环

① 习近平．在北京大学师生座谈会上的讲话［N］．人民日报，2018−05−03（2）．

境给予自己挑战的一种回应。也就是说，每个民族的生存环境对其文化的产生与发展具有重大的影响。从某种意义上说，文化是人类对自然的回应与认知，自然地理环境是文化生成的先决条件。不同的自然环境和地理条件形成了不同类型的民族文化。① 此类研究的代表性著作有：费孝通的《乡土中国》，韦政通的《儒家与现代中国》，杜维明的《现代精神与儒家传统》，成中英的《合外内之道——儒家哲学论》等。另有一些学者从文化和民族特性意义上对人格的内涵及其构成进行了有益的探索：杨国枢在《中国人的心理》中全面探讨了处于现代化转型期的中国人之心理与行为变化，是中国学者研究中国本土心理与行为问题的重要著作。张青兰的《人格的现代转型与塑造》立足我国国民人格的特征，对人格的现代转型与塑造进行了全方位、多层次、多维度的研究，力图构建现代人格塑造的新体系。另外，比较有代表性的著作还有杨国枢的《中国人的蜕变》、沙莲香的《中国民族性》、燕国材的《中国传统文化与中国人的性格》和杨中芳的《中国人中国心》等。

二是对儒家思想产生的理论基础的研究，这一研究思路为我们深入认识先秦儒家君子人格提供了直接的理论来源。中国近代学者梁启超认为："儒学一切学问专以'研究人之所以为人者'为其范围"，"儒家舍人生哲学外无学问，舍人格主义外无人生哲学"②。张岱年先生亦有此论："中国哲学之中心部分是人生论，人生论之中心部分是人生理想论。人生理想论即是关于人生最高准则的理论。人生理想论发生最早，始创于孔子。"③ 朱义禄从人生理想及其实现角度考察了儒家与传统文化的关系，他对儒家典籍中常见的圣贤、君子、成人、醇儒、豪杰、大人、大丈夫等理想人格称谓，做了较为细致的剖析，揭示出其中所包含的多方面的意蕴，进而指出，儒家的理想人格学说的理论基础是"人贵在于'有义'"的价值观。④

有学者研究认为，君子人格范型的理论基础是儒家的"天人合一"学说。孙德玉指出："任何学派的人格思想都有其一定的理论基础。先秦儒家构建的'天人合一'学说，为儒家人格思想提供了一个形上的保证，先秦儒家多样的人性论丰富了人格教育思想的内涵和途径；先秦儒家的心理学思想既为人格塑造提供了正确的价值导引，也为人格教育奠定了有力的理论依据。"⑤ 徐书业

① 陈来．传统与现代—人文主义的视界［M］．北京：生活．读书．新知三联书店，2009：8.

② 梁启超．中国近三百年学术史［M］．上海：复旦大学出版社，1985.

③ 张岱年．中国哲学大纲［M］．南京：江苏教育出版社，2005：243.

④ 朱义禄．儒家理想人格与中国文化［J］．朱子学刊，1994（12）：35.

⑤ 孙德玉．先秦儒家人格教育思想的理论基础论略［J］．合肥师范学院学报，2008（5）：29.

认为："先秦儒家理想人格在理论形态上表现为'天人合一'。天人关系是先秦哲学争论的重要问题，它反映了人类对人与自然相互关系的思考达到了一个新的水平，表现了人类自我意识的新的觉醒并诉诸理论形态。"①

（二）关于先秦儒家君子人格思想内容体系的研究

先秦儒家为使君子人格变为现实，建构了一个博大精深的人格教育内容体系，用以规范人们的行为。学界就这一问题展开了详细的梳理和研究，形成了大量的研究成果。

朱义禄认为，人格范型的结构、理想人格的出现以及人格在各个时代的沉浮与变迁，往往对一个民族文化生活的各个领域产生了深刻的影响。西方现代的心理学研究也将人格作为非常重要的课题，现代西方人格心理学中某些见解可以作为研究的参照系，但不能作为考察儒家理想人格学说的基本出发点。对儒家理想人格的研究，主要应从伦理、德性的视野上去考虑，同时兼顾求知、审美的角度，以区别于广义的西方人格的多义性与偏重心理学的角度。② 朱氏所持之论较为精当地指出了把握儒家君子人格内容体系的立场和原则。

从宏观方面来看，学者们凝练了君子人格的价值指向。陈来高度概括了儒家人格修养的诸方面："从先秦到明清，儒学所以为儒学的标准、宗旨和核心，简单说来，就是'宗本五经孔子，倡导王道政治，挺立德性人格，强调家庭伦理，注重社会道德，崇尚礼乐教化'。"③ 葛晨虹指出先秦儒家把圣王和君子作为其理想人格的模式，体现了多元价值的统一。④ 郭齐勇讲到：孔子把人格境界划分三个层次，即圣人是理想上的至上境界、贤人是现实的理想境界、君子是现实的道德境界，他还指出终极至上和经世致用是孔孟儒学人格境界论的主要特点。⑤ 程潮认为儒家文化的核心内容"内圣外王之道"关涉到儒家的价值取向、人格理想、政治理想和学术宗旨。

从微观层面看，研究者还就先秦儒家君子人格所涵盖的具体内容进行了细致的梳理与辨析，比较有代表性的成果如下：崔永东在《内圣与外王——中国人的人格观》中，从"内圣外王"哲学思想出发，把先秦儒家人格思想的内容分别总结为孔子的"修己以安人"、孟子的"修其身而天下平"、荀子的"积善

---

① 徐书业．先秦儒家理想人格比较［J］．教育研究与试验，1990（4）：17．

② 朱义禄．儒家理想人格与中国文化［M］．上海：复旦大学出版社，2006：5－8．

③ 陈来．郭店楚简与儒学的人性论［M］．北京：生活．读书．新知三联书店，2009．

④ 葛晨虹．儒家理想人格境界的二极耦合［J］．史学月刊．1996（4）．

⑤ 郭齐勇．孔孟儒学的人格境界论［J］．华中师范大学学报．2000（6）．

成德”、《大学》的“修齐治平”、《中庸》的“成己成物”、《易传》的“崇德广业”；孙德玉在《先秦儒家人格教育思想研究》一书中把先秦儒家人格思想总结为“仁民爱物”“重义轻利”“自强不息”“尊道忘势”和“中庸和谐”五个方面；黄正泉在《儒家人格学说的现代意义》一文中把先秦儒家君子人格思想的内容总结为“仁者爱人”“成仁之道”“化性起伪”“天人合一”“舍生取义”“自强不息”“有教无类”和“笃志而体”等八个层面。

当然，也有学者指出了儒家人格理想在内容上的缺陷和不足：君子人格从肯定人的道德价值、注重把道德修养放在人格的首位这个角度来说，它是有合理成分的。但是同时，这也成为它在如今遭遇窘境的症结。第一，由于儒家过分强调“德”，从而忽视了“知”“志”“美”的相对独立性。第二，在“知”这一要素中，儒家主要是指道德意识和伦理智慧，而鄙视“知”中的科学技术内容，从而影响了完全人格的塑造。第三，排斥“劳动”这一重要人格要素。先秦儒家所倡导的理想人格君子只重视仁义礼智信的道德培养，而把社会生产等劳动看成是“小人”的事情。

（三）关于先秦儒家君子人格修养途径的研究

先秦儒家自孔子始即形成了重视人格培养的优良传统，他们在长期的教育实践中，摸索出不少规律，积累了很多有价值的人格培养的经验并总结出许多行之有效的人格培养的原则、方法及理论。学界普遍认为儒家的修身思想主要解决的是价值观问题，并认为儒家思想一直以来都是强调义大于利的价值观。同时，以孔子、孟子、荀子为代表的先前儒家，在君子人格的修养问题上，都有着基于自身时代特点的系统性的阐发，学界在对先秦儒家君子人格的修养途径带有整体性认识的基础上，也从不同侧面对孔子、孟子、荀子关于君子人格修养的具体进路开展了一系列的研究，具体情况如下：

在孔子的君子人格的修养问题方面，龚群认为学是最为重要的，成就君子的最为重要的途径就是学习。这也注定了其重视内在自省的修养功夫。① 杨千朴、胡继明等认为要从学、思、行三方面入手来解决，这是孔子理想道德人格最为基本的修养方法。② 叶豪芳、赵行良则把孔子人格修养分为了两个层面，即内在的修养功夫和外在的安天下的方法，这实际上就是“内圣外王”的政治

① 龚群．中国的君子人格理想［J］．伦理学研究，2006（01）：23－28．

② 杨千朴．孔子的君子人格论［J］．扬州师范学院学报（社会科学版），1991（03）：75－76．

理论构想。① 熊燕华则认为孔子从“为仁由己”“博学于文”“约之以礼”“讷言敏行”“知天命”等方面对君子的道德修养加以提升，② 这实际上是对于如何学、思、行的详细展开。鲍彩莲认为孔子提出的君子的修养的方法是：志、学、思、改、行，③ 这一思路在最大层面上把握了人的道德构建与实践的整体的过程。

翟廷晋认为孟子的君子人格的修养方法应从道德的先天的起源和后天的自我修养两个方面进行。④ 杨国荣先生则指出了孟子对于孔子的君子的道德修养的继承性，修己不是为了培养人的个体的个别性，而是为了使自身更加的合乎社会发展的普遍性。⑤ 姜碧纯从“居仁由义”“存心养性”“持志养气”“反求诸己”“推己及人”几个方面对孟子的君子修养方法加以提炼。黄大路认为孟子的君子人格的修养方法应该是有耻、执中、诚、与人为善、强恕而行、洁身自好。⑥ 东方朔认为孟子主张的君子修养方法核心在于“立志”，君子应执着于善性。⑦ 孟立永从“存心养性”“养浩然之气”“推己及人”“反求诸己”方面概括了孟子的君子人格修养途径。⑧

“性恶论”是荀子人性论的基础，因此在其君子人格的修养途径中就带有明显的“隆礼重法”的倾向，学者们也大致沿着这一思路对荀子的君子人格的修养方法展开研究。韩石萍认为荀子的君子人格的立足之本是重师法、守礼义；君子的处事之道是修身正己、持道知变。君子的修身的要点是以言化人、布道天下；君子的立世的原则是立志如穷、坚守德操。⑨ 陈光连认为荀子君子观的核心是礼义，君子应不断地增强其礼仪修养，凸显了礼仪对于君子的重要性。葛晨虹同样认为荀子对于君子的要求是要有良好的道德动机，并且应使自己的行为合乎礼仪。⑩ 与上述观点相类，杨钦英指出荀子的君子是在士的基础之上对礼仪进一步学习的结果。

---

① 赵行良．孔子的理想人格论及其当代价值［J］．船山学刊，1998：61－67.

② 熊燕华．孔子君子人格观探析［D］．华中科技大学，2007.

③ 鲍彩莲．试论孔子的理想人格——君子［D］．辽宁师范大学，2003.

④ 翟廷晋．孟子的价值观评析［J］．上海社会科学院学术季刊，1992（07）：93.

⑤ 杨国荣．人格之境与成人文道——从孟子看儒家人格学说［J］．南京社会科学，1994（06）：62.

⑥ 黄大路．孟子理想人格之管窥［J］．学术月刊，1991（03）：9－10.

⑦ 东方朔．孟子道德修养论探析［J］．学术月刊，1988：33－36.

⑧ 孟立永．孟子的道德修养论探析［J］．呼伦贝尔学院学报，2007（03）：28－29.

⑨ 韩石萍．荀子对君子人格的界定［J］．齐鲁学刊，1998（02）：82－84.

⑩ 葛晨虹．儒家理想人格境界的二极耦合［J］．史学月刊，1996（04）：7.

（四）关于先秦儒家君子人格思想价值的研究

先秦儒家人格思想对当代中国人的人格塑造具有根源性、母体性的价值意义，它既是历史的、文化的积淀，又是现实的、活着的传统。对于其中精神财富，有的可以直接继承和发扬，有的则需要自觉地立足于当代社会实践，以科学的、理性的眼光进行创造性的转化。

大批学者对儒家思想的整体性价值进行了研究，对儒家思想价值的剖析，实质上也蕴涵了对儒家君子人格思想价值的认识。有学者认为，儒家思想以“仁”和“礼”为核心，为了实现“仁”和“礼”的目标追求，从家族亲情出发，将这一伦理规范化、具体化为伦理行为，即“爱人”“亲亲”“为仁”“复礼”。由此可见，传统儒家思想体系不仅重视其现实规范性与理想趋向性的二元构架，而且善于将二者紧密联系起来，使之成为人们的自觉行为。这种二元构架方式是符合社会发展规律的。① 胡楚生认为，传统儒家思想“既有其原始性的基本意义，也可以与时俱进，有与时代相辅而行的现代化的内涵，不受时间因素的影响，不但可以实践于古代，也可以推行于当代”。儒家道德思想的精华“具有超越时空的价值存在”，仍将是 21 世纪道德思想的主导力量。②

张岱年认为儒学的君子人格理论有助于新时期人们价值观的正确培养或者说重新树立。儒学中的君子无疑是独立、有尊严、勇于承担社会责任的形象。新时代的道德就必须一方面肯定个人的人格独立，另一方面要求个人具有强烈的社会责任心，这两者应当成为新时代道德的基本精神。除此之外，儒家重视人际关系的和谐，几千年来，“和”观念深入人心，使中华民族形成了高度的凝聚力，同时，孔子说“君子和而不同”，表明“和”是多样性的统一，并不是无差别的统一，这对文化、艺术、教育等多领域的发展都具有积极的促进作用。③

易强指出，“在历史上儒家人格思想对于提升国民的文明性，促进人性的发展发挥了积极的作用。在新的社会历史条件下，我们应该通过重新审视儒家人格思想的精神实质和内在价值，力求经过现代诠释焕发其生机，追寻其重要价值，挖掘其具有永恒生命力的活性元素成分，并按照现时代的要求进行创造

---

① 陈兴锐．中国传统伦理思想的构架与社会主义伦理体系的建立［J］．探索，1999（4）：40－42.

② 胡楚生．弘扬儒家伦理思想的精蕴——迈向 21 世纪的道德观念［J］．中国文化研究，1999（3）：17－23.

③ 张岱年．文化与价值［M］．北京：新华出版社，2004：66.

性的改造与转换。这样，儒家人格思想将会以其博大精深的文化力与超越历史的适应力在当代社会中发挥重要作用”①。陈乐认为君子所包含的积极的人生态度和价值取向，对构建现代人文精神、当代人格教育以及市场经济条件下的精神文明建设具有深刻的现实意义和作用。

也有学者在方法论意义上就如何认识儒家君子人格思想的价值提出了比较有创见性的观点。刘述先认为，儒学如今的困境是由于它长期被统治阶级确定为主流意识形态，每逢时代更迭，它都会成为各家指摘的目标。但如果除去这道光环，儒家学说不再力图成为现实国家的主要意识形态，其普遍性和特殊性反而更容易凸现出来。今人对儒家人格学说的运用最好不再强求它适用于现代生活的各个领域，便可以比较客观地认识它的现代价值。

二、关于大学生道德人格的研究

（一）研究专著

关于道德人格的研究专著及主要研究成果，集中在以下几个方面：

罗国杰教授所著的《伦理学》一书，对道德人格的含义做了说明，指出道德人格就是指人格在道德上的规定性，并且分析了道德人格的结构，指出道德人格由个体的知、情、信、意、行组成，他认为“道德人格作为人格在道德上的规定，既有心理学所说的人格方面的特征，又有道德品质方面的特征”②。王海明教授在《新伦理学》一书中，对道德人格的概念、道德人格的结构以及道德人格的发展规律和如何培养做了细致的研究。他认为一个人的道德人格就是这个人的品德，将道德人格等同于品德。③ 与之相对，曾钊新和李建华在合著的《道德心理学》中，认为道德人格并不简单的等同于品德，道德人格更多地体现着道德主体内在资格、品格的统一。④ 黄希庭在其所著的《人格心理学》中，通过对人格这一词源的考察以及通过对诸多心理学家有关人格的含义分析后，对人格的含义做了界定并分析了人格的特征和决定因素，指出人格的特征包括整体性、稳定性、独特性、社会性，人格是由遗传因素和环境因素两

① 易强．儒家人格思想及其现代价值研究［J］．求索，2012（11）：136.

② 罗国杰．伦理学［M］．北京：人民出版社，1989：444.

③ 王海明．新伦理学［M］．北京：商务印书馆，2001.

④ 曾钊新，李建华．道德心理学［M］．长沙：中南大学出版社，2002.

大因素共同决定的。[①] 肖川在《主体性道德人格教育》一书中，论述了道德人格教育中的主体性的问题，主张进行主体性道德人格教育。在书中对主体性、道德人格以及主体性道德人格等概念做了明确而系统的论述，对主体性道德人格教育的目标体系及教育过程进行了较为明确的划分和探讨，提出了教育的两个基本点：价值引导和自主建构。[②] 张晔和秦华伟著的《人格理论与塑造》，对中西方人格理论的发展进行了梳理，对中国传统的道德人格进行了剖析，指出了中国传统道德人格理论的渊源、内涵和特点，提出了传统道德人格要向现代人格进行转化的问题，阐释了当代大学生道德人格建构的目标、内容和原则，并探讨了大学生道德人格建构的途径问题。[③]

（二）期刊论文

近年来关于大学生道德人格塑造的学术论文，大致从以下几个方面对这一问题进行了研究和探讨：

（1）关于大学生道德人格现状的研究。多数学者认为现代复杂的社会结构造就了文化的多元化，多元文化冲击着当代大学生，使他们的思想、道德、价值观以及行为方式都发生很大的变化，由于对这种变化的不适应，大学生道德人格发展进程中普遍存在迷茫、矛盾和焦虑的症状。杨文华教授认为，在当代中国，异质、开放、无政府的网络文化导致大学生的道德人格变异，商业化、标准化、通俗化的大众文化导致大学生的道德人格偏移，个性张扬、追求世俗的消费文化导致大学生的道德人格危机。[④] 夏金元教授指出当代大学生道德人格缺失主要表现在："个人本位倾向上升，实用主义道德倾向加重，勤俭节约等传统美德被忽视，基本社会公德水平较低"[⑤] 等几个方面。邱丽珍认为当前大学生道德人格面临的突出问题是道德认知与道德行为之间存在着明显的落差，从而引发道德人格失范行为的出现。[⑥] 俞亚萍等研究者则注意到了网络文化对大学生道德人格带来的现实影响，大学生是网民中的主要群体，他们具备涉猎新兴文化的良好条件和旺盛精力，能很快融入网络文化，吸收有益养分来

---

① 黄希庭．人格心理学［M］．杭州：浙江教育出版社，2002．

② 肖川．主体性道德人格教育［M］．北京：北京师范大学出版社，2002．

③ 张晔，秦华伟．人格理论与塑造［M］．北京：国防工业出版社，2006．

④ 杨文华．文化多元化进程中大学生道德人格的嬗变及其应对［J］．思想政治教育研究，2010（6）：103－106．

⑤ 夏金元．论当代大学生道德人格塑造［J］．教育探索，2006（7）：104－106．

⑥ 邱丽珍．浅析当代大学生道德人格现状及其对策［J］，辽宁行政学院学报，2008（12）：107－108．

形成具有时代特色的道德人格。与此同时，因为价值观和道德观尚不成熟，大学生也容易被不良的网络文化误导，影响他们网络空间道德人格和现实社会道德人格的形成与发展。①

（2）关于大学生道德人格具体内容与培养目标的研究。就这一论题，学者从不同的研究视角出发，得出了不同的研究结论。李英林从经济文化、社会文化、校园文化等文化建设的角度设定了大学生的理想人格标准。例如热爱祖国，奉献社会；待人宽厚，诚信不欺，生活独立，勇于创新等；② 苏玉琼等从适应社会变革、适应当前社会道德规范的角度出发，提出了当前大学生道德人格内容体系应兼顾道德知识、能力、素质的内在协调。良好道德人格是自身综合素质的反映，这要求大学生在知识、能力、素质方面协调发展。兼顾知、情、意、行的完整结合；③ 黄海蓉认为大学生道德人格指的是这一特定社会角色所表现出来的道德面貌，是大学生个体在一定社会规范与实践中形成的尊严、价值和品质的总和，是内在道德品质、道德规范与外在道德实践形象的统一体。从对大学生道德人格的定义本身出发，他认为相应的大学生道德人格的内容包括以下四个方面：道德判断力、道德自律能力、道德意志力和健康的心理品质；④ 徐涛则从学校道德教育的困境出发，认为当代大学生的理想道德人格应该是主体性道德人格，这种人格基于内在的独立和自由，并为理性所控制。⑤

（3）关于大学生道德人格教育的路径与方法的研究。在大学生道德人格塑造的具体方式上，邓清华认为培养当代大学生的健康道德人格是一个非常复杂的系统工程，除了尽快完善社会主义市场经济体制之外，更要做好创新道德教育方法，营造良好的校园文化环境，加强高校与家庭、社会的联系，引导大学生进行道德修养，鼓励大学生开展道德实践活动等几个方面的工作。⑥ 李英林指出大学生的理想道德人格的形成与进步的幅度取决于自我人格的意识程度，有赖于个体自身自觉地内化，所以首先应该启发人的内心自觉，积极参与实

① 俞亚萍，邵丽珍．网络文化视角下大学生道德人格的培育［M］．学校党建与思想教育，2012（11）：66－68．

② 李英林．高校学生道德人格现状的文化解析［J］．思想政治教育研究，2006（4）．

③ 苏玉琼，肖云忠．当代中国大学生道德人格特征与建构［J］．成都理工大学学报（社会科学版），2003（4）：42－45．

④ 黄海蓉．大学生道德人格培育的探讨［J］．教育探索，2013（7）．

⑤ 徐涛．道德教育与主体性道德人格的形成［J］．四川大学学报（哲学社会科学版），2004（1）．

⑥ 邓清华．当代大学生道德人格的问题、成因与对策［J］．内蒙古师范大学学报（教育科学版），2003（4）：47－49．

践。除了内在的自觉，还要营造高雅的外部环境，包括精神文化、制度文化和经济文化。徐涛认为首先应该将道德教育意识化，所谓五育并重，道德教育为先。其次应该更新内容，增强道德教育的科学性，以符合学生的年龄特点、知识程度和社会阅历。再次改进教育模式，实现创新，进行民主对话，启发式教育。最后要拓宽途径，加强道德教育的整体功能，注重学科的互相渗透，加强校园文化建设以及充分利用网络资源，实施“全员育人、全程育人、全方位育人”。张宏宇则从五个层面构建了大学生道德人格培养机制，他认为高等教育观念的转变是培养大学生道德人格的前提，建立新的道德教育和管理模式是培养大学生道德人格的基础，建立高素质的教师队伍是大学生道德人格培养的关键性环节，培育文明的道德环境是培养大学生道德人格的重要保障，道德实践是培养大学生道德人格的根本途径。

三、关于儒家人格思想与当前道德人格培养两者关系的研究

钱逊以“儒家伦理与当代公民道德建设关系”为视角，比较系统地研究了儒家道德人格，分析并论证了儒家的道德人格与当代社会主义道德建设、公共生活的共融与联系。在他看来，儒家人格的精华思想是社会主义道德建设的宝贵资源；[①] 成云雷指出，圣人理想人格与社会良好秩序的建构不是没有联系的，在他看来，儒家圣人理想人格不仅是个体修身的道德模式，同样是社会和谐秩序建构的主体。[②]

相当一部分学者逐渐认识到了儒家人格思想的现代意义和价值，主张应批判地借鉴其精华塑造大学生的健全人格。上海师范大学教育系教授燕国材提出了以习性论、社会化、主体性为其人格教育的基本原则，以立志、明理、身教、自省为其人格教育的具体方法；[③] 于雷等学者认为，传统教育对我们当今人格教育的启示表现在：注重个体性的培植，强调以人为本的观念，在教育中注重道德践履等几个方面。郭三玲指出儒家理想人格是中华民族传统文化的精髓，应做到以下几个方面：改善大学生的道德人格状况，应秉承儒家博爱理想，培育大学生的忠恕之道和经世胸怀，践习儒家刚健有为的人生追求，培养大学生自强不息、奋发图强的坚定信念，借鉴儒家以义制利的价值观念，引导大学生树立以义取利、义以为先的义利观，坚持儒家诚实守信的道德准则，培

① 钱逊．中国古代人生哲学［M］．北京：清华大学出版社，1998.

② 成云雷．先秦儒家圣人与社会秩序构建［M］．上海：上海古籍出版社，2008.

③ 燕国材．中国古代人格教育的原则和方法［J］．江西教育科研，1995（4）.

育大学生的诚信品质，领悟儒家仁礼并重的人格内涵，培养大学生的礼让精神。① 孙德玉教授认为蕴含在传统儒家人格思想中的教育意涵是多方面的：理想人格的塑造对青年大学生具有积极的目标导向功能；自强不息的进取精神有助于青年大学生的健康成长；崇尚气节的爱国情操仍然是当代大学生的精神支柱；“义以取利”的价值取向有利于大学生确立正确的人生观；“厚德载物”的伦理思想有益于促进大学生的人际和谐；“慎独”精神不失为青年大学生修身养性的重要方法。② 张自慧指出君子之道是中华民族道德理想和人格追求的凝练与升华。为了更好地实现自己的人生价值和人生理想，为了完成历史赋予自己的伟大使命——中华民族的伟大复兴，当代大学生应学习和践行儒家文化中的君子之道，以善良作为立身处世的道德基石，以乐道作为理想人格的境界追求，以弘毅作为自强不息的精神支柱。③

此外，比较有代表的研究还有刘丽中的《中国传统文化在大学生人格教育中作用的研究》，杜继艳的《先秦儒家理想人格思想与当代大学生健全人格的塑造》，马建新的《论儒家君子人格与大学生的人格教育》，张晓庆的《君子人格与当代大学生健全人格的养成》。限于篇幅，此处不再展开详细论述。

四、研究述评与研究展望

（一）研究述评

目前，学界关于先秦儒家君子人格以及大学生道德人格塑造等论题的研究已经取得了相当丰硕的成果，但仍有进一步探讨的空间。

在先秦儒家君子人格的研究方面，大多数学者从宏观层面上加以研究，提出了很多有价值的思想和观点，也总结出了一些具有启发意义的结论，而且有些文章也探讨了先秦儒家人格思想的某个方面，并且使其与具体实际相结合，但是总体来看既有的研究对我国传统文化中的人格思想尤其是先秦儒家君子人格思想的研究，无论是从系统性上还是针对性方面来说挖掘的都还很不够，对先秦儒家君子人格思想从理论基础、主要内容、原则方法等方面进行系统的研究和阐述仍有很强的必要性。此外，既有的研究多倾向于对儒家君子人格的传

① 郭三玲．儒家理想人格与当代大学生道德人格培养［J］．学校党建与思想教育，2009（1）．

② 孙德玉．论传统儒家人格思想对当代大学生的教育意蕴［J］．徐州工程学院学报（社会科学版），2014（1）：95－98．

③ 张自慧．论君子之道及其现代价值［J］．黑龙江高教研究，2008（9）：104－107．

统伦理价值进行挖掘和梳理，但对其时代价值却明显关注不够，没有很好地讲清楚儒家的君子人格理论与当今社会发展的现实联系和理论关系。随着中国特色社会主义事业推向深入，符合时代要求的人格建构如何在传统文化的精粹中汲取营养，是我们应该认真对待的一个重大理论和现实问题，因此，探索如何用发展的眼光去了解、去发掘、去利用传统人格理论的精髓，是今后研究儒家君子人格理想的题中应有之义。

在道德人格及其发展的研究方面，首先，既有研究侧重于道德的基本规范和个体道德发展的基本规律这一视角，但是其研究的对象往往是面向全体社会成员，很少有针对性的涉及大学生这一特殊群体。其次，目前的研究没有形成一个系统的研究，基本都是针对其中的部分环节，或者某个方面展开研究，缺乏系统性。最后，这些研究基本上是以“学理”探讨为主，而基于实证基础上的研究比较少，因而，针对性和可操作性不强。

在儒家君子人格和大学生道德人格教育的关联性的研究方面，学者们普遍认识到了儒家君子人格在内容、特征、价值以及实现途径等方面对于大学生道德人格塑造的借鉴意义，并据此提出了改善大学生道德人格教育的方法路径。但是，目前的研究至少在以下几个方面存在比较明显的薄弱之处：一是对儒家君子人格的价值与当前大学生道德人格培养的内在逻辑关系的阐发不够深入和明晰，因此，既有的研究在将两者结合起来之时，要么显得生硬呆板，不知如何下手，要么显得底气不足，缺乏逻辑支撑。二是对大学生道德人格塑造的现实性的关照不够，研究的假设脱离了快速发展的大学生的实际状况，研究的结论又不能满足不断变化的大学生成长的现实需要。三是就儒家君子人格与当前大学生的德育理论、人格教育理论以及其他思想政治教育理论的最新成果的比较研究不足，使得既有的研究既缺乏必要的理论深度，又缺乏一定的时代内涵。四是在两者结合的方法路径上，既有研究多是一种宏观性的制度设计，然而这种自圆其说的道德理论对现实生活的实际意义并不大，在微观上缺乏一个具体、鲜活，并且符合现实需要和社会实际情况、具有可操作性的人格形象。

（二）研究展望

当前，围绕“先秦儒家君子人格与大学生道德教育”相关议题，开展进一步研究应以习近平新时代中国特色社会主义思想，尤其是习近平传统文化观和习近平新时代中国特色社会主义教育理论体系为指导，将优秀历史文化传统与时代价值相结合，将传统优秀德育思想与新时代思想政治教育相结合，将道德教育规律与学生成长成才和现实需要相结合。具体可以开展以下几方面的工作：

第一，立足传统，充分挖掘先秦儒家君子人格的合理内涵。从先秦儒家经典文本出发，廓清君子人格的内涵，梳理儒家君子人格的内容，开掘君子人格的实现途径，彰显君子人格的内在价值，以达到在整体性上全面把握先秦儒家君子人格的思想理论，在深层次上系统地认识先秦儒家君子人格的内在本质的研究目的。

第二，着眼当下，科学认识先秦儒家君子人格的当代价值及大学生道德人格教育的时代命题。首先讲清楚先秦儒家君子人格与涵养社会主义核心价值观、实现中华民族伟大复兴中国梦以及坚持社会主义文化自信等时代命题的内在相关性，其次要分析当代大学生道德人格的内涵及特征，并剖析当代大学生道德人格的现状及其成因，建立起符合当前时代要求的大学生道德人格塑造的内容层次体系。

第三，面向实践，自觉推动传统先秦儒家君子人格的创造性转化和创新性发展。以先秦儒家君子人格对于当代大学生道德人格培养的借鉴意义为着眼点，以当代大学生道德人格培养要求为根本，理清儒家君子人格修养方法用之于当代大学生道德人格塑造的理论依据、现实可能和实现路径，在深入理解先秦儒家君子人格现代价值的基础上，实现其创造性转化，为大学生道德人格塑造提供本土化的理论、路径和模式。

内地高校少数民族学生教育的问题及对策*

——以川北医学院藏族学生教育为例

赵梓雯①

（川北医学院党政办，四川南充，637100）

摘　要：党和政府历来非常重视和支持少数民族教育事业，在国家“一带一路”倡议的指导下，内地普通高校招收少数民族学生，逐步成为全面提升少数民族和民族地区教育发展水平的重要手段或途径。但少数民族学生在进入内地高校后，均不同程度地出现了许多不适应的表现，课题组通过对川北医学院135名藏族学生基本情况进行调研，对这一问题进行深入探讨。

关键词：内地高校；少数民族；学生教育；问题；对策

党的十九大报告明确提出“努力让每个孩子都能享有公平而有质量的教育”。西部藏区人才资源匮乏和劳动力素质低下是制约经济发展和社会进步的绊脚石，是“精准扶贫”工作中急需解决的问题。随着更多的藏区少数民族学生进入内地高校，由于人际关系、生活环境、学习氛围发生了较大差异，不少少数民族学生出现了学业困难、人际交往障碍、思想不稳定、情绪波动大等情况。课题组于2018年1月通过对135名川北医学院在读的藏族学生进行了访谈和问卷调查，结合该校对藏族学生开展的学生教育情况进行探讨，以期找到更好的解决方法。

＊ 基金项目：2016年度四川大学生思想政治教育研究中心一般项目“‘互联网＋’环境下高校思想政治教育的实效性研究”，项目编号：CSZ16025。

① 作者简介：赵梓雯（1980－），男，汉族，四川广安人，副研究员。主要研究方向：思想政治教育。

一、川北医学院藏族学生基本情况

川北医学院当前藏族在校学生共计 307 人，其中，男生 80 人，女生 227 人，主要来源于四川、青海、西藏等。其中，四川籍 269 人，青海籍 14 人，西藏籍 23 人，云南籍 1 人，与同类高校相比规模较大。

二、藏族学生教育的问题和成因

通过对该校藏族学生教育培养状况调研后，发现部分藏族学生在思想上、学习生活、个人发展等方面存在多方面的压力。

（一）学习上的困境

医学学科难度大，专业术语多，藏族学生基础薄弱，不及格比例高。据该校教务部门给出的数据，医学基础课、医学专业课、实验课、公共课、语言类课程学习困难人数较多，如：医学高等数学、基础化学、医用物理学、内科学、外科学、妇产科学、儿科学、病理学、病理生理学、药理学、生物化学、医学统计学、英语、各种医学实验等。走访的 135 名藏族学生均有挂科，有些同学挂科率高达 80%，按照学校的相关规定已经拿不到学位证，导致学生对后续未完成的学习不感兴趣，缺乏学习动力。

导致藏族学生学业困难的原因是多方面的，主要包括学校的教学方案不适合藏族学生需要；藏族学生教育起点低，学习基础差；语言障碍和思维方式不同等三个方面。

目前的教学方案不适合藏族学生的需要。据了解，学校缺乏对藏族学生单独设置课程教学与培养的方案。藏族学生均来自藏区，他们中学教育和内地教育明显不同，藏区当地的教育针对性极强，而且均为本民族的学生在一起共同学习，学习氛围和学习进度让藏族学生有很强的归属感和认同感[①]。而进入内地普通大学后，都分别进入不同专业和班级，专业教学和学生管理是面向所有学生，他们的学习成长难以引起学校和教师的高度重视。

教育起点低，学习基础差。藏族学生在中小学期间，由于大多处于贫困地区，教学资源、教学条件有限，加上生活和受教育在藏区，深受藏文化的影

① 王金元. 当前非民族院校民族学生教育面对的问题与挑战——以某高校藏族学生教育为例[J]. 黑龙江高教研究，2011（8）：77－80.

响，导致他们在授课方式、学习习惯等方面存在诸多不适应①。一名临床医学系的学生说："我们以前从来就没有学过化学、物理等课程，现在进入大学后，根本就不知道老师讲的是什么。"预防医学系的同学也表示："高中时，我们讲的都是很基础的基本知识，而现在教师所讲的内容我们以前都没有涉及这么深，学习起来很吃力，加上考试经常挂科，现在一点学习兴趣都没有。"老师上课是按照大部分同学的基础条件来安排教学进度和讲授内容，对藏族同学来说，这样的授课速度较快，导致其始终跟不上学习进度，逐步丧失学习兴趣和学习信心，容易被边缘化和孤立化。

语言障碍和思维方式不同。大多数藏族学生在家乡使用藏语学习，很多同学是初中以后才开始接触汉语，所以汉语基础差，理解能力弱。再加上在不同地域长大，养成了不同的思维方式，在学习上就会有较大难度。在课堂上教师是讲普通话的，要把老师的汉语转化成藏语理解，然后再把自己的思路转化为汉语也需要时间，所以课堂上他们显得反应较汉族学生慢。对藏族学生而言，医学专业术语的理解和表达，汉语和藏语在理解和表述上是有差别的，加上民族思维习惯不同，他们与教师、同学之间交流也有困难。临床专科定向班的西藏学生反映："老师所讲的医学术语太深奥，对专业英语不明白，听课有'坐飞机'的感觉""老师讲课速度快，我们理解起来很吃力，思路跟不上，久了就不愿意听课了，反正听不懂""基础医学的逻辑思维太强，我们以前的形象思维要丰富些，很多概念我们理解很困难""考试及格对于我来说简直太难了，我现在已经挂了很多科了，退学的心都有了"。

综上所述，藏族学生学习基础较差，课堂教学听不懂，学校未实现双语教学，没有单独为藏族学生开设适合他们的课程，忽视了藏族学生自身独特的情况，如果他们再遭遇学业困难、关爱缺失，他们的自信心会明显削弱，自尊心也会受到伤害，选择放弃学业等情况难免发生。

（二）日常生活中的困境

生活环境变化明显，区域经济水平差距大，导致很多藏族学生在日常生活中不适应。

藏区人民有自己民族独特的生活习俗，每个藏族学生都有自己民族的鲜明特色，藏族学生从小长大，耳濡目染，已经习惯了藏族的生活模式，来到内地

① 王树田，陈蕾，毛勇．少数民族大学生思想政治教育方法探析——基于南京审计学院藏族学生学习生活的调研分析［J］．学校党建与思想教育，2013（21）：77－78．

就读后和汉族学生的生活方式和生活理念格格不入，很难融入班集体中去。加上藏区大多处于干燥寒冷、日照强烈、氧气稀薄的高海拔地区，到了内地后，他们不适应温暖潮湿的气候，继发水土不服，生病的机会增多。在访谈中一名藏族女生表示："以前在拉萨我是我们班身体素质最好的，从来不生病，才来南充不到一年，我感冒就有好几次，还去医院做了痔疮手术。"

在日常生活中，藏族学生还面临生活困难的窘境。有学生就反映："希望政府或学校能解决寒暑假回家往返车票的费用问题，同时大学学费、住宿费较高，可否减免学费和住宿费。食堂饭菜太贵，一顿饭至少要 6～10 元钱，希望学校多给点生活补助，评国家助学金时向藏族经济困难同学适当倾斜。"大多数藏族学生来自经济欠发达地区，家庭年收入低，家庭成员多，人均消费水平低，在内地学习生活经济压力大。学校针对藏族学生单独的福利政策和补助金需要加大力度。

（三）人际交往的困境

由于宗教信仰、情感表达、语言障碍等原因，缺乏与其他同学的沟通交流，局限于本民族内来往，制约了藏族学生人际关系的发展，在与人交往上出现不适应。

调研中发现该校藏族学生进校后就有高年级的藏族学生主动联系，能够很快融入藏族学生大家庭，这种藏族学生群体逐步形成，凝聚力和影响力越来越大①，相反，藏族学生和其他学生的交往逐步减少，即便是同一专业同一班级的学生也是如此。一名普通学生说："藏族同学平时话不多，上自习、去食堂都和他们藏族同学一起，感觉他们并不愿意和我们一起交流，而我们也觉得他们的三观和我们不一致，加上他们有他们自己的生活习惯，我们的交流是很少的。"

（四）自我成长发展的困境

缺乏大学生涯规划，制约藏族学生个人成长成才。调研发现藏族学生的大学生涯规划明显较其他学生晚，一般是在大三之后才有规划意识，对于学习和成长发展方面有很多诉求，有可能不太合理，但表达的是他们的心声，例如许多藏族学生都提出：

"可否给我们藏族学生单独设置教学计划和教学要求，平时我们一起听课，

① 王璐．非民族院校少数民族学生的适应问题及对策探究——以某高校法学院藏族生教育培养为例［J］．社会工作，2012（2）：80－82．

考试时单独给藏族学生设计试卷，进行考试。”

“平时学习中，给藏族学生开设一些补习班，便于我们课后复习，能否在学分上给西藏学生一些特殊政策，我们已经很努力了，可就是考试不能及格……”

“我们以后大多数是要回藏区工作的，可否单独给我们开设藏族学生就业指导课，教一下如何参加藏区公招考试。”

“平时学校的很多学生活动，我们很难参加进去，是否可以单独给藏族学生开展一些文体活动。”

“学校的创新创业活动和科研兴趣小组，我都想参加，可是每次报名时都因为种种原因未被选上，希望学校能够组织一些少数民族参赛队，让我们也有机会参加这些活动。”

“中学我是当地的佼佼者，进大学后发觉自己和其他同学相比落后太多，现在成绩在班上垫底，觉得学习越来越没有信心，很想得到学校的帮助……”

调研了解到，藏族学生提出的诉求，目前已经引起该校的重视，正组织相关部门制定关于藏族学生人才培养的方案。

三、藏族学生教育的对策与思路

调研中，我们把了解到的藏族学生教育等相关问题和川北医学院相关部门负责人进行了充分的交流，得知该校针对藏族学生教育已经有了很多举措，归纳总结后，有如下几点举措值得继续发扬：

（一）专门安排优秀藏族教师担任藏族专科班辅导员

从 2014 年，该校已经安排藏族教师担任藏族班辅导员，这种有着相似生活经验，会藏语的辅导员得到了藏族学生的广泛认可。该老师平时主要负责藏族学生在学习、生活等方面出现的问题，给出良好建议，同时开展思想政治工作，指导藏族学生能很快适应内地教学和大学生活，帮助他们顺利完成学业，自从单独设置藏族学生辅导员后，藏族学生打架斗殴的情况就很少发生。很多学生思想上有了归属感。

（二）根据藏族学生学习情况，开展专项辅导工作

1. 成立学生“一对一”帮扶小组

由班团委和学习成绩优秀的学生组成，对各小班学习困难的学生轮流帮

扶，同时注意帮扶方式方法，不歧视、不抛弃，达到共同进步的目的。对每名藏族学生在各小班安排了专门的帮扶人员，开展“今天的你听懂了吗”学习反问活动，如有未明白的地方由帮扶同学耐心辅导讲解。

2. 教师定期谈心谈话

对藏族学生或其他学习困难学生，各系部成立帮扶领导小组，由总支副书记牵头，学生科、教务科及部分任课老师为成员，针对藏族学业困难学生开展帮扶工作，力求让学生逐渐步入学习正轨，树立学生学习的信心。谈话方式不限，常用的有 qq 聊天、办公室座谈和走访寝室等。谈话内容多为思想情况摸底、关心生活、关心学习、人际关系处理等。

辅导员定期和学生家长交流学生在校情况，力求得到家长支持和理解，配合学校开展学生思想工作和日常管理工作。

（三）提高对藏族学生的文化支持，积极开展大学生涯设计指导工作

1. 每年开展一次藏族文化节

由校团委牵头，特别是藏历新年时，开展为期一周的藏族文化节，主要由篝火晚会、藏族学生茶话会、贫困学生慰问活动、藏族风情日活动等构成，让更多的同学了解藏族学生，也使得藏族学生更愿意与大家交流，培养同学们之间的亲近感，增强民族自豪感，促进民族大团结。

2. 开展藏族学生职业生涯规划专项辅导

从进校开始，由辅导员帮助藏族学生开始个人大学生涯规划和职业设计，结合生源地情况，分别指导，让每一位藏族学生找准自身定位，明确自己的发展目标，合理规划大学生活，适应社会发展需要。

（四）设立藏族学生困难帮扶基金

该校高度关注藏族学生生活困难，对于家庭经济困难的学生，学校设立了生活困难补助金，每月 500～2000 元/人，根据学生困难情况申请发放。同时在每年评选奖助学金、选拔勤工俭学岗位时，对藏族学生进行重点考虑，这样不仅缓解了藏族困难学生生活压力，也让学生增加了社会责任感，乐于参加各项社会活动和事务。

藏族学生在内地非民族高校就读，他们在学习生活中，面临的压力比汉族大学生要大很多，也面对更多困难。非民族高校要针对藏族学生制定一系列措施，创造有利条件，帮助他们克服各种困难，使他们能够更好地适应大学生

活，如开展专门的心理辅导工作、适当的经济援助、一些“特殊化”的考试考核标准、藏文化的传播等。本文是针对一所高校开展的藏族学生调研，主要形式是访谈，选取一些个案进行了深入了解，研究对象不是很广，如果能多一些院校、多增加一些调查范围、调查时间再延长一些，可能研究会更加深入全面。